DOCUMENTOS
SERIE DOCUMENTAL

De la imaginación poética

Para Merlin,
con agradecimiento,
siempre,
y con cariño

Caracas, 28-jun-96

Jacobo Sefamí

De la imaginación poética

Conversaciones con:
Gonzalo Rojas, Olga Orozco,
Alvaro Mutis y José Kozer

Monte Avila Editores Latinoamericana

1ª edición, 1996

Foto de portada
Sin título (1992)
ABEL NAIM

D.R. © MONTE AVILA EDITORES LATINOAMERICANA, C.A., 1993
Apartado Postal 70712, Zona 1070, Caracas, Venezuela
ISBN: 980-01-0814-9
Diseño de colección y portada: Iván Estrada
Fotocomposición y paginación: PrePrint
Impreso en Venezuela
Printed in Venezuela

NOTA INTRODUCTORIA

ESTE LIBRO se compone de entrevistas a Gonzalo Rojas (Lebu, Chile, 1917), Olga Orozco (Toay, Argentina, 1920), Alvaro Mutis (Bogotá, Colombia, 1923) y José Kozer (La Habana, Cuba, 1940), realizadas en 1988 y 1990. A pesar de las diferencias de edad, estos escritores están muy presentes en el panorama de la poesía hispanoamericana actual.

Parecen haberse prendido a un cable eléctrico y, maniatados por las sacudidas, escriben con gran fruición. La respuesta (imantadora) de sus lectores ha sido, también, de unánime atracción. En la última década, de 1980 a 1990, estos autores (a excepción de Orozco) han publicado la mayor parte de su obra.

Gonzalo Rojas (después de sólo dos libros: *La miseria del hombre*, 1948, y *Contra la muerte*, 1964) se alumbró ante el rayo en *Oscuro* (1977) y desde allí no ha despegado los ojos. La oleada del 80 configura *Del relámpago* (1981, 2ª ed. aumentada, 1984), *El alumbrado* (1986) y *Materia de testamento* (1988), además de las selecciones *Transtierro* (1979), *50 poemas* (1982) y *Antología personal* (1988). En los años más recientes, han aparecido: *Desocupado lector* (1990) y *Antología del aire* (1991). En conjunto, estos libros constituyen más de la mitad de la producción del chileno.

Olga Orozco ha continuado, con habitual parsimonia, su persistente búsqueda en ese «otro lado» lúcido y enigmático. En 1979 se publica la compilación de su *Obra poética*, hasta entonces; y ese mismo año aparece *Mutaciones de la realidad*. Después, vienen libros plenos, intensos: *La noche a la deriva* (1984) y *En el revés del cielo* (1987). Este último es, tal vez, su contribución más depurada en el hallazgo de las iluminaciones del ser. También salen varias antologías y *Páginas de Olga Orozco seleccionadas por la autora* (1984), que incluye (además de la poesía) relatos, ensayos, una obra de teatro y otros escritos.

Alvaro Mutis, entre naufragios y tormentas, sacó a flote el baúl con los tesoros perdidos de su alter-ego Maqroll: *Caravansary* (1981), *Los emisarios* (1984), *Crónica regia y alabanza del reino* (1985) y *Un homenaje y siete nocturnos* (1986), en poesía; además de las novelas cortas *La nieve del almirante* (1986), *Ilona llega con la lluvia* (1988), *Un bel morir* (1989), *La última escala del Tramp Steamer* (1988), *Amirbar* (1990) y *Abdul Bashur soñador de navíos* (1992). Esta obra novelística ha despertado gran interés internacional; Mutis ha recibido premios, homenajes y elogios, por cada sitio donde se presenta Maqroll. También salieron compilaciones de su obra en Colombia y en México.

José Kozer, el más joven, extirpó sus vísceras, aglutinó el lenguaje de manera descomunal y arrojó versículos de aliento más desaforadamente bíblico que la Biblia: *La rueca de los semblantes* (1980), *Jarrón de las abreviaturas* (1980), *La garza sin sombras* (1985), *El carillón de los muertos* (1987), *Carece de causa* (1988) y *De donde oscilan los seres en sus proporciones* (1990), además de la antología *Bajo este cien* (1983), y de la edición bilingüe, inglés-español, de su libro *Prójimos/ Intimates* (1990), traducido por Ammiel Alcalay.

En los cuatro poetas hay predilección por buscar un orden que se configura en totalidades. El 3 —católico o surrealista— aparece y reaparece en Rojas; el 17 —enigmático— en Orozco; el 7 —nocturno, lunar— en Mutis; y el 100 —dantesco— en Kozer. Esa postulación del equilibrio asume una necesidad de la quietud y el reposo, un vínculo con la contemplación y el silencio como formas de paz y unión espiritual. «Aletheia del faisán» de Rojas, «Al pájaro se lo interroga con su canto» de Orozco, los poemas a España de Mutis y los interludios orientales de Kozer, muestran ese rostro en busca de la luz. Sin embargo, estos autores saben que ese afán es ilusorio. La angustia, la atomización del lenguaje, la conciencia de la pérdida y del fracaso son constantes que les hacen detenerse a cada paso, los aprisionan contra la ventana y hacen que corran, entonces, las imágenes del exilio perpetuo, las de los viajes sin esperanza de puerto o las del Holocausto genocida.

El lector encontrará entrevistas que intentan abarcar todo. Son, quizá, las más extensas que hayan dado estos escritores. Su vida, su ejercicio de la literatura, sus obsesiones, son los temas que aparecen planteados y replanteados. El entrevistador no asume un papel dinámico en el diálogo porque confía en que sus preguntas son sólo canales de comunicación entre la voz del poeta y el oído de sus múltiples y habituados escuchas.

Al final de cada uno de los diálogos, se agrega una mínima selección de la poesía de Rojas, Orozco, Mutis y Kozer. Es un complemento necesario de las entrevistas. Los textos escogidos se proponen ilustrar diversos aspectos de las conversaciones. Este libro pretende confirmar sospechas, completar datos o sugerir nuevas imágenes a los conocedores de las obras de estos escritores, a la vez que fomentar el interés de los lectores atraídos por la idea de integrar otras voces a su espectro polifónico.

J.S., 1992

GONZALO ROJAS

LAS VISIONES DEL ALUCINADO

...lo invisible escribe, lo que le dictan los dioses
a punto de estallar escribe, la hermosura,
la figura de la Eternidad
en la tormenta.
G.R.

TUVE LA oportunidad de viajar a Provo, Utah, en la segunda semana de marzo de 1988. Gonzalo Rojas se encontraba dictando cursos de poesía hispanoamericana en Brigham Young University. Fue una estadía bastante breve, pero intensa; estos diálogos con el poeta chileno se desarrollaron durante tres días. A pesar de que la primavera se aproximaba, una temporada de nieve había cubierto de blanco toda la región de las Montañas Rocosas. Frente a las heladas mañanas, Gonzalo Rojas se ofreció generosamente en las pláticas, extendiendo sus discursos con la pasión de quien nunca ha cesado de vivir con efusividad sus convicciones y con la tierna curiosidad del asombrado ante el mundo. De pronto, me parecía que el poeta era un niño inquieto, pero esa impresión cambiaba rápidamente al verlo mudar gestos y actitudes, hasta que me daba cuenta de que hablaba con un hombre de 70 años. Era como si toda esa obra que había leído se pudiera visualizar y configurar en la persona que estaba frente a mí. Gonzalo Rojas se dio, así, en una forma total y abarcadora: acompañado de su mujer —Hilda Ortiz— y de montañas, nieve, exilio, marginalidad.

En esta entrevista hay ciertas constantes sobre las que Rojas regresa invariablemente. La singularidad debe buscarse en la circunstancia temporal específica: el autor chileno habla sobre todo de la producción poética de los últimos años (*El alumbrado, Las adivinas y otras visiones*)* y lo hace desde la perspectiva que le da su septagenario. Además, algunos temas son tratados por primera vez aquí.

---

* A lo largo de esta entrevista, Gonzalo Rojas se refiere al libro *Las adivinas y otras visiones*, que fue publicado, posteriormente, bajo el título de *Materia de testamento*.

Jacobo Sefamí: ¿Cuáles son las puertas por las que se podría entrar a la obra de Gonzalo Rojas? ¿Desde dónde se debe comenzar a ver su poesía?

Gonzalo Rojas: Desde cierto aire de marginalidad es desde donde ha funcionado, casi siempre, esto que se podría llamar la audiencia de mi propio trabajo. Y eso se explica porque jamás estuve en toda esa dinámica de que te lean y de que te estén leyendo. Más bien, creo que soy alguien que se demoró con lo dicho otras veces, pero intencionalmente. Mira, a ver si jugando con las palabras, pensamos en la idea de «mora» y «de-mora», morar y demorar. ¿Sabes por qué se demoró el animal poético que había en mí? Te voy a decir con bastante desenfado: justamente, me demoraba por la seguridad que tenía. Era tal mi inocencia y la certeza de que esa inocencia funcionaba, que nunca me importó, ni desde niño ni desde viejo (ahora, claro, soy más conocido), la figuración. Por ejemplo, ahora mismo es el año 88 y estamos conmemorando los 50 de un minuto de la literatura de mi país, que se llama la «generación del 38»; esa generación que es discutible como toda idea generacional. Yo estoy más vuelto a la idea de las promociones porque, en el fondo, desde Darío para acá somos una misma generación: andamos en lo mismo y es una falsificación si decimos que el Modernismo desapareció por entero. Yo pienso que estamos funcionando en nuestra parca, pero estricta tradición, todavía; tradición —en cuanto autonomía— a la que nos asomamos cuando éramos niños y nos llamábamos Julián del Casal, Darío, Martí, o cualquiera otro de los grandes nombres de la América hispana. Es decir, habría que andarse con mucho cuidado en esto de ir cancelando las cosas. Esa fue y sigue siendo mi mirada. Una mirada hacia adelante, por supuesto, como la que le corresponde a un poeta que intenta (de acuerdo con lo del vaticinio) vaticinar, pero por otra parte, una mirada —no respetuosa— desde la presencia misma de un pasado más o menos próximo. Eso es lo que creo. Yo mismo soy un animal poético de rescate y al mismo tiempo de anticipación. Tal vez por allí se empiece a entender esta doble cara, doble faz, de mi operación poética: hacia adelante, hacia atrás; con esto, pero también con ese pasado y con una responsabilidad de que uno no ha roto, no ha concluido la tarea.

J.S.: ¿Podría hablarme de su genealogía?, ¿cree que es importante hablar de eso?

G.R.: Mira, creo que se puede hablar de eso y no se le debe escurrir el bulto a una realidad tan concreta como es la amarra entre las experiencias —para no hablar de lo biográfico exclusivamente a escala cronológica— y el pensamiento mismo, por supuesto. El pensamiento funciona en relación con esos plazos, aunque —ya vamos a confesarlo— en el caso mío no ha habido demasiadas mudanzas en estos plazos largos de siete décadas; ha habido, más bien, una especie de monotonía o de fidelidad a lo mismo, podría decir.

Pertenezco a una línea familiar de clase media baja, no proletaria, pero una clase media (en Chile, por lo menos, las clases medias tienen varios pisos) que está bajita. Eso sobre todo porque por el lado de mi padre había mayores limitaciones económicas que por el lado de mi madre, según he oído. Ahora, esos Rojas míos vinieron desde Argentina —según me han contado— por el cierre del siglo XVII, ya para el XVIII. Y se decía en la provincia a la que pertenezco, a la que pertenecen mis progenitores, que es la provincia de Coquimbo (la misma de la Gabriela Mistral), se decía que esa familia Rojas que había pasado desde Argentina, por la cordillera, a los valles de esa región, eran unos Rojas judíos. Lo que no es raro. Claro, Rojas es un apellido muy abundante, muy hispano; siempre se dice que Fernando de Rojas es un hombre de esos abolengos. Pero era curioso que esos Rojas llegaran por esa zona. La Mistral —para tu conocimiento— tiene como segundo apellido Rojas y es prima, no sé si de segunda o de tercera línea, de mi abuelo, Jacinto Rojas; y si miras, la fisonomía, los ojos, los pómulos, la mirada de unas tías mías viejas a quienes conocí y cuyas fotografías tengo, y la fotografía de la Mistral, tú dices: «pues estas mujeres son parientes». Te lo cuento a propósito de que ella, en una autobiografía suya, rápida, dice que a ella lo hebreo y su devoción hebraica le viene por los Rojas. Es una curiosidad. Ahora, mi padre estudió un poquito en una escuela de minas, pero la verdad es que terminó siendo un minero más en este mundo y salió del norte pequeño (Chile es un país longilíneo, tiene muchos nortes y muchos sures; ese norte como es más pequeño que el otro se llama el «Norte chico») y se fue muy temprano en un barco, al empezar este siglo, por el año 1905, hasta el sur donde yo nací. Soy un muchacho de una familia de ocho; vine a ser el número siete de esa familia. Este padre mío muere muy temprano. Las catástrofes mineras del gas grisú, ese gas que explota porque sí nomás, como un azar, tan negro como es él, porque es un gas negro, siniestro. Eso contribuyó a la muerte de mi padre. Y allí quedamos nosotros, ocho muchachitos —después quedamos seis— y todo lo que recuerdo de ese padre es la imagen que puede ofrecernos alguien cuando uno tiene cuatro años y medio o cinco.

Ahora, la madre, una mujer de apellido Pizarro. Ella es la persona que atiende, cuida a sus criaturas. Eso es todo lo que te puedo contar de mi infancia: una infancia ni tan desvalida, pero tampoco con ventaja económica ninguna; sin sentir demasiado la opresión de la pobreza, con un pensamiento bastante libre. Creo que eso se lo debo a esa formación materna de no tenerle respeto ni miedo, ni al pobre ni al rico, de manera que yo podía compartir, codearme —como se dice— con mis compañeritos, con los que tenían dinero y con los que no tenían dinero, y no había ningún problema.

ITINERARIO BIOBIBLIOGRAFICO

J.S.: En «Ars poética en pobre prosa», el texto que antecede *Oscuro*, me llamó la atención la descripción de Lebu que aparece al pie de página, en donde hay una suerte de catálogo de imágenes que después van a ser exploradas: allí están el mar, el río, la mina, el carbón. En esa descripción del lugar podríamos encontrar un germen de la totalidad de su obra. ¿Cómo está ese lugar en su memoria, cómo fue entonces?

G.R.: Jacobo, me gusta cómo miras, cómo sabes ver. Efectivamente, en ese texto hay un polo magnético fundamental. Todos los poetas de la América hispana o la mayoría de ellos estamos atrapados o, por lo menos, sufrimos el trauma primario de lo natural. En algunos casos, lo natural será una pampa, un campo, unas mesetas; en otros, el llano, los desiertos, las maravillas de lo natural. He aquí que sin ningún desdén hacia lo cultural, nos funciona (a nosotros los poetas hispanoamericanos) muy hondamente esta vivacidad natural. Pues bien, el trauma primario de lo natural en mí se registra desde la mina del carbón, que era justamente el espacio de trabajo de mi padre y además del pueblo del cual yo vengo. Ese pequeño poblado que ahora tiene todavía 20.000 habitantes, que es una hermosura, maravilla con el océano abierto. Es un puerto de mar y es un puerto de río al mismo tiempo, porque el río se mete hasta el pueblo mismo, pero ahí también están el océano y los cerros. Esas minas estaban debajo del mar, habían sido excavadas debajo del mar. Esto no es infrecuente: en el Golfo de Arauco y en Lota en especial (que es un lugar mineral que todavía se considera como muy importante en la mina de carbón en el Pacífico Sur), las grandes minas están a unos ocho o nueve kilómetros debajo del mar. Los mineros, pues, tenían primero que bajar lentamente como gusanos —los pobrecitos—, con unas lamparillas de carburo en la frente (no había linternas); bajar por esas galerías subterráneas, sumergirse como quien va al infierno, e ir en busca del trabajo, para empezar a picar con sus picotas la veta del carbón. Por ahí lo amenazaba el horror del gas grisú que podría aparecer: al entrar en combustión ese gas con la mechita encendida del carburo se producía la catástrofe. En ese ámbito de riesgo, de peligro sin fin, de humedad, allí germinó mi poesía. Otros tienen sus maravillosos espacios. El pueblito se conserva intacto, lo he visitado hace pocos meses: cada vez que voy, vuelvo a reencontrar todo lo que sigue siendo la parte más viva de mi pensamiento. Con esa conjetura tuya diste en el clavo, en cuanto que ése es un centro de fundamento.

J.S.: ¿Hasta qué edad vivió allí?

G.R.: Hasta los ocho años.

J.S.: Esos son sus primeros años , su infancia, la edad de oro...

G.R.: La edad de oro de un Novalis o del mismo Baudelaire que nos dijo que «la verdadera patria del poeta es su infancia». Yo creo bastante en eso. Pero como hablábamos del arco de lo biográfico en el pensamiento, creo que sí ha habido relación y que la infancia ha operado muy fuerte. Después, cuando me desprendí de esa órbita medio uterina que era la de mi pueblo natal y fui a vivir a una ciudad mayor, como era Concepción de Chile, pasé más penurias que en ningún lado. Como era tan pobre mi familia, mi madre nos iba sembrando a nosotros en distintos espacios, donde nos daban unas becas de educación. A mí me tocó la fortuna de entrar en un internado donde leí mucho.

J.S.: Usted se fue a Concepción.

G.R.: Allí estaría dos años al lado de la madre y después ya me puse de interno, donde uno tiene que dormir muy temprano y levantarse al alba como un soldado y soportar todas la penurias, pero a la vez recibir una buena instrucción, como en el caso mío. Eran unos alemanes, me acuerdo.

Teníamos un profesor llamado Hunnemann, un hombre muy grande, enorme (yo era muy pequeño); tendría tal vez un metro ochenta o dos metros y era divertido. Adentro de los enormes bolsillos de su ropa tenía siempre libros; y además, cuando nos enseñaba —porque nos explicaba literatura— anotaba en el pizarrón en griego, lo mismo que en latín, las cosas que se le ocurría ir pensando. Era un loco, pensaba delante de nosotros, y me llamaba la atención el gran dominio que tenía no sólo del alemán, que era su lengua, sino de varias lenguas viejas. Yo creo que él me atrajo o me indujo a esto de leer a los viejos. Como era un internado, había mucho tiempo para emplearlo leyendo y yo me iba a la biblioteca, que era bastante grande, hermosa, y allí me leí a los clásicos. Esa colección Ribadeneyra que desde Darío ha sido la fuente de todos nosotros. Me leí a los Góngoras, a los Quevedos, todos, todos los que tú llames nuestros autores del XVI y del XVII. Bueno, paralelamente empecé a leer ahí mismo, con una oreja simultánea, a los poetas contemporáneos. De modo que Apollinaire, aunque te parezca raro, fue registrado por mi oreja cuando yo tendría unos catorce años, junto con lo que me suministraba la otra oreja, que me entregaba a Fray Luis, a San Juan, a Lope, a lo que fuere. Ahora, creo que eso me enriqueció bastante porque me orientó en un doble juego simultáneo y le perdí la distancia y el respeto a los dos extremos. Fue una especie como de cruce de pensamiento que produjo una síntesis. Por eso, tal vez te haya interesado adentro del registro rítmico de lo mío cierto trato con la sílaba clásica: ¿por qué insisto en la importancia de la dinámica fónica, del sonido sobre el sentido? Justamente porque creo que el sonido propone sentido. Yo prefiero esa iluminación desde el zumbido.

J.S.: En el mismo texto de «Ars poética en pobre prosa» usted dice que aprendió a leer a los ocho años.

G.R.: Aprendí a leer muy tarde. Era muy perezoso. Todos mis hermanitos eran tan laboriosos y en cambio a mí me gustaba ser tan perezoso.

J.S.: Usted conoció la forma del texto, conoció primero las palabras y el sonido de esas palabras, sin entenderlas.

G.R.: ¡Qué bueno esto! Perdón, pero quiero que quede registrado. Para ti puede ser excesivo, puede herir tu modestia. Me maravilla que pegues en el clavo tan vivamente. Está bien. Efectivamente, yo me quede oyendo las palabras, me gustaba oírlas y siempre me gusto oír cómo habla la gente. Sobre todo, como se habla con deficiencia. Por ejemplo, ahora que enseño en los Estados Unidos me encanta oír a los estudiantes cuando se equivocan, cuando luchan con el lenguaje. Me gusta porque reoigo mucha de la operación misma de pensar en esta lengua. Claro, en ese tiempo lo que me fascinaba seguramente era lo músico, lo prodigioso, lo estrafalario y lo sorpresivo. Me encantaba oír a los campesinos cuando me decían con tan pocas líneas unas cosas tan vivas, tan profundas. Eso fue así, de modo que mi trato con la letra es posterior.

J.S.: ¿Hasta cuándo estudió en ese internado?

G.R.: A los 16 años me harté de todo y me marché. Tomé un barco (esto casi nunca lo he contado) y me fui hacia el norte de Chile, desde un puerto que se llama Talcahuano, hacia arriba, hacia Perú, como un vagabundo. Dejé inconclusos mis estudios de la escuela secundaria; aparecí como un muchacho bastante alocado, que simplemente no se sometía a ninguna norma. No quería ser, por cierto, un mal hijo y le expliqué a mi madre que estaba harto y me salí. Como ella era despierta, me dejó ir. Estuve casi un año fuera de esa órbita hogareña. Navegué un poquito y me quedé en un lugar llamado Iquique, en el límite con el Perú. Allí trabajé un poco y aproveché mi tiempo leyendo mucho, mucho. Después, al cabo del año volví a mi ciudad. Cuando terminé los estudios, ya dejé definitivamente el sur para irme a vivir a Santiago, a la altura del año 37. Ese año conozco a Huidobro. Ese año entro en la vida literaria de Santiago de Chile.

J.S.: Usted comenzó a escuchar desde niño, pero ¿cuándo comienza a escribir?

G.R.: Sí, empecé a escuchar antes. Como a los 16 solté la pluma, cuando estaba en ese plazo del viaje que te cuento. Un viaje muy mágico para mí, porque me fui leyendo en un barco que se llamaba «Fresia». Este barco recaló primero en Valparaíso de Chile, que es el puerto más grande. La embarcación se quedaba allí unos dos días; yo tenía ese tiempo para visitar Valparaíso. Fui a una librería y compré un libro de un autor que no conocía, no sabía nada de él y ese libro era *El artista adolescente* de James Joyce. Tal como lo cuento, así fue. En la noche de ese día, cuando el barco retomó su navegación, voy leyendo en la litera aquella con una lamparita y empecé a verme a mí mismo, en ese episodio. Ese rejuego para mí fue absolutamente mágico, alucinante. El Dédalus estaba allí mismo. Te acuerdas de un poemita mío en *Del relámpago*, que se llama «La litera de arriba»... Te lo voy a buscar...

J.S.: ¿Cuáles serían sus primeras publicaciones?

G.R.: En una revistilla del liceo. Ya te he contado que fui al norte; cuando volví reingresé a proseguir mis estudios. En ese momento empecé a escribir realmente. Antes, anoté algunas de esas cosas. Mis hermanas son las que tienen mis cuadernos, así se usaba en aquellos tiempos. Mira, aquí está el poema:

«La litera de arriba». *A bordo de la nave* Fresia, *de la Compañía Sudamericana de Vapores, Abril 1935.* (Sí, eso era, 1935. Me equivoqué. Tendría 17 años entonces.) *Total me leí el libro de Joaquín/Cifuentes Sepúlveda: «El Adolescente/Sensual»*...(Así se llamaba uno de los libros que yo tenía. Y si tú lees a Neruda vas a encontrarte con una elegía hermosa que se llama «Ausencia de Joaquín»: Joaquín era un amigo de él, muy querido, que murió muy temprano. Yo me llevaba ese libro y por eso cuando miré en la librería aquella eso que decía el «artista adolescente», por eso lo compré.) *...a una semana/ de «El Artista Adolescente»:/cuánto espejo/ en el oleaje de Talcahuano a Iquique con las gaviotas/ inmóviles como cuerdas en el arpa del cielo/ amenazante./Más y más Dédalo/ me recojo en el mío.*

Eso estaba ya perfilado. Tal como te dije, fui anotando cosas y cuando ya ese poema apareció como poema, entonces le di la fecha. Recuerdo que primero yo anotaba; llevaba un cuadernito donde anotaba y después algunos de esos textos los convertí en poemas y ése es uno.

J.S.: Usted permanece en Concepción después de su viaje...

G.R.: Esos son los años en que termino mis estudios de liceo. Todo marcha muy bien. Vuelvo a ser muy coherente.

J.S.: ¿Cómo conoce a Huidobro?

G.R.: En el 37, cuando ingreso a estudiar Derecho, en la Facultad de Derecho de Santiago. Un día alguien me dice: «Por qué no vamos a visitar a Vicente». Y así fue como lo conocí. Lo empezamos a visitar. El ya era famoso. Tenía publicado lo más importante. Ahora, el 38 me sitúo yo ya dentro del grupo de la revista *Mandrágora*. El grupo fue fundado en julio y yo ingresé a él hacia septiembre. Fueron siete números. No era una revista prodigiosa; era una revista importante para el medio y el proyecto era saltar desde el Mapocho (por hablar de un río nuestro) al Sena, por decirlo así.

J.S.: A pesar de que usted se separa de ese grupo posteriormente, debe haber habido lecturas en común.

G.R.: Sí, debo reconocer algunas cosas interesantes de ese grupo llamado «Mandrágora». Por ejemplo, el nombre «mandrágora» lo trajimos de la tradición romántica justamente. En alemán «mandrágora» se dice

«Alraune» y esta mandrágora es una planta herbácea de la familia de las solanáceas, que crecía al pie de las horcas. Tenía una cosa muy linda: en su raicilla había una figura de mujer, en el caso de la planta femenina, y una figura masculina con los signos viriles. Si tú conseguías arrancar de la tierra la planta femenina, no la masculina, sin morirte ahí mismo, entonces obtenías el amor, la gloria, la fortuna, todo. Ese era el mito. Para nosotros, la poesía era eso. Ese grupo «Mandrágora» fue pro-surrealista y después ya mis demás compañeros se adhirieron por completo al surrealismo de un modo ortodoxo. A esa altura me pareció que era demasiado, me pareció repetitivo.

J.S.: ¿Cuándo rompe con el grupo?

G.R.: Como al año. En ese tiempo es cuando me marcho al norte y todo lo que no me dieron los libros en cuanto a visión de lo animado, lo voy a encontrar en diálogo —yo, hijo de minero— con los mineros. Uno es fiel y va a buscar lo suyo. En ese tiempo no lo pensé así; se me dio así. Naturalmente no me fui solo. Me fui con una mujer, María Mackenzie, hija de un inglés y ella fue la madre de mi primer hijo. Con ella compartí esas experiencias tan bellas.

J.S.: ¿En qué año fue ese viaje?

G.R.: En el 40 o 41. Me quedé adentro de Chile, primero con los mineros del norte y después me fui a las islas del extremo sur: pasé como dos años y medio, como quien anda por otro mundo. Anduve por los cerros con unos mineros que no sabían leer ni escribir. Como vi a los mineros tan pobrecitos que no tenían qué comer y en la noche no tenían en qué pasar su tiempo, les enseñé a leer el único libro que yo tenía, el Silabario de Heráclito. Ordené en unos cuadernillos las palabras de Heráclito y estos mineros de Chile, ignorantes, aprendieron a leer así. Esto aparece en ese poema que te interesó, «Materia de testamento». El viaje fue interesante como experiencia. Claro, en ese tiempo trabajé en diferentes cosas y eso me hizo muy bien. Me acostumbré a ser más fuerte y me divertía de lo lindo.

J.S.: ¿Cuándo vuelve?

G.R.: Vuelvo a Santiago en el año 43 y el 44 empiezo a trabajar. Tengo que retomar unos estudios, yo había abandonado pero volvía.

J.S.: ¿Terminó la carrera de Derecho?

G.R.: No, el 37 fui a Derecho. El 38 me mudé a estudiar Filosofía y Letras. Del 38 al 41 son los años de mis estudios. Cuando vuelvo el 43, me reinscribo y el 44, entonces, empiezo a ser profesor. En el 44 alguien me cuenta que hay medio tiempo de trabajo en un liceo alemán (no sé por qué Alemania siempre ha estado tan cerca de mí), en Valparaíso de Chile y yo a mi vez tenía otro empleo en el Ministerio del Interior, en Santiago. Entonces, tres días trabajaba en pequeñas funciones de empleado y tres días como profesor. Viajaba en un autobús, los días miércoles en la noche, para amanecer en Valparaíso. Y (lo que te voy a contar es importante) en ese rechinar, en ese laberinto de las ruedas de esos autobuses tan malos en la noche, se producía en mí una modificación entre sensórea (todo esto es un poco loco) e imaginativa. Yo llegaba al puerto de Valparaíso y todavía con el ruido de las ruedas adentro de mi cabeza, escribía. Así empezaron a surgir estos poemas. Fíjate que cierta vertiginosidad (velocidad también) que tú puedes apreciar en lo mío tiene que ver con esa atracción del movimiento, pero en el lado fisiológico. No sé si tú has reparado en eso. Yo lo he pensado, ahora, viejo. En mi trabajo poético, más que un pensamiento, funciona bastante la fisiología. ¿Por qué «El alumbrado» se escribe como se escribe? ¿Por qué el hablante de «El alumbrado» te dice: *naricear, ojear su ojo...*»? Ah, porque, tío, a estas alturas de sus años, el hablante recién está mirando con el rigor y con el distanciamiento, cómo fue su juego, cómo fue que se le dio efectivamente la visión. Desde ese sitio fisiológico se puede explicar tal vez más que desde cualquier otra interpretación. En primer lugar, la importancia que el hablante le da a la forma, a esta especie de fijeza vertiginosa o vértigo fijo, como quieras decir, y después esta suerte de continuidad del poema. No sé si estoy estropeando tu punto de vista.

J.S.: No, para nada. Creo que en su poesía existe el problema fisiológico siempre. La poesía es respiración. Recuerdo el famoso soneto de Vallejo, «Intensidad y altura», donde dice: *Quiero escribir, pero me sale espuma...*» y más adelante: «*no hay toz hablada...*».

G.R.: Sí; a mi tartamudeo, déficit fisiológico, se debe el aprendizaje de un respiro imaginario. Porque para poder reemplazar una palabra que no podía decir (las palabras con /p/, con /t/, con /k/), para no tropezar, reemplazaba esa palabra por otra. Yo era un niñito y me daba cuenta que eso creaba un espacio distinto: el espacio de la imaginación.

J.S.: Usted tenía ese problema en la niñez. Otro caso sería el caso del asma en Lezama.

G.R.: En una palabra, son síntomas o signos. Esto responde a la etiología neurótica, sin exagerar demasiado, ni convertirme en médico de mí mismo. Estos problemas (los síntomas de la enfermedad) fisiológicos a veces son tratados por psiquiatras. El tartamudeo es algún trauma.

J.S.: Sí, leí ese poema de usted, «Ejercicio respiratorio», donde se habla del tartamudeo, la asfixia, el balbuceo, y yo no sabía de ese impedimento de su infancia.

G.R.: Sí, en la infancia yo era un tartamudo. Esa tartamudez señala mucho de mi ejercicio imaginativo.

J.S.: Ahora, cuénteme cómo nació *La miseria del hombre*.

G.R.: Así como te digo. Arriba de estas embarcaciones, que parecían naves, y eran a la vez autobuses, horribles, viejos. Como me trasladaba de noche, su ruido se me hacía muy odioso y me entraba por la oreja; este ruido, sin embargo, desencadenaba en mí un movimiento de pensar y de sentir, porque era bien divertido. Yo llegaba muy temprano a Valparaíso. Iba a la casa de un amigo mío muy encantador y le decía «préstame tu ducha porque vengo muy cansado». Me despertaba allí, realmente, bajo la ducha. Antes de irme al liceo, después de ducharme, me sentaba a escribir. Algo me brotaba, algo había tramado durante la ducha, en el semisueño de la rueda. Casi todo vino de allí.

J.S.: ¿Cuándo terminó el libro?

G.R.: En el 46. Me presenté a un concurso de poesía inédita (auspiciado por la Sociedad de Escritores de Chile) que yo gané, pero el concurso no me lo vinieron a pagar sino dos años después. El premio consistía en la edición, pero no editaron el libro por inercia de Manuel Rojas, primo mío, que era flojo, perezoso y no lo entregó a la prensa. En el 48 vino a aparecer mi libro que pagué yo.

A esa altura, en el 47, surgió en mí otro animal un poco distinto, hijo del otro, que fue el animal activo y se me ocurrió fundar una facultad de letras en la Universidad de Valparaíso. Desde entonces empezó ese ciclo de trabajo —paralelo al del poetizar con palabras—, que yo llamo la «poesía activa». Tal vez a eso obedezca el que me gusten tanto esos encuentros de Bello y Sarmiento; cuando se trataba de poner en marcha todo ese mundo de cosas. Y la verdad que enseñar me parecía muy aburrido, no me gustaba nada. No quería encadenarme a eso y por eso inventaba cosas.

J.S.: Volviendo un poco a *La miseria del hombre* me interesó ver (en *Poética de la poesía activa* de Marcelo Coddou) que de 41 poemas que tiene el libro, 2 pasan a *Contra la muerte*, 16 a *Oscuro* y 4 más a *Del relámpago*; es decir, aproximadamente unos 20 reaparecen, pero la otra mitad no.

Quería saber por qué de este libro no se toman tantos poemas como de los otros. ¿Cómo ve ese libro desde la perspectiva de hoy?

G.R.: Mira, *La miseria del hombre* respira un aire más impresionista. Tal vez debo ser yo, después de Pablo de Rokha, el primero (y a lo mejor yo, más que de Rokha, porque él era más excesivo), por lo menos en mi generación, que vio con un lenguaje expresionista. Adentro de ese libro hay un airecillo enfático, no declamatorio, pero de sobreexceso; entonces, claro, el hablante después se aparta, sin abominar de eso.

J.S.: Incluso esos textos, cuando aparecen en *Oscuro* o en *Del relámpago*, aparecen datados. Bueno, era una simple curiosidad.

G.R.: Sí. Es muy interesante la pregunta y me dejas pensando con eso. ¿Por qué no aproveché más? No quise (alguien me lo había sugerido) que reeditaran *La miseria del hombre*. A mí me parecía que no era un libro que mostrara efectivamente mi pensamiento, por eso lo dejé. Sin embargo, reconozco que hay ahí una cantera y tal vez ésa sea mi cantera.

J.S.: ¿De Santiago se pasó a Valparaíso definitivamente?

G.R.: Claro, en esos años ya dejé definitivamente mi trabajo de Santiago. Después de esa vida dividida en dos partes simétricas (trabajaba en el liceo los jueves, viernes y sábado) durante dos años, ya me concentré en Valparaíso. Ideé formar un instituto que llegara a ser facultad de filosofía y letras (todavía no se llamaba así), con una línea de estudios más severa. En el 52 me gané un concurso para enseñar en Concepción y volver al lugar de mi adolescencia. Allí trabajé 18 años, hasta que el año 70 salí del país.

J.S.: ¿La Guerra Civil de España y la Segunda Guerra son importantes?

G.R.: Sí, claro. La Guerra Civil para todos los latinoamericanos fue una nueva visión de la España que se deshacía como madre ensangrentada, como la madre que no había sido antes. España la verdad que parecía para los hispanoamericanos una señora vieja y retórica. Entonces, en el año 36, cuando estalla la guerra eso es tremendo para todos nosotros. Cuando matan a Lorca en agosto de ese año. Eso creó conciencia; fue una mutilación.

J.S.: ¿Había mucha correspondencia? ¿Ustedes ya leían a todos ellos?

G.R.: A Lorca ya lo había leído en el 34. Y los libros, pese a que no había, llegaban por los barcos. En Iquique me leí el *Romancero gitano*. Sabíamos de la presencia de esa generación. En esos años de guerra nosotros vivimos asomados a ese lugar. Yo mismo hice cola como muchos de mis compañeros de la Facultad de Derecho para inscribirnos para ir al frente.

J.S.: Había mucha gente que iba a la guerra. Además, el famoso Congreso de escritores antifascistas de 1937.

G.R.: Sí. El año pasado me invitaron a conmemorar los 50 años y no pude ir. Total, esa guerra civil nos hizo ver (no a la luz de la generación del 27, porque ese es un puente) desde un desgarrón de autenticidad; nos entregó a nosotros mismos unas armas ideológicas, tanto políticas como de creación, nos hizo ver. A Chile no llegaron como a México tantos miles de españoles. Aquí tengo un texto que iluminaría bastante esto de lo que estamos hablando:

«Alabanza y repetición de Eloísa» (Es de *Las adivinas*. Vino en esa época un barco llamado Winnipeg, donde llegaron a Valparaíso los refugiados de la guerra. Entre ellos, venía una muchachita.): *hija de Elohim...* (Te fijas que comienza con minúscula. El título forma parte del poema, es el primer verso.)

ALABANZA Y REPETICION DE ELOISA /hija de Elohim, de quien/ nadie sabe,/4 sílabas/ 4 galaxias,/y el destello/ de Eloísa a propósito de alondra, Eloísa al amanecer/ envuelta en ella misma durmiendo en/ la belleza de su espinazo, Eloísa/ vestida de verde, Eloísa/ infradesnuda a los 20 años, sentada a-/costada, Eloísa flexible/ derramada como una copa,...(era una chica encantadora, que la queríamos todos)...*Eloísa/ cerrada y por lo visto obsesa, Eloísa/ ociosa de José Ricardo,...*(¿él era su novio, ¿no?) ...*airosa/ y quebradiza de él,...*(con él dormía, con ese novio)...*Eloísa/ cortada en flor por la guerra, Eloísa infanta/ piel de Lérida,...*(venía de Lérida) ...*alada al azar/ en la ventolera del Winnipeg,...* (el barco) ...*Eloísa/ parada en la borda, anclada, alumbrada/ por ella misma, Eloísa/ posesa ojos castaños que hubieran sido los del éxtasis/ de la mismísima Magdalena/ de Ribera de Játiva...* (Játiva es una región que está cerca de Valencia, donde nació el Españoleto, un gran pintor que pintó a una de las Magdalenas; se trata de un campo referencial) ...*de no ser/ el ser de Eloísa volando como saliendo a los 20, atrapada/ en el rapto de aquesa España dulcísima y/tristísima fuera/ de España, envuelta/ en ella misma paseando sola/ entre los arrecifes, durmiendo/ en estas líneas,/ diamantinamente/ durmiendo.*

J.S.: Es un texto espléndido. Comienza con ese juego de *Eloísa-Elohi*m.

G.R.: Claro, una asociación libérrima.

J.S.: Ahora, hábleme de la Segunda Guerra.

G.R.: La guerra estalla en el 39, pero yo la sentí después, cuando estaba en los cerros de Atacama. Tenía una radio y allí oía el registro de batallas y todo eso. Bueno, la guerra mundial fue fuerte, fue muy importante. Habría mucho que decir.

J.S.: Pasemos a sus años en Concepción.

G.R.: Son los grandes años de la construcción y de la poesía activa. En ese plazo, Jacobo, yo aparecía como un perezoso. «¿Cómo es posible que Gonzalo no haga nada?» Escribí poco porque me dedicaba a esa otra poesía que, como te dije, he llamado «poesía activa». En el año 64 de todas maneras publiqué un libro, que se llama *Contra la muerte*.

J.S.: ¿Viaja durante esos años?

G.R.: Sí, hay muchos viajes, Yo soy Sagitario. El año 53 voy a Europa por primera vez. Estoy en Alemania, después en Francia y ese año conozco a Breton en persona. Yo había ido a visitarlo porque llevaba un paquete para su (última) esposa (que todavía vive), una chilena llamada Elisa Bindhof, germana de origen. Lo conocí, le conté lo de la Mandrágora.

J.S.: ¿Qué otros viajes hizo?

G.R.: Eso fue en el 53. Después, en el 58 me gané la beca Unesco de escritores y viví un año en París: del 58 al 59.

J.S.: En el 58 usted organiza el primer encuentro de escritores de Chile.

G.R.: Claro, el primer encuentro. Yo hice muchos encuentros.

J.S.: ¿Qué importancia tienen esos encuentros?

G.R.: Cuando yo puse (perdona que personalice, pero no hay remedio, tengo que hacerlo) en marcha la tarea de unos diálogos o encuentros nacionales y después internacionales, lo hice con un objetivo doble. La convocatoria no sólo era para la línea de poesía, sino para los otros géneros literarios. Estas reuniones no eran cerradas, en cuartitos o en salones de clases, sino abiertas a públicos que excedían siempre las 500 personas. Se sentaban —como en un ring— narradores, dramaturgos, poetas y ensayistas en una tarima. Esto se hacía en varios días, sin ningún apremio. Ellos vertían su propio testimonio. Eso ocurrió, como te digo, primero en un nivel nacional y después ya en un nivel internacional. Eran dos objetivos. Primero, que el escritor se situara frente a su propio oficio e hiciera algo así como su autoanálisis, descarnado y descarado y, por ahí, se me entenderá cuál era el segundo objetivo: el situar al escritor frente a sus críticos y mostrar la responsabilidad de su oficio en cuanto a proyección. Desde luego, este doble propósito tuvo sus productos bien certeros. El escritor se exigió a sí mismo y como él no podía conformarse con sus colegas sin ser interpelado, los debates eran más que suculentos y a veces violentos. Y eso ventiló el propio oficio de cada escritor. En la mayoría de los casos, prácticamente en todos, hubo un respeto muy favorable hacia quienes convocamos estos encuentros. Y, por otra parte, los públicos ganaron en confianza frente a sus propios juicios como lectores. Así pues, había una especie de autoenjuiciamiento y de enjuiciamiento. No era una tarea, por supuesto, sectaria, en ningún sentido. La convocatoria se extendía lo mismo al católico que al ateo, lo mismo al marxista que al hombre de un pensamiento demócrata-cristiano, por ejemplo. Ese era el sentido de estos trabajos: máxima libertad, máxima libertad.

Hubo cuatro encuentros. En el 58, dos encuentros: uno en el mes de enero y otro en el mes de julio. Al fondo, dialogaron tres generaciones: la de 1920, la de 1938 (a la que yo pertenezco) y la del año 60. Se trataba de mirarse en los espejos. En el 60 convoqué a los escritores hispanoamericanos: una suma importante de nombres. Y después en el 62 ya convocamos a escritores internacionales; es decir, un poquito más internacionalizado y excediendo la órbita meramente literaria: algunos sociólogos, economistas, investigadores científicos. Lo que yo quería era romper el hielo entre la imaginación científica y la imaginación artística. Me acuerdo que entre los invitados venía un cristalógrafo célebre, llamado John D. Bernal —célebre físico inglés, amigo de Churchill—, viejo y encantador, y cuando bajó del avión me dijo: «A lo que vengo aquí es a dialogar sobre la imagen poética con Neruda». Fíjate qué hermoso. Se trataba de romper todos esos bloques, esos límites. Y te digo por último, esos encuentros de escritores son delanteros del *boom*. El *boom* data del 64 o 65 (no me acuerdo bien), pero sucede que el intradiálogo de los escritores de América Latina se desató en Concepción, por nuestra iniciativa. Lo nuestro era un diálogo para la auténtica autonomía cultural de nuestros pueblos. Me acuerdo cuando Frank Tannenbaum, un sociólogo de los Estados Unidos, se atrevió a proponer la idea de la federalización de América Latina (imagínate un salón, donde hay unas quinientas personas; el verano de Chile en enero de 1962). Entonces, Carlos Fuentes (lo veo todavía en camisa y muy juvenil con ese calor de verano) le dijo: «¿incluyendo a los Estados Unidos en esta federación?». Y el otro contestó: «Sí, desde luego, estimo que deben ser incluidos los Estados Unidos». Carlos Fuentes, entonces, tomó la palabra y con su sagacidad y su lucidez examinó con un análisis bien riguroso todo lo ocurrido en esto de las intervenciones. Odio decirte cómo ardió Troya. Por eso me expulsaron a mí (tengo el honor). Fui expulsado de la dirección de las Escuelas de Temporada. No me importó nada la expulsión. Seguí trabajando en el encuentro, con la paciencia que tengo, y me di por enterado sólo al término de esas sesiones de trabajo. Las excomuniones me han sido propicias, no muy benévolas.

J.S.: Usted también fue uno de los fundadores de los talleres literarios.

G.R.: Claro, el primer taller de escritores fundado en Chile se hizo en la Universidad de Concepción; nombramos director a Fernando Alegría (que vive allí en Stanford), pero el jefe de las Escuelas de Temporada era yo y yo me encargué de designar a Fernando y la idea era realmente mía. Yo dirigí la zona de la poesía, Alfredo Lefebvre el ensayo y Fernando la prosa. Allí vinieron escritores importantes. José Donoso, por ejemplo; no enteramente, pero participa en esto.

J.S.: ¿En el viaje a París del año 59 se dedica a escribir?

G.R.: Sobre todo me dedico a viajar. Me dedico a visitar países porque la beca consultaba justamente eso.

J.S.: ¿Cuándo escribe *Contra la muerte*?

G.R.: Lo estaba hilando en los años 62 y 63.

J.S.: Me parece que *Contra la muerte* (Se publican ahí sólo dos poemas de *La miseria del hombre*) era un proyecto diferente.

G.R.: Sí, pero adentro de un juego de continuidad.

J.S.: ¿Qué sentido ve usted en el título?

G.R.: Mira, es curioso. Nunca había leído bien hasta esos años uno de los ensayos hermosos del gran Montaigne, donde por ahí habla de «miseria del hombre», ni menos había leído un título de un poeta bastante desconocido del siglo XIV, que habla de «miseria de hombre». Pues, yo usé ese título porque brotó de mi visión, nada más. Así también, empleé el título de *Contra la muerte* espontáneamente. Sin embargo, yo, buen lector de Breton, no había reparado que en el segundo de los manifiestos hay un párrafo donde se lee algo así como *contra la muerte*. De manera que podría alguien pensar que yo tomé mis títulos de unos autores determinados. No señor, los títulos salen porque salen. Las palabras están para que se usen. Me acuerdo de un colega de Mandrágora, que se disgustó mucho conmigo. Me dijo «tú pusiste el título *La miseria del hombre*, porque yo escribí una poesía que se llama 'las miserias del temperamento'». Yo le contesté: «hijito mío, acuérdese que las palabras son para ser usadas».

J.S.: El libro salió en Santiago y en La Habana. ¿Son diferentes las ediciones? ¿La de La Habana tenía una introducción?

G.R.: No, era un volante. En la Editorial Universitaria de Chile apareció una hojita. Naturalmente el público se la llevaba. Ahora, te voy a decir que si hay un libro publicado con erratas debe ser ese. Tiene 54 errores fundamentales. En una palabra tan ceñida, como la que pienso que yo hago, eso es horrendo (en toda poesía es terrible). La de La Habana tiene menos erratas.

J.S.: Usted armó el libro con cinco secciones. Dice Coddou que son las cinco puntas de la estrella. ¿Esa fue la idea?

G.R.: Mira, esas son frases que sirven para ilustrar. La idea era la unidad adentro de una quincuapolaridad, nada más que eso. Tú sabes que siempre la manía de mi pensamiento es lo uno, pero desde lo distinto, que es una visión romántica. Yo no invento nada. Pertenezco al linaje de los poetas románticos; en eso estuvo acertado lo que dijo Octavio Paz, que se oponía a lo que decía Enrique Lihn que en mí se daba el barroco por lo de las antítesis. Paz percibía que yo saltaba de una orilla a otra.

J.S.: Sigo con las fechas. En el 70 se hace diplomático.

G.R.: Sí, termino la tarea académica porque es un tiempo en que ya mi vida académica ha terminado, por un lado, y porque además estaba con un hartazgo de trabajos externos, llamados administrativos. Además, pese a ser un hombre de izquierda (no soy un izquierdista de partido), me aburrían las desmesuras de los sedicentes comunistas, socialistas y demás, porque eso me hacía volver a ese arco catequístico, mediocre, que yo tanto había rechazado. Los jóvenes hicieron un remedo de la revolución de mayo de París o de ese proyecto mexicano (de Tlatelolco). Era demasiada farsa. Yo mismo quise salir del país, aunque pasara a servir al gobierno, que era mi gobierno por último. Yo había luchado siempre por Allende: voté por él el año 52, perdimos; voté por él el año 58, perdimos; el año 64 perdimos; y ya el 70 ganamos.

J.S.: ¿Por cuánto tiempo se fue a China?

G.R.: Un año. China ya lo conocía. Fui por primera vez en el año 59 cuando estaba en París. Tenía opción de pedir viajes. Quise ir a China y gracias a un amigo mío que estaba allá, conseguí un pasaje. Tuve la oportunidad de conocer al mismo Mao. Fui nombrado en el año 70. En marzo de 1971 salimos hacia China y estuvimos allí un año hasta mayo del 72, plazo en el cual soy nombrado consejero en La Habana; después me nombran cónsul general y más tarde me ascienden a encargado de negocios y me proponen de embajador, que concede el gobierno de Cuba. Pero el senado de la República de Chile, que era adverso al gobierno de Allende, no hizo pasar los últimos nombres, de modo que yo no fui embajador titular.

Ya después me fui obligadamente a Alemania Oriental en un proyecto de trabajo que no cuajó, desde el 74 hasta el 75. De ahí me voy a Venezuela, donde enseño en la Universidad Simón Bolívar. Vine a los Estados Unidos a varios congresos y comencé en el 79 esa labor de profesor visitante y desde esa fecha he estado aquí con mucha frecuencia.

J.S.: En el 77 sale *Oscuro*, en Monte Avila. Me parece que este libro es el que ayuda de forma contundente a la difusión de su obra. A partir de él comienzan ya los estudios más serios: José Olivio Jiménez, Ricardo Gullón, Gonzalo Sobejano, en fin, una serie de críticos importantes. ¿Podría definir ese momento poético?

G.R.: Mira, yo estaba trabajando mucho. En Monte Avila Editores, donde a veces se me consultaba, se me dijo «por qué no presenta un libro antológico para que se conozca su obra». Entonces, lo armé con ese mecanismo que conoces; recogí algunos textos del pasado e incluí algunos nuevos: «No le copien a Pound», «Latín y jazz», «Numinoso». Tal vez se le dio un injerto de eros más intenso. Y cierta temblorosidad. Realmente tuvo fortuna. Dio resonancia. En seguida me pidieron un libro en Madrid y yo les dije que recojan de allí esa versión antológica y así se hizo *Transtierro*. Por eso salió tan pronto.

J.S.: Después regresa a Chile en el 79. ¿Fue significativa esa vuelta?

G.R.: Con ciertos desencantos por el lado mío. Por mucho tiempo yo estuve en la lista negra. Yo nunca había sentido tan hondamente al desollado que es el poeta. Es un hombre que expone el pellejo todos los días. No es raro que te tiren balazos de un lado y del otro. Y la gente no se conforma con que no entres en una situación de partidario ortodoxo. Claro, el sueño de nosotros con Allende no coincidía con la realidad, en cuanto a praxis de un socialismo de Estado. Pero eso no quiere decir que yo voy a estar con los Pinochet, ni con nada que se parezca al colonialismo ni al imperialismo. En eso sigo siendo igualito que cuando muchacho: antiimperialista, anticolonialista, venga de donde venga la colonia o el imperio. Cuesta mucho, porque de alguna u otra manera te quieren comprometer. Era amigo de Allende, pero quién va a decir que era comunista. Aceptó que los comunistas participaran de su gobierno y aceptó algunas cosas cubanas. Pero él era un masón (la masonería implica tolerancia) y un socialista de corazón.

POETICA

J.S.: ¿Cuál es su idea de la poesía?

G.R.: Determinarla , definirla, no procede; no estamos en ninguna cátedra ni pretendemos hacer conjeturas teóricas. Estamos hablando con modestia, acercándonos a ella desde esa mirada directa. A mí me gusta eso que dice: «*La poésie est une hesitation entre le sens et le son*». Es una vacilación entre el sonido y el sentido. Me gusta la idea de la vacilación, que yo la enlazo con la idea de aproximación, que emplea en algunos de los fragmentos, el gran Heráclito, al aludir a la amplitud, ambigüedad literaria. No somos más que eso, nos aproximamos a descifrar la cifra de lo real o de lo terrestre. Es un ejercicio de mera aproximación y por eso nos resulta tan absurdo pensar que ella pudiera conceptualizarse. El instante es esa suerte de relámpago intuitivo, penetrante, descifrante, pero a la vez aproximante, nada más. Tengo que enlazar unas cosas con otras. Así es como voy desrazonando. Cuando digo que me importa la idea de *hesitation* y la enlazo con la idea de aproximación de Heráclito es porque eso mismo me propone la certeza de no alcanzar a decir lo que quiero decir. Al hacerlo de todas maneras me encuentro con situaciones a veces bien difíciles y me encuentro además con el silencio. Todo esto lo digo a propósito de *MI* juego poético, porque es un gran tanteo, un gran balbuceo, todo esto; es un gran tartamudeo y un gran centelleo. Es decir, nada de certidumbres cabales y totales; en cambio, el movimiento es hacia la palabra lo más genuina posible, la palabra del ser. Por eso he hecho mía desde siempre esa frase de Heidegger: «La palabra es la casa del ser». Y has visto en *Del relámpago*, cómo al empezar digo: «*Todo es mudanza para ser, para ser y más ser y en eso andamos los poetas*». Y luego se insiste en la idea de que uno lo que quiere es eso: la genuinidad desde ese ser que nombra.

J.S.: Me gustaría preguntarle también acerca de la fidelidad de la palabra a ese mundo que representa. Es decir, la palabra es representación del mundo y como tal lo está descodificando y reinventando. A mí me llama la atención el poema «Uno escribe en el viento», donde dice: «*Cosmonautas /avisen si es verdad esa estrella o es también escritura de la farsa.//Uno escribe en el viento/ ¿para qué las palabras?*» Me pregunto acerca de esa escritura de la farsa. ¿En qué medida las palabras son también una ilusión?

G.R.: Esa idea no sólo se ofrece en ese texto que estás mencionando (un texto viejo ya); persistentemente está en el ejercicio poético que he venido haciendo. Sí, las palabras dicen y no dicen o, por lo menos, no alcanzan a decir y cuando parecieran que alcanzan a decir se te dan esclerosadas, a un milímetro de la retoricidad. Uno se encandila con lo que escribe pensando que está muy bien dicho, que está muy bien mostrado el ser allí; pero sospechoso como es el poeta —sin renegar— dice: «alcancé». Esa vieja idea de no alcanzar es una idea que Goethe por su órbita también la tiene; que no puedas llegar nunca...

J.S.: Recuerdo ese poema famoso de Darío: «Yo persigo una forma que no encuentra mi estilo», donde dice: «Y no hallo sino la palabra que huye».

G.R.: Correcto. Y es eso. En *Las adivinas y otras visiones*, hay un texto que ilustra. Parecería que es un texto de aproximación a Borges (otra cosa: no me molesta nada que coincidamos, no tengo ningún prejuicio de originalidad). El poema se titula «Tabla de aire» y dice:«*Consideremos que la imaginación fuera una invención/ como lo es, que esta gran casa de aire/ llamada Tierra fuera una invención, que este espejo quebradizo/ y salobre...*» (Borges habría dicho: «este espejo quebradizo y teológico», pero yo no soy teólogo, ni soy Borges; el espejo ese quebradizo es salobre porque es con nombre de tierra de sal.) «*...ideado a nuestra imagen y semejanza llegara/ más lejos y fuera la/ invención de la invención...*» Y al final dice: «*...que esta misma/ tabla de aire en la que escribo no fuera sino una invención/ y escribiera sola estas palabras*». (Es la defensa de eso que decía Novalis, «hablar por hablar».)

J.S.: Dentro de esta fórmula, de esta relación de la palabra con el mundo, ¿cómo entra el silencio? El silencio es otra fase importante en su obra, sobre todo por ese poema titulado precisamente «Al silencio».

G.R.: Sobre eso me interesa conversar contigo y te agradezco que me propongas la idea. La metáfora del silencio siempre ha circulado. Hay unos cuantos poetas (eso lo ha examinado con cuidado Guillermo Sucre, en su libro *La máscara, la transparencia*) que hemos alcanzado a ver lo significativo del silencio como una visión despojada (ambigua como toda la poesía), pero a la par en una certidumbre esencial. Te podría contar el trabajo de intuición que va adentro de ese texto de once líneas. En 1945, en

Valparaíso de Chile, una noche mientras yo revisaba papeles y papeles de profesor, se detuvo la luz de golpe. Yo vivía en una casa hermosa frente a un barranco, con el océano ahí mismo y desde el barranco olfateaba las olas más que las oía. Ese paraje era un tesoro. Sobre las 11:30 de la noche, cuando estaba en medio de la operación de corregir papeles, sobreviene esto y yo, cansado como estaba, lo sentí como un alivio y salí a la terracita y miré desde esa terraza tratando de oír algo allá abajo en el océano. No se oía el agua. No se oía el océano romper contra los acantilados como todas las noches. Miré rápido al cielo en una reacción gestual a ver si había algo por allá arriba. No había nada, ni una estrellita, no había absolutamente una luz. Desde luego, veía la ciudad (yo estaba en una región muy alta de la ciudad, esa es una ciudad llena de cerros: 40 cerros como San Francisco, pero más crecidos los cerros), pero no había nada por ningún lado, ni olfateaba nada. Quedé en la opacidad y la oquedad absolutas. Todo eso muy veloz. Ahora, con ese episodio se me da de golpe una intuición: la intuición de la nada. Esa nada que persigue al maestro Mallarmé literariamente, a mí se me ofrece nítida allí. Entonces, vuelve la luz eléctrica, todo es cosa de minutitos. Regreso yo también a la habitación donde estaba trabajando y luego mi mano escribe sola. La verdad que fui impulsado a escribir eso; cuando llegué a la octava línea, donde dice: «*tú nunca cesarías de estar en todas partes*», me equivoqué. Cuando una línea no se ajusta con la anterior, cuando hay un bache fatal, la imaginación lo registra. Traté con todos los modos de que continuara ese texto y me di cuenta que no podía. Un día, andando arriba de un tranvía (en esos años se usaban los tranvías), como de golpe en la oreja se me asomaron tres líneas. Tuve que escribirlas en el boletito del tranvía; no tenía ningún papel en qué escribir, y allí aparecen esas tres líneas un poco más razonantes: «*porque te sobra el tiempo y el ser, única voz,/ porque estás y no estás, y casi eres mi Dios,/ y casi eres mi padre cuando estoy más oscuro*». En estos dos ciclos de composición del texto, entre los que pasó tanto tiempo, no hubo ningún apremio, nada forzado por el lado del hablante. Allí se ofreció todo lo que para mí implica esto, con su *casi*, inclusive. Ese *casi* de la mayor ambigüedad. El casi alcanzar. Ese casi no es nuevo, te lo digo con insistencia porque eso se ha venido reiterando en mi poesía y la de los últimos plazos lo registra muy especialmente. Te quiero decir que hay una urdimbre, un hilo de amarra tan claro desde mis poesías desde hace 30 y 40 años con estas actuales que no sé si sea tan frecuente en otros poetas. Hay otro poema en *Las adivinas* que se llama «Aletheia del faisán»; *aletheia* es revelación. Tal como me fue revelado el silencio esa vez, aquí me fue revelado otra cosa y mira si no se parecen estos textos adentro de los distintos y de lo distante en el tiempo: «*Aletheia de nunca ese faisán brillando encima de la nieve entre el cemento/ del patio y las uvas parado/ en lo más verde de su azul pintado de esquizo...*» (Esquizo, el hombre cortado. Este hablante ya es más sabio) «*...por el estupor medio congelado en su ocio...*» (Aquí hay una suma de transferencias; el pobre pájaro que aparecía efectivamente encima del cemento del patio de mi casa de Provo —aquí, hace un año— me veía, y yo le veía y él me miraba a mí y hacíamos uno, hasta la identidad de veras. El estaba congelado en su ocio y yo también. Ahora, esa revelación de nunca, quiere decir de lo imposible; lo curioso es que se recurre al adverbio de tiempo nunca) «*...viéndolo todo/ desde ahí, mirando mirando//como cuando aparece la aparición y uno mira/ fuera y casi alcanza/ a no sabe dónde y fosforece y oh velocísima/ nariz por todas partes fosforece el/ pájaro áureo*».

Claro, el material lingüístico expresivo es un tanto distinto, la visión es la misma. Vamos a tener que recurrir para tus preguntas al fundamento de mis textos. Yo no contesto sino desde adentro de mi palabra, porque no tengo nada que decir mayor de lo que he podido decir ahí.

J.S.: Dentro de esta relación de silencio-palabra, me daba curiosidad el poema «La palabra». ¿Tiene que ver ese texto con Huidobro?

G.R.: Puede tener que ver con algún modo huidobriano, no con el tono, el tono es mío. Es distinto lo que yo hago que lo que hacía el maestro Huidobro. Yo te decía que era un muchacho que tenía una limitación fisiológica que se llama el tartamudeo y que al fondo era un poema de respiro y como creo tanto en el respiro, digo: «*Un aire, un aire, un aire,/un aire,/...*» (¿Cómo lees este poema? Tú lo respiras como con jadeo, ¿no es así?) «*...un aire nuevo:/...*» (Dos puntos y ahora como insulto, como enfadado de sí mismo:) «*...no para respirarlo/ sino para vivirlo*». (Ahí viene el desdeñoso. El hombre que quiere asumir la poesía como conducta.)

Es decir, ahí hay un ars poética a la vista, en la que por un lado a la palabra se le llama neuma, aire; pero aire vivo.

J.S.: Lo de Huidobro podría ser por lo de nuevo.

G.R.: Sí, pero aquí lo nuevo es en cuanto vivo. No de la novedad innovadora que me aburre.

J.S.: También me interesa ver la relación entre el hablante poético y su oyente. En el primer poema de *El alumbrado*, «Descendimiento de Hernán Barra Salomone», hay una relación intrínseca en el texto entre el hablante y su oyente; allí se perfila una audiencia múltiple que va desde el propio Hernán Barra, que está muerto, a otra tercera persona. Veámoslo en las preguntas mismas del texto: «*A dónde vas con ese 3 peligroso*» y después «*A dónde va corriendo ese loco*». Primero a él y después a una tercera persona.

G.R.: Mira, hermano querido, te quiero interrumpir un segundo. Me gustó que descubrieras solo aquello de que hay varios hablantes adentro de esto, así como los hay en «Nieve de Provo». Eso parece que incide en la naturaleza lírico-dramática del contexto. Esto no es un documento meramente lírico. Están hablando varios hablantes y está hablando también el silencio.

J.S.: De eso quería continuar un poco. Después, en el texto hay una pregunta directa: «*¿me oyes?*» Todo el poema está asociado con esa muerte. Al entablar la pregunta, no hay una respuesta directa de parte de esa persona que escucha, pero a la vez la respuesta está dada a través de la poesía que nace de esa persona desde el silencio. Más adelante en el texto, leo: «*lloré,/lloré llovizna de ceniza por el poeta pura sangre que fuiste*». La explicación de ese poeta pura sangre se intuye por el «*entre/el zumbido y el ocio, sin/la locura de durar mil años*». Deduje (no sé si acertadamente o no) que esta persona no escribió nada. Esta persona no tuvo necesidad de escribir para ser poeta...

G.R.: ...de eso se trata...

J.S.: ...y, a partir de él, el poeta se nulifica («*yo/ con la pobre máscara de Nadie*») y deja que ese silencio de Barra se perfile a través de su voz y de ese modo se logra una correspondencia entre el hablante y el oyente. Mi conjetura final es que la compenetración es tan intensa que va desde el mutismo, la nulificación y la muerte, hasta el zumbido, la personificación y la vida; todo contenido en ese viaje que va de la persona poética a su interlocutor y nada que logre salvar ese vacío comunicativo y esa angustia por la muerte. Entonces, me gustaría saber ¿cómo trabaja esa correspondencia entre el hablante y el oyente? En *Del relámpago* aparece ese texto inicial que se titula «Al oyente». De modo que siempre está presente esa dificultad comunicativa. ¿Cómo ve ese problema?

G.R.: Sí, pero no es demasiado hondo, porque tampoco me voy a morir de pena si no se me entiende. Ya se entenderá a medida que se meta el oyente o el lector en este ejercicio natatorio, que es la poesía de uno. Las olas, el oleaje mismo golpeándose por aquí, por acá, van a enseñarle cómo funcionan estos mecanismos. Cuando hago ciertas llamadas, por ejemplo, «no al lector, al oyente», es para que se me entienda que mi poesía no va destinada al lector de signos, sino al viejo modo como cantaban los poetas (con respiración), que llegaban por la oreja. Eso es una cosa. Ahora, en ese poema que a ti te interesa y que a mí me sigue interesando, creo que se da —y te lo confirmo por mi lado plenamente— esa suerte de dos y de tres hablantes en uno solo o en distintos, pero que no acaban de destruir la coherencia imaginativa. Habría que mirar el poema con todas las precisiones del caso, ¿no? Es largo el texto. Y si lo puse como primer texto del libro fue seguramente por algo. Sin querer hacerse, hay un ars poética otra vez; de hecho, todos vivimos haciendo ars poéticas. Se sabe que la poesía contemporánea, desde Baudelaire para acá, está transida de ars poéticas. Pregúntale a Paz. Cada uno de sus textos parece un ars poética. Por aquí también suele ocurrir. Sólo que aquí encontramos varios ingredientes curiosos; hay un lado dramático y uno narrativo, puesto que se presenta también un relato en esto, ¿no? El poema lo alcanzó a conocer Rulfo y le gustó mucho. Incluso, en el número homenaje que le dedica la revista (estando vivo él) *Cuadernos Americanos* de Madrid, yo no escribo nada sobre él sino que mando este poema, porque sabía que a él le gustaba.

Ahora, partamos de «Uno escribe en el viento», del que escribe en el aire, es decir, del que escribe cuando respira; cuando respiras genuinamente estás poetizando. Esto quiere decir: cuando estoy viviendo en la plenitud de mi genuinidad sin ninguna trampa ni autotrampa, cuando estoy apostando mi vida, mi ser, mi pensamiento, estoy (desde mi punto de vista) jugando un juego poético genuino. Hernán Barra Salomone —te voy a dar un par de detalles— era un hombre delgado, fino, de nariz pronunciada (y por contrapunto, nosotros en Chile le decíamos irónicamente el ñato). Amigo de Neruda, de De Rokha, de todos los maestros, de los pintores, de los músicos, él no tuvo nada que ver con el ejercicio llamado creador. Era rico; un molinero que tenía haciendas, mucho trigo y muchos instrumentos para que ese trigo se convirtiera en harina y la harina seguramente la vendía cara. Era un tipo transparente y fino; un poco excesivo y eso me encantaba. Tenía la plenitud que también te puede dar el exceso, pero el exceso en cuanto a desborde festivo. Tenía una mirada irónica y una iluminación imaginaria chispeante, que era mejor que la que podría yo encontrar en otros poetas. Por eso, a él lo puse como un signo desafiante de quienes son unos presuntos poetas que se dedicaron a escribir; en cambio, él no escribió nada, pero *VIO* por dentro más que nadie. Eso es todo el cuento.

J.S.: Usted de algún modo es el primer lector de su obra. Al rehacerla, al reelaborarla constantemente, usted sería el primer lector. Hay una frescura que aparece constantemente a pesar de esa repetición. Me interesa el proceso de reelaboración.

G.R.: A ver si capto bien. Por un lado, se trata de alguien que no parece ser un hablante de creación psicológica —como diría Jung—, un hablante que sólo muestre sus vivencias; sino que es un hablante de naturaleza más bien visionaria (no en vano he usado bastante la palabra «visión»: el último libro se llama *Las adivinas y otras visiones* y hay otro que se ofrece con el título de *Siete visiones*). Es cierto, las visiones son siempre las mismas. Son dos o tres visiones. Creo que Borges era el que hablaba de tres metáforas. Es cierto, son sólo unas cuantas visiones. Ahora soy fiel, sigo siendo fiel. Ellas me persiguen a mí, yo las persigo a ellas, en un juego sin fin.

Por otro lado, es verdad que soy mi primer lector, cómo podría negarlo: al terminar el texto cuento las líneas que lo integran con esa manía de saber si el cierre coincide con el cierre de la visión, intentando ponerle límite a algo que sé que no tiene fácilmente límite. Soy mi primer lector, pero te contaría que muchas veces vine a descubrir muy tarde que ese poema tiene que ver con otro y otros poemas. Te quisiera decir, entonces, que la red imaginaria es tan extensa, pese a que los motivos no sean tantos, que uno no dice: «voy a escribir este poema en vínculo con tal otro». Hay una comunicación natural.

Por ahí, me voy hacia la idea del frescor o de la lozanía, como a mí me gusta decir. Viejo y todo, estoy por la lozanía en absoluto. Me parece que ser lozano significa genuinidad, autenticidad, y a la vez —por qué negarlo— salud. Este poeta que toca a veces aspectos semimórbidos, semienfermizos y, sin embargo, está plantado en el mundo con un proyecto —si no saludable— muy certero frente al gran desamparo. Entonces, esta lozanía es como un aceite, esta lozanía es como un autoaceitamiento de mi propio ejercicio imaginativo.

J.S.: Relacionado con su visión del mundo, me interesa el poema «Daimon del domingo». Allí, se prefiere a las moscas sobre la Biblia y se da como última razón de esa preferencia la adecuada lectura del Mundo: de la putrefacción a la ilusión. Esta es una visión pesimista.

G.R.: Este es un texto que fue escrito en Austin, Texas. Es un baile de moscas. Es una visión pesimista, como puede ser pesimista la visión de Borges. A él lo quiero mucho: él leyó a Schopenhauer y yo leí a Schopenhauer desde niño, lo hice muy mío, lo entendí desde adentro de mi fe y de mis disidencias, desde siempre. Uno nace hereje, suele ser hereje por naturaleza: disidentón. Entonces, pues, aquí hay una visión pesimista. No sé si un pesimismo tan radical como para decir que no sale nada, porque como la poesía se hace con palabras y las palabras se reiteran en la red del sistema, habría que ir a mirar las veces que Gonzalo Rojas dijo moscas en su poesía. Hay un poema que se llama «Una vez el azar se llamó Jorge Cáceres». En la última estrofa dice: «*Ahora está en la luz y en la velocidad /y su alma es una* mosca *que zumba en las orejas/ de los recién nacidos*». Esa mosca ya no es la mosca del deterioro ni de la putrefacción. Por lo tanto, habría que atender a las dos moscas.

J.S.: Claro, porque para usted el zumbido es también origen de la poesía. Anoté esta frase suya de otra entrevista, donde dice: «Cada poema nace en mí como un zumbido, en cualquier sitio, en cualquier instante».

G.R.: Sí, eso se lo dije a un periodista hace muchos años. Ahora, del título de ese poema «Daimon del domingo», *daimon* es demonio, en griego; el domingo es el día del gran hartazgo, del gran bostezo. Habría que ir a mirar qué es el domingo, por ejemplo, en Jules Laforgue: el día sin sentido, el día hueco, pero también es el gran día del ocio.

Yo había comprado una Biblia de Jerusalén de esas que venden en la calle Lavaca, en Austin; vendían unas biblias bonitas, ilustradas con dibujos de Dalí y de Diego Rivera y de otros, era una belleza ese libro. Y andaban unas moscas volando y de ahí partió todo.

J.S.: Lo curioso es que usted las compara con la Biblia y la Biblia es el libro perfecto.

G.R.: Claro, el descrédito completo. Además jugando con el 3 de la divinidad. Ese lado del humor no lo ha estudiado nadie. La ironía y el humor como ingredientes fundamentales. ¿En qué medida el surrealismo es hijo-nieto del romanticismo? El humor lo hace también Tzara previamente en el tránsito al surrealismo; allí funciona el humor frenético, el humor negro. Pero quien sistematiza la idea del humor, en filiación con la ironía romántica, es el gran Breton.

J.S.: Ahora, hábleme un poco del ocio.

G.R.: Es un tema que adoro...

J.S.: En ese poema a Hernán Barra se habla de «el zumbido y el ocio». El ocio me parecía, por asociación, que tendría que ser lo mismo que el zumbido, es decir, la poesía misma.

G.R.: Sí, es la poesía misma como plenitud de ser. Hegel ha hablado de dos situaciones radicales de la existencia: la angustia y el aburrimiento. Una, el hastío, el aburrimiento, se asoma al ser; la otra, la angustia, se asoma a la nada. Pero yo también agregaría el ocio, que parece ser la mera contemplación y a la vez la plenitud del ser o de ser poéticamente. Así, pues, este ocio es la gran cantera, es la visión misma del mundo, la visión en sí. Desde el ocio hay un encantamiento magnífico: no hacer nada, quedarse colmado de la maravilla del mundo.

J.S.: Ese ocio tiene mucho vínculo con el silencio.

G.R. ¡Ah, sí! Y sólo desde el ocio puedes encontrar el silencio.

J.S.: Quisiera referirme al oficio de usted. ¿Tiene usted alguna rutina?, ¿cuándo y dónde escribe?

G.R.: Surge eso como un imperativo obsesivo zumbante. Seguramente a los músicos les nace así su tarea. No lo sé, no tengo la experiencia en el campo de la música. Sucede que no es raro y esto explica también mi afinidad surrealista y romántica. A veces, he dormido bien o he dormido mal. Estoy debajo de la ducha, casi siempre semidormido, y estoy en esa operación de recibir las aguas frescas matinales encima del pobre casco humano, en la pobre cabeza de uno. Recibo unas palabras, unas frases como iluminantes, entonces digo: «parece que esto se puede escribir». Otros escriben saliendo de las aguas del sueño, eso es bien frecuente. A mí no sé por qué las aguas me favorecen. Te cuento esto como anécdota y como realidad. «Las adivinas» lo escribí con la cabeza mojada. Como tengo una retentiva fuerte, a pesar de que soy viejo (tengo una memoria impresionantemente viva), me acuerdo que la primera estrofa de «Las adivinas» la tenía ideada, puesta en mi mente, antes de que me secara con la toalla y viniera a escribirlo. Pero yo recibí, primero y seguramente, la cuestión divertida de que uno se lava; eso tan divertido de *«Cada piel se baña en su desnudez»*. Esa es la primera idea, el primer verso del poema —por allí anda la poesía del cuerpo—; agregué: *«salada»*. Por ahí se asoció con la mujer: Juana, la personaje que aparece como divertida puta, simpática, bella, aceitosa, etc., que se enlaza después con la Jeanne Duval de Baudelaire, el gran poeta que oyó en la prostitución —de nuevo— un ejercicio divino, sagrado. Ese poema erótico, por ejemplo, surgió así. Con mucha frecuencia, los poemas aparecen como sorpresas que se me dan...

J.S.: ...¿cómo revelaciones?

G.R.: Sí, como revelaciones. Así aparecen, como iluminaciones, y quiero ser fiel a eso; es así como me brota. A otros seguramente se les da esto después de un forcejeo y no estará mal, por qué voy a objetar eso; también puede salir así, supongo. Para mí, más primario tal vez, se me da desde una revelación casi soplada. Por eso me gusta Blake y me gustan mucho estos poetas místicos, en los que se registra como un lenguaje sensóreo.

J.S.: Valéry decía que el «Cementerio marino» había nacido primero como un ritmo.

G.R.: Eso puede ser. Yo te contaba que mis primeros poemas nacieron de ese viaje de Santiago a Valparaíso, cuando iba en esos autobuses con sus ruedas y me quedaba mal dormido: se me desataban, se me desencadenaban las imágenes. Sobre los estímulos hay mucho, muchísimo que hablar.

J.S.: Ahora, usted trabaja mucho la armazón en sus libros.

G.R.: Sí, eso sí. Yo creo en la *dispositio*. Te acordarás de Marcus Fabius Cutlianus, legislador de lo literario. El habla de la *inventio*, de la *dispositio* y de la *elocutio*. Bueno, a mí me interesa especialmente la *dispositio*. No soy animal de la *inventio*, porque ésta me funciona sola, autónoma. Lo puedes comprobar en la poesía que hago ahora: he dejado que las aguas suban solas y por eso se está escribiendo (y conste que estoy usando «se») de una manera espontánea, natural, fresca, lozana, tal vez mucho más lozana y más espontánea que antes. ¿Qué habrá ocurrido? No sé, la suma de experiencias, las décadas que han pasado, permiten que uno se convierta en el inconsciente que debió haber sido siempre. Creo en eso, creo que la *inventio* está bien. No me muero por la manía de la invención. De ahí mi descarada oposición a la originalidad, en cuanto a originalismo. Por eso mi reparo, mi duda, sobre cierta línea huidobriana que es excesivamente pensada, porque el análisis sacrifica en él la lozanía que tiene de sobra. También, de ahí que me oponga , de modo muy tajante, a la pseudopoesía llamada «antipoesía», operación que por lo demás data desde Calímaco. Es demasiado vieja la llamada «antipoesía». Esa manía por la invención, esa manía por ser los primeros en la creación, me parece sospechosa.

En cambio me maravilla esa suerte de ejercicio que se llama la *dispositio*. ¿Cómo se ordena este caos, que es el pensamiento en germinación incesante (no me olvido que Novalis decía que «al fondo de toda poesía sólo existe el caos»)? Bueno, ese caos tiene que ser cohesionado, ordenado, y yo creo que se ordena especialmente gracias a la disposición o armazón que uno propone adentro del corpus. Por eso me importa tanto, por ejemplo, la disposición en el Baudelaire de *Las flores del mal*: ése es un modelo de proporción armónica. Hermosa fue —para hablar de lo latinoamericano— la construcción y la *dispositio* en *Residencia en la tierra* (que conste, el primero y el segundo volumen, el primero del 33 y el segundo, ya sumado con el primero, del 35, en Cruz y Raya de Madrid). Un conjunto sabiamente urdido, es decir, con una disposición verdaderamente esplendorosa. Sin embargo, Neruda se sobrepasó, se excedió al llamar *Tercera residencia*, a un libro posterior que no guarda relación con la visión del mundo de la verdadera *Residencia en la tierra*, conformada en esos volúmenes. Estos detalles me parecen fundamentales para que entiendas por qué mi preocupación por la *dispositio*. Además este ánimo mío de disponer de la palabra y el pensamiento poéticos de una manera determinada es la razón por la cual mi obra entera (que no es tanta) es un solo todo girante sobre sí mismo. Incluso *El alumbrado*, que parece ser el más autónomo y distante de mis libros, en cuanto a que no recoge poemas anteriores —porque la gente cree que escribir poesía es como escribir unos libros de relatos o de ensayos en los que hay primer volumen, segundo, tercero, cuarto, quinto; mi visión responde a esa concentricidad y también a esa excentricidad, es decir, se va hacia el centro, se retira del centro hacia fuera y se vuelve hacia el centro. Es un ejercicio, Jacobo, de diástole y de sístole imaginativas. De ahí mi preocupación por la *dispositio*.

J.S.: ¿Usted cuenta los poemas?

G.R.: Hilda [llama a su mujer, que está en otra habitación], asómese hijita. Jacobo me acaba de hacer una de sus preguntas sagaces. Dijo: «¿Usted cuenta los poemas?»

Hilda Ortiz: Cuenta los versos. Cada vez que hace un poema, cuenta cuántos versos tiene, siempre, siempre.

J.S.: Sí, eso es obvio en muchos de los poemas. «Trece cuerdas para laúd», por ejemplo, y en muchos otros.

G.R.: Ahora, no es que uno sea un numerólogo, un maníaco de la numerología, pero puesto que un poema empieza y termina, hay que saber con qué termina. Uno tiene la responsabilidad de realmente probar si su texto no puede ir más allá de lo que va en cuanto a hechura, factura o estructura. La pregunta podría ser más sobria, ¿no? ¿Cuándo sabe un poeta que su poema está hecho?, ¿cuándo sabe que termina?, ¿en qué fracción de segundo sabe uno? Eso me preocupó siempre y no desde una lucidez mayor, sino casi porque la criatura poética me lo exigía. Cuando uno quiere sobrepasarse y hacer más allá de lo que hizo y el ojo y la mano invisibles están diciendo: «no se puede, esto ya está cumplido». Entonces, a modo de comprobación, hago lo que decía mi mujer: no cuento los poemas, cuento los versos.

J.S.: Sí. Eso funciona dentro del poema, pero para el libro hay algunos que cuentan los poemas.

G.R.: No, eso ya es demasiado. Para mí, cada poema es autónomo; por eso es que tal vez reitero, repongo, vuelvo a poner unos poemas en otros libros. El poema es autónomo y se cierra en sí mismo. Al entrar en otra armazón empieza el intradiálogo. Te llamará la atención en este libro todavía inédito, *Las adivinas*, que haya tal vez cinco poemas de antes. Era necesario ese diálogo adentro de este sistema imaginario. No se trataba de poner exclusivamente poemas nuevos. Si el libro lleva un designio que es *Las adivinas y otras visiones*, eso quiere decir que las adivinas adivinan, tienen visiones, pero también hay *otro* que adivina aquí y hay *otras* visiones que ya pudo haber habido antes y que son necesarias para estas visiones actuales. No es una manía. Cada uno trabaja como puede.

J.S.: Yo había pensado en esto sobre todo por *La divina comedia*, que tiene tres partes y cien cantos. Una obra totalizada. Lo de las tres partes se compara, claro, con sus libros *Oscuro* y *Del relámpago*. La otra comparación —en sentido diferente— es la de Jorge Guillén, que va sumando poemas a su *Cántico*, en cuatro ediciones consecutivas.

G.R.: Es cierto que el cuatro funciona bien en él.

J.S.: Los números de usted son el 3...

G.R.: Y el 5, que se me ocurre que me interesa más que el 3. El 11 es un número que me atrae mucho y no sé por qué; tal vez por la repetición del 1. El 3 si acaso es una obsesión.

J.S.: ¿Y el 7?

G.R.: El 7 se da también con alguna frecuencia. Si tú reparas en un poema bien curioso en cuanto a números, que está en *El alumbrado*, el «Adiós a Hölderlin», allí se da justamente esto que te interesa a ti. Dice: «*Lira, ¿qué será/ lira?, ¿hubo/ alguna vez algo parecido/ a una lira?, ¿una muchacha/ de cinco cuerdas...*» Se sabe que la lira no tiene esas cinco cuerdas. En otra parte, te habla de las musas y dice 7, no 9, eso es lo que te quería decir.

J.S.: Hay una referencia a ciertas concepciones de los números, pero tambien hay cierta arbitrariedad.

G.R.: Hay entre arbitrariedad y obsesión. Lo obsesivo parecería ser el 3, no por vallejiano. Ya se sabe que Vallejo tenía eso del 3, por el ABC, cuando llama a su libro *Tril-ce*. Yo soy pitagorizante.

Otra idea que te interesará es saber el 2, ¿por qué el 2?, ¿por qué anda el 2 en la poesía mía? Muñoz, en ese trabajo que hizo sobre *El alumbrado*, empieza considerando el primer poema del primer libro mío, que dice: «*Hay dos lenguas adentro de mi boca, hay dos cabezas adentro de mi cráneo, dos hombres en mi cuerpo sin cesar se devoran, dos esqueletos...*» Es una idea muy del espíritu romántico, pero yo mismo tengo preocupación por ese 2. Hay aquí una «Versión de la descalza» (en *Las adivinas*) en que ironizo mi santa tan amada que es la Teresa. El poema dice: «*—Desde que me paré...*» A Hilda le consta que me acosté en la cama de ella en Avila (ella dormía en una cama de palos) a oír un poco el latido del lugar «*—Desde que me paré y anduve tengo la costumbre de ser dos./ dos muchachas, dos figuraciones,/...*» Esa idea del 2 habría que examinarla. ¿Qué quiere decir 2 en esta poesía? Desde el primer poema del primer libro de poesía.

J.S.: La última cosa que quería preguntarle en relación a su oficio es sobre los recursos técnicos a los que acude.

G.R.: La verdad es que nunca pienso desde un punto de vista figurado. La relación ABC de las posibilidades de la imagen. El que pensó mucho sobre esto e incluso sus propios textos hablaban de eso era Borges. Ahora, poetas de mi edad o de mi plazo, decían que había que simplificar la imagen o la metáfora y decían que los metaforones eran enemigos de la creación. Tonterías, hay que volver a la tradición.

J.S.: Aunque sí, su poesía es menos adjetival, más nominal, quizá herencia de Huidobro.

G.R.: Eso sí. En eso más huidobriano que nerudiano. Lo que me llama la atención en ese poema dedicado a Eloísa es que hay un juego con los adjetivos: sentada, acostada, derramada, obsesa, etc. ¿Ese mecanismo se pensó, Jacobo? No lo sé. Se configuró solo. No me obstiné en eso; claro, algún par de líneas habrá que ajusté.

ESPACIOS

J.S.: Me gustaría hablar ahora (aunque ya lo hemos hecho antes) de los espacios de origen: Lebu...

G.R.: ...la tierra de fundamento, sí...

J.S.: ... después en *Del relámpago* hay una sección titulada «El Torreón del Renegado», que usted lo ve también como otro lugar de encuentro...

G.R.: ...es el hallazgo. Hay un rehallazgo de mí mismo. Es como si el río aquel que pasa por adentro, torrencial, vehemente, que viene desde las altas cumbres cordilleranas y pasa como un galope por dentro del domicilio de mi casa, es como si eso me hubiera estado esperando desde siempre. Cuando regresé a Chile, después de nueve años de ausencias forzadas, por un azar perdí los 9.000 dólares que tenía. Mi mujer se equivocó, los puso en un banco de bandidos y nos robaron la plata. Para que ella no sufriera, nos fuimos con nuestro autito a dar una vuelta por la cordillera. Vimos un barranco pequeño, preciosísimo, por donde pasaba un río. Ella, con mirada de mujer aguda, observó y dijo «y si vendieran esto». Total, nos vendieron el lugar en 300 dólares, lo que no tiene precio sobre la Tierra. No he visto un paraje más bello que ese. Isla Negra de Neruda es muy sagrada, pero ése es un paraje simplemente mágico, prodigioso, con sus piedras, con su río. Claro —me dije por dentro de mi alma— este río me esperaba, este espacio me esperaba. A los errantes les era dado esto. Yo soy animal religioso, no te lo niego. Hablo del dador como habla el maestro Lezama y no es ninguna contradicción en mí frente a la idea de una fuerza mayor, de un fundador. Ese espacio es muy entrañable y se parece a mi alma, sin ser maniático. Es pedregoso como soy yo, por dentro y por fuera. Tiene zumbido de naturalidad de río como yo quise siempre la palabra poética. Tiene hasta esas vibraciones que podrían decirse fisiológicas de uno, esas asfixias que a mí me crean espacio imaginario. Todo eso se me da en un solo haz.

J.S.: Es como Lebu.

G.R.: Claro, es como Lebu.

J.S.: Habría una especie de círculo.

G.R.: Sí, yo no me fastidio si me dicen «hijo de Chillán»; sí, también soy de Chillán. pero naturalmente nací en la locura geológico-geográfica del paraje de Lebu que son las minas por debajo del mar.

J.S.: Por otra parte, sin embargo, usted ha viajado mucho y ha estado en movimiento.

G.R.: Siempre, desde pequeñito. El año 23 salgo con mi madre la primera vez.

J.S.: A mí me interesa ver la relación entre la permanencia de un lugar (Lebu, el Torreón) frente a ese movimiento.

G.R.: Ahí anda Valéry otra vez. La idea de la mudanza dentro de la permanencia; por la mudanza, la permanencia. No saca uno nada con sus viajes. No se viaja para ganar un ser más genuino o más auténtico. A lo mejor si me hubiese quedado en el patio de esas casas habría sido más o menos como lo que soy. Es decir, no veo como necesario el famoso viaje como desplazamiento. Ya se sabe que el viaje es un motivo viejo, desde *La Odisea*, desde antes sin duda. Ya se sabe que el *Ulises* de Joyce por algo se llama el *Ulises*; los desplazamientos adentro del cuarto o afuera del cuarto, eso no importa. En lo mío, el viaje tiene un riesgo: el convertir lo externo en un factor de fundamento. El viaje va tan amarrado a mi permanencia, a mi estabilidad, que (ahí está la paradoja preciosa) hay una identidad entre movimiento, velocidad y hasta vertiginosidad, y estatismo. Por eso me gusta la idea de la fijeza. Algo de eso entendía el maestro cubano de la calle Trocadero esquina Empedrado de La Habana Vieja, José Lezama Lima.

Yo me subo a un avión y mientras algunos se ponen nerviosos —creen que se van a morir, porque puede pasar cualquier accidente y de hecho nos ha pasado—, lo que tiendo a hacer es que me saco mi chaqueta, los zapatos y me dispongo a dormir. duermo como en mi cama y arreglo mi espacio de un metro (que es el que te dan en el avión) y me voy conmigo. Quiero decir que los espacios me los llevo conmigo y que las mudanzas están en mi juego y que además me enriquezco en el movimiento.

Siempre estoy volando. Es decir, siempre estoy en el movimiento máximo. El poema a Córdoba [«Una calle de Córdoba»] de mi querido Alvaro [Mutis] tiene un reposo, un equilibrio, una serenidad. Yo me leo la fenicia mía [«Qedeshím qedeshóth»], esa loca es puro vértigo, pero es un vértigo estático.

J.S.: ¿Cómo siente entonces el exilio?

G.R.: No lo siento. El exilio va con uno mismo. Por ejemplo, cuando tenía 22 años me harté de todo y me mudé a un intraexilio en ese viaje que te conté. Me gusta tu pregunta porque a mí mismo me preocupa mucho. Esto de estar entrando siempre en otra órbita.

J.S.: ¿Qué es «transtierro»?

G.R.: «Transtierro» es una palabra que no es mía tampoco. Se usó el adjetivo «transterrado» cuando los españoles venían después de la Guerra Civil a tu país de México. José Gaos usó la palabra transterrado para decir: «no somos desterrados, puesto que hablamos la misma lengua y la lengua es un origen y el lenguaje es la patria». Lo único que hice fue sustantivar ese adjetivo.

J.S.: Usted era un transterrado en Venezuela.

G.R.: Claro, un transterrado, nada más que eso.

J.S.: Nelson Rojas, al analizar el poema de ese nombre, decía que tiene que ver con «en-tierro» y con «des-tierro».

G.R.: El juega con esos términos. El dice: no es un enterrado, no es un desterrado; es un transterrado.

J.S.: Algunos críticos dicen que usted escribe desde la intemperie.

G.R.: Eso es cierto. La intemperie quiere decir: al aire, al viento, sin protección; caracol sin casa, así nomás. Desollado equivale a la intemperie; sin cascarón, sin protección de fe: no soy cristiano, no soy esto, no soy esto otro. Uno escribe a la intemperie para dar su testimonio de su ser, para mostrar el ser y eso es bastante difícil. Creo que Hölderlin escribió a la intemperie, creo que Celan es un poeta de la intemperie. Celan no tiene un solo poema en contra de Hitler y eso que le mataron a toda su familia. Es poesía sin apoyo, sin alojamiento de nada.

J.S.: Además de los lugares de imantación de los que hablábamos, ¿hay otros lugares que le fascinan? En España...

G.R.: Coincido con Alvaro [Mutis] profundamente. Córdoba, de todo ese mundo andaluz, es la ciudad; es la más estricta, la que se parece más a la naturaleza de nosotros, los poetas. Es una ciudad de belleza mayor; me gusta Sevilla, Granada, Cádiz (cómo no me iba a encantar Cádiz cuando ahí mismo, en esos espacios, se embarcaban los pobres muchachones que venían desvalidos a luchar por las Américas. Y los parientes míos, los Pizarro, por ejemplo, venían de un pueblito al lado de Cádiz). Pero la ciudad que amé adentro de ese ámbito es Córdoba.

J.S.: De otras regiones, este Provo por ejemplo.

G.R.: Tengo regiones amadas. Me gusta Provo. De lejos no sabía nada de él, hasta el nombre me parecía feo. Llegué aquí y cuando vi por primera vez la nieve que cayó, sentí siempre esa visión del fulgor de los fulgores, por dentro y por fuera. Esto se parece para empezar, genéticamente, uterinamente, se parece a Coquimbo, el valle de la vieja Mistral y de mis abuelos, rodeado también de montañas infinitas (como dice la Mistral en un poema por allí). Se parece a las cordilleras primordiales de la tierra chilena. Pero, además, ofrece todo lo que las montañas enloquecedoras de imaginación ofrecen. Soy oceánico —piensas tú—, nací a la orilla del mar, soy de puerto, he navegado mucho. Pero ¿qué diablos me hace encumbrarme a los cerros? ¿Por qué elegí el Renegado, que es un río nombrado en el siglo XVII, por qué elegí esas cordilleras? Parece que es por el respiro —fíjate que todo es fisiológico e imaginario a la par; la imaginación es fisiológica en mí—. Creo respirar mejor viendo el mundo desde lo alto. Otros necesitan el océano, Saint John Perse, por hablar de algún nombre grande; Neruda mismo es muy oceánico; Huidobro tiene su poema «Monumento al mar», él mismo tiene su tumba en el mar (bueno, no en el mar, sino en un cerrito que da al mar), yo lo visito cada vez que voy a Chile. Pero soy cordillerano, adoro las piedras; no en vano tengo ese poema «En cuanto a la imaginación de las piedras», escrito ahora.

J.S.: Usted es poeta del aire y de la tierra.

G.R.: Del aire mucho, pero tal vez de un aire que tenga que ver con eso. Me gusta el Heidegger que andaba subiendo por las montañas. Lo montañoso es fascinante, no el deporte ese de escalar, de esquí, eso no. Estoy pensando en esa condición que da la fisiología, también de la tierra, en las partes más crecidas, más altas.

J.S.: Hay menos oxígeno ahí.

G.R.: Sí, hay un irrespiro. Ese irrespiro y esa asfixia a lo mejor desencadenan en ti un neuma, otro, casi más imaginativo.

J.S.: ¿Y de otros lugares del mundo?

G.R.: En China hay un lugar que me gusta, en la vieja China. ¿Sabes a quién la veo parecida? A Bolivia, es una Bolivia infinita. Hay unas cuantas aldeas grandes y hay una ciudad que adoro y que no es de las más vistosas, pero es grande. Se llama Nanking, preciosa. ¿Viste la película *El último emperador*? Algo se ve por allí. Pero para uno que ha vivido en China le dice mucho esa película. El palacio imperial es bonito, pero no es lo que más me gusta. La tierra-tierra de China es fascinante. Hay dos textos míos sobre China: ése de las bicicletas que se llama «Zung Guó» y otro que está en *Oscuro*, «Un bárbaro en el Asia».

J.S.: De Europa, París, por ejemplo.

G.R.: A mí me gusta la idea del «paisan de Paris», que decía Louis de Aragon, el campesino de París. El lugar metafísico y todos esos encuentros los inventaron los franceses y los franceses te hablan —especialmente los surrealistas— de que hay unos lugares metafísicos en esas tiendas. Ellos estaban pensando en un París como cabeza del mundo y no es así. Yo soy más neoyorquino. Esa calle de las putas y de los maricones es una preciosidad, más que Babilonia. Eso es un tesoro. Esos muelles por allá, por el costado. Mi poema «Uptown» te va a decir mucho. Nunca he escrito un poema sobre París.

LECTURAS

J.S.: Usted me ha hablado de cómo ha aprendido de la gente, de la tierra. Es indudable que también usted ha leído mucho y es un lector voraz de mucha literatura. A mí me interesaría hacer un recorrido de ciertas lecturas. La primera de ellas es obviamente la de la Biblia. ¿Qué cosa le interesa más de la Biblia?

G.R.: En el Antiguo Testamento, los Cantares, los Salmos, el Eclesiastés mucho. Y me gustan esos profetas menores, no necesariamente Isaías ni Jeremías, ni los otros; sino Oséas, Joel, Amós, Abdías, Jonás, Miqueas. Leí la Biblia en diferentes versiones, la Vulgata latina; leí la versión sinaítica que hizo ese señor Hunnemann, mi profesor que sabía hebreo y griego viejo y era capaz de trabajar en una de las versiones clásicas aceptadas. De modo que en mi infancia me impregné de Biblia. Ahora, del Nuevo Testamento, me interesa más el Evangelio de San Juan; me gusta el Apocalipsis.

J.S.: Ve la Biblia con reverencia y también con irreverencia.

G.R.: Más con reverencia. La veo como una palabra necesaria.

J.S.: Es la Sagrada Escritura y por eso todas las palabras que están allí son perfectas. La Biblia sería el texto incambiable, intransferible. Cada palabra, según los cabalistas, tiene un significado secreto.

G.R.: Sí, estoy con la Cábala y creo en eso. Lo recibo de esa manera. Es una palabra que me parece necesaria como la más alta poesía, aquello incambiable.

J.S.: Además de que los cabalistas tienen un sistema particular de estudio que tiene mucho que ver con los números.

G.R.: Estoy muy pegado a eso. Cualquier irreverencia que tú veas es una irreverencia con respeto. Es muy fuerte. Ahora, me interesaría sobre todo que una vez el hombre, desvalido de conocimientos, pudiera rescatar la palabra sonante, el zumbido de la palabra de los profetas: no sólo la palabra de Jesús (que eso sería cosa mayor), sino la de esos grandes profetas. Me gustaría oír esas voces. Quizá alguna vez, con estos avances científicos, se logren rescatar esas voces de esta gran caja de resonancias que es el universo.

J.S.: Ahora, entrando al mundo grecolatino...

G.R.: Soy más romano que griego.

J.S.: Aunque usted menciona varias veces a Homero.

G.R.: De acuerdo. Leí con cuidado. Mi profesor Hunnemann me enseñó *La Ilíada* en traducción de él. Traducía directamente del griego y decía: «Muchachos —teníamos 12 o 13 años— no hay que traducir con infidelidad ni la palabra de Dios ni la palabra de los hombres. Por ejemplo, voy a traducir ahora la primera frase del primer canto de *La Ilíada* y se las voy a transcribir al español tal como suena». Ahora recuerdo esa estrofa que me aprendí de memoria:

> *Las iras cantan del Pelida Aquiles, oh Dea, iras fatales que arrojaron al pueblo antiguo y cuitas mil y al Orco mil armas de campeones poderosas; sus cuerpos a los canes por despojos y por festín a carniceras aves. Tal se cumplió de joven la sentencia, desde el momento que en contienda fuerte lucharon de los hombres el caudillo Agamenón y el esperpente Aquiles.*

Dime si yo, un muchacho con alguna sensibilidad fresca, no iba a registrar la maravilla de ese trabajo, esa indagación en la poesía de Homero. Además, en esos años había que aprendérselo todo de memoria, nos obligaban a memorizar. Sobre eso también podemos hablar. Soy un hombre mnemónico, memórico, creo en la memoria y además en las musas. Mnemósene es violada por el Júpiter y de allí salen las nueve musas, que son las hijas de la memoria.

J.S.: Me decía que es más romano.

G.R.: Sí, me gustan los romanos. Me gusta, por ejemplo, Ovidio, Lucrecio, Horacio. Será porque los puedo leer mejor.

J.S.: ¿Usted los lee en latín?

G.R.: Sí, mira, escucha a Ovidio; está describiendo el momento en que lo echó el emperador Trajano por haber violado a una sobrina; lo expatrió por allá, por Yugoslavia. Y tuvo que irse de la Roma Imperial y entonces escribe sus primeras elegías por allá y dice: «*Cum subit illius tristissima noctis imago*». Te lo traduzco literalmente: «*Cuando sube la imagen tristísima de aquella noche*»: «*qua mihi supremum tempus in urbe fuit*», «que *fue para mí el ultimo tiempo en la urbe*», la urbe era la ciudad, Roma; «*cum repeto noctem, qua tot mihi cara reliqui*», «*cuando recuerdo tantas cosas queridas que dejé*», «*labitur ex oculis nunc quoque gutta meis*», «*aún ahora caen lágrimas de mis ojos*». Lees después a Neruda, que dice: «*Galopa la noche en su yegua sombría*»; y el otro: «*Lunaque nocturnos alta regebat equos*», «*Y la alta luna regía los nocturnos caballos* (o los caballos de la noche)». Ahí está, a dos mil años de distancia. No hay tanta famosa originalidad, ni tanta invención. Ovidio grande y el otro Catulo tan grande. Me gusta por eso Pound, porque supo repristinar ese aire antiguo de los poetas romanos, que eran aprendices también, como nosotros somos, del gran mundo helénico. Será por eso que soy quevediano: Quevedo lo recogió todo de Séneca.

J.S.: ¿A usted le interesó Dante?

G.R.: Leí poco al Dante, es curioso...

J.S.: ...Petrarca.

G.R.: Por supuesto, Petrarca, y el Dante también me importa. La idea del libro-libro, que ofrece en *La divina comedia*, no es estrictamente la mía; es la de otros poetas, todo eso muy respetable. Es decir, me ajusto más a la autonomía del poema mismo como poema.

J.S.: Pasemos, ahora, a los clásicos de los Siglos de Oro.

G.R.: La clasicidad es inherente a la palabra poética en el sentido de que todo llega a ser clásico. En eso sí consiento con Eliot y con Valéry. Aunque fui surrealista, estuve siempre en la vecindad valeryana y entiendo por qué Breton no suelta a Valéry. En el primer tramo de su trabajo, sobre todo, cuando está pensando y soñando el surrealismo que va a forjar, Breton recuerda que cuando se funda la revista *Littérature*, que es la revista del tránsito del dadaísmo al surrealismo, va a casa de Valéry y le dice: «Maestro, estamos ideando una revista que sea menos literaria, ajena a lo literario». Entonces, este último simbolista grande le responde: «Póngale *Literatura*». Es decir, «dé como marca o como límite justamente aquello que usted quiere sobrepasar».

Creo que así como decía Baudelaire, «el poeta se hace fatalmente crítico», el poeta llega a la clasicidad, llega al ORDEN, obtiene la cristalización aunque parezca un explorador de lo muy caótico de la condición humana; obtiene la llamada «forma». No hay arte sino de la forma. En una palabra, creo que soy diferente de algunos poetas surrealistas que han envejecido de edad fisiológica y han querido persistir en esas posturas de la gran adolescencia preciosa y hacer un surrealismo sin fin. Creo que en este afán de no mostrar coherencias, a las que suelen llamar retóricas, caen en la retórica de la antirretórica, eso es muy frecuente. Yo creo en el límite, tengo conciencia del límite, como la tuvo Borges. El tuvo conciencia del límite como ninguno, como pocos. Me gusta la vieja Mistral, no en el primer libro, que me fastidia por el excesivo *pathos*, la dimensión patética excesiva (no todo, porque hay poemas salvables ahí, respetabilísimos); me interesa su libro *Tala*, que tanto estímulo le produjo a Roger Callois (yo trabajé con Callois en París, el año 59). Callois adoraba ese libro, porque reconocía en él una capacidad de plasmación verdadera. Es decir, cuando uno habla de lo clásico y cuando digo que todo se ofrecerá siempre desde una clasicidad es porque creo en la forma y creo en la plasmación. Mi poesía está plasmada.

Ahora, Quevedo es un adelantado de todos nosotros. El barroco que sabemos, hijo de Séneca, estoico, cristiano, místico, político, contradictorio, animal satírico y animal amatorio como pocos. Borges habla dos veces sobre él en sus trabajos y dice que aunque Quevedo no construyó un símbolo como un Cervantes, era un «homme de lettres»; es decir, respetó en él al hombre capaz de crear palabra y de pensar un pensamiento estético desde esa palabra creada. Me gustan esas indagaciones de Borges y me da la impresión de que él se ve un poco en el espejo quevediano. No hay ninguno de nosotros que no se vea en ese espejo. Si te acuerdas de un libro de 1896 de Darío que se llama *Prosas profanas*, y del prologuito «Palabras liminares», allí dice «Y el más fuerte de todos, don Francisco de Quevedo y Villegas». Allí donde hay un enfoque de varias cosas y donde está hablando de lo español. Si quieres pasar a Neruda, él tiene un trabajo que se llama «Viaje al corazón de Quevedo». Hay un libro de Neruda que lleva como título un epígrafe de Quevedo que dice: *«Hay en mi corazón furias y penas»*. Y él le puso: *Las furias y las penas*, un libro de amor posterior a *Residencia en la tierra*. Si miras en este proyecto de abolengo quevediano a otros autores, como al mismo Paz, vas a encontrar también allí cosas...

J.S.: Paz tiene ese homenaje al poema «Amor más allá de la muerte» de Quevedo. Un texto que se llama: «Homenaje y profanaciones».

G.R.: Sí, claro. Ahora, ¿qué será lo que nos aproxima más a un barroquismo quevediano que al barroquismo del cordobés? Yo no lo sé explicar bien. La verdad es que por un Lezama gongórico, hay veinte que somos quevedianos. Fue un gran adelantado de nosotros.

J.S.: Quizá hay esa fascinación y vinculación con la muerte...

G.R.: ...sí, con la muerte. Quevedo era un poeta existencial...

J.S.: La idea de que la muerte la llevamos dentro desde que nacemos.

G.R.: Eso es muy Séneca. Te voy a contar que íbamos en 1985 a una casa museo en Córdoba y yo había leído en un catálogo que allí había una imagen de Séneca. Entonces —le digo a Hilda— vamos a mirar a Séneca. Al llegar al lugar y al estar pasando por los corredores, encuentro el ángulo aquel vacío: no estaba el busto de Séneca. Digo con voz alta, un poco airada: «Ya me robaron a mi Séneca». Y por detrás venía un señor con un busto levantado. Me dijo: «Aquí le tenemos a su Séneca, lo teníamos en reparación». Uno es senequista, hombre. Yo soy montaigniano, senequista; mi abolengo está en las vecindades de todos los que vivieron la contradicción. Cuando envié mi primer libro al concurso y tenía que poner un pseudónimo, le puse Heráclito, porque era mi pensamiento desde siempre.

J.S.: Hablemos ahora de San Juan y de Santa Teresa.

G.R.: Los místicos alucinados. Esos son los primeros alumbrados.

J.S.: ¿Usted ha tenido experiencias místicas? Ha dicho que sus poemas nacen como revelaciones...

G.R.: Yo he visto cosas. Una vez venía desde La Paz (el aeropuerto que está a tantos metros de altitud) volando hacia Lima, donde tenía que ir a la casa del cholo Arguedas (que era grande amigo mío), en la Calle Chota. Iba muy cansado, en esos aviones de mala clase. De repente, el avión se puso a saltar —porque, claro, en esas alturas se producen grandes vacíos— y yo miré —ni con tristeza, ni con dolor, ni con nada; no estaba preocupado con nada especial, ni tenía miedo a esos sobresaltos— por la ventana y vi a Vallejo que estaba afuera. Eso se llama una alucinación. Ese tipo de alucinación me pasa a menudo. Se entenderá más cuando al leer un poema mío [«Por Vallejo»] alguien conozca la circunstancia. En un verso dice: «...*a diez mil metros la certeza terrestre de su rostro/ sobre la nieve libre...*». He tenido de eso, pero no me he dejado atrapar por eso.

J.S.: Esas son alucinaciones, pero también me interesa saber la relación con la divinidad.

G.R.: La registro. Siempre se me ha dado con evidencia. Me estaba dado algo, se me había dado la opción de hablar. Se me da como privilegio, como un don. Tal vez de ahí mi gran confianza frente a lo más cruel de la vida; es una confianza de estar asistido, de poder tener muy a la mano unas claves adentro del gran enigma con que se presenta la vida.

J.S.: Usted, entonces, sería heredero de la idea del poeta-sacerdote.

G.R.: Desde luego que sí. Bastante adivino. Hay un poema que alguien lo ha explicado por ahí como una premonición. Una mañana, a las siete, yo me dirigía hacia mi piso en que tenía la jefatura del Departamento de Español, en la Universidad de Concepción. Había abajo, entre muchos automóviles, una mariposilla que estaba lista para morir. Se habría dañado. La tomé en la palma de la mano y la soplé para alentar en ella la opción de que siguiera viviendo, pero murió en mi mano. Al subir, anoté la primera frase de algo que después iba a ser un poema: «*Sucio fue el día de la mariposa muerta*». Esa era la visión, yo sabía que no podía perderse, que contenía algo más. Después la desarrollé: ese poema se llama «Réquiem de la mariposa». No sólo es un poema existencial; es un poema premonitorio inclusive de situaciones mayores. Por otro lado, en ese poema que citabas, «Uno escribe en el viento», yo empleé la palabra «venceremos» antes de que estuviera en la línea del esquema consignista, que odio y rechazo. Es decir, en varios textos míos me anticipé, me adelanté, preví. Ese prever, ese ver antes, lo registré no sólo en mis versos, que son derivaciones, segregaciones del pensamiento de uno nada más; lo he visto en mi vida. Me he adelantado a mirar cosas desde antes. Cómo no creer, entonces, en esa dimensión numinosa, donde funciona la majestad y la terribilidad. Soy un poeta que no puede desdeñar lo santo, eso que Rudolf Otto llama *Das Heilige*. Por eso aun en la poesía mía más profana y hasta cruel, irrisoria, hay una comunicación con la divinidad.

J.S.: En su obra está esa combinación bastante especial entre la circunstancia, a veces vana, con lo sagrado.

G.R.: Ese es el epicentro. Los otros, aun el eros tan mío, no alcanzan a decir lo que quiero. A eso se debe mi adhesión a un poeta como Blake.

J.S.: En este recorrido de lecturas que estamos haciendo, me gustaría referirme a lo que para Octavio Paz y otros es la fundación de la poesía moderna en Occidente: el romanticismo alemán e inglés. Usted ya se ha referido a los románticos alemanes, Novalis, Hölderlin...

G.R.: Sí, ellos son los progenitores. Habría que empezar a lo mejor con Swedenborg, o hablar también de Hamann, el llamado loco del norte; o Herder que hace un planteo singular del lenguaje, incluso previo al mismo Goethe. Sucede que unos cuantos jóvenes que tenían por centro la ciudad de Jena: Novalis, los hermanos Schlegel, Hegel y otros, repensaron en realidad todo respecto a la tradición grecorromana y abrieron grandes claves; propusieron la analogía y la ironía —como señala con tanta gracia Paz —como claves mayores del pensamiento. Esos poetas de cierre del siglo tenían un vehículo precioso de comunicar su palabra, que se llamaba la revista *Das Athenaeum*. Ahora, yo me quedo con la fragmentariedad del gran fragmentante que es Novalis. Novalis tiene como 800 fragmentos, de los cuales se conservan muy pocos. El se muere en 1801. Este hombre se asoma a todos los órdenes del saber; desde estos fragmentos, desde estos cristales que parecen diamantes, presenta el mundo. No es fácil reducir a un esquema las ideas novaliseanas, hay que leer sus proposiciones que son gérmenes, semillas, como son los fragmentos de Heráclito, en el que seguramente pensó él. Además, no sólo de Heráclito se conservan fragmentos, sino de otros.

Bueno, el pensamiento romántico sí me apasiona. Esta especie de amarra entre vida y poesía —que llegaba a veces a la ecuación de vivir como poeta, más que escribir como tal— se me dio desde muchacho, pero no desde el romanticismo mismo (al que vine a estudiar encima de los veinte años), sino desde el simbolismo, que es el verdadero romanticismo francés. Yo entré por los simbolistas que me apasionaban cuando era muchachito. Ingresé a ese mundo a través de un heredero del simbolismo que agarró por el pescuezo al simbolismo; ese introductor de las vanguardias, el cubista, que se llama Apollinaire, y que es santo mío. Verás a cada instante mi diálogo con Apollinaire. El que dijo justamente que hay invención por tradición, aventura y orden; es decir, se trataba de eso, buscar la ecuación. He ahí un clásico, ya que hablábamos de clasicidad, un clásico de este plazo que parecería la descoyuntura entera, el desarme de todos los proyectos. Me asomé al espíritu del romanticismo desde los simbolistas. Leí a Mallarmé, pero leí más a Baudelaire. Leí mucho a Rimbaud.

J.S.: ¿Leyó a los románticos ingleses?

G.R.: Menos. Me gustaban los prerrafaelistas: Rossetti.

J.S.: ¿Y Wordsworth, Shelley, Keats?

G.R.: No. Me aburrían. En eso soy bastante más de filiación germánica. Cuando ingresé a la *Mandrágora*, justamente pedí para mí (era un grupo de trabajo) la responsabilidad del estudio y la indagación del espíritu del romanticismo. Así, en el año 38 me veías metido adentro de la biblioteca leyendo toda la papelería del romanticismo alemán. Esa idea de ajustar vida con poesía me la dio el romanticismo.

J.S.: Y después vinculado con esta tradición está el modernismo, el llamado por Paz el verdadero romanticismo hispanoamericano. ¿Cómo ve a Darío?

G.R.: Me interesó siempre. Escribí un ensayo «Darío y más Darío», cuando se cumplieron cien años de su nacimiento. Me gusta mucho la gracia, la eficacia expresiva y eso de saber leer bien el año 86. A mí me interesa *Prosas profanas*, como ejercicio ya de gran nivel y *Cantos de vida y esperanza*. Me interesa también un libro que a pocos les importa: *Los raros* y que son 21 textos aparecidos casi todos en Buenos Aires, cuando el poeta vivía en Argentina. Son miradas en sus preferencias y en sus desdenes. ¿Quién es el primero que habla en lengua española de Lautréamont? Darío. El te va a decir lo que piensa sobre Lautréamont, un santo que estaba absolutamente «out», no lo conocía nadie. ¿Por qué se metió a hablar de él? Porque antes había estudiado a León Bloy, este judío converso, que estremeció mucho a Darío y que tenía una conciencia religiosa muy honda. Y Bloy habló con respeto de ese endemoniado que era Lautréamont. Así que mi primera mirada en Lautréamont, la primera vez que me fuí a buscar los *Cantos de Maldoror* (en una traducción bastante buena de Gómez de la Serna), fue porque Darío me lo enseñó, en mi plena mocedad de quince años cuando lo estaba leyendo en el liceo.

J.S.: ¿Y Lugones?

G.R.: Lugones me interesó mucho. Me sigue importando. Hay una mirada crítica del modernismo. Me gusta igual que el mexicano López Velarde. Y también Herrera y Reissig. Esos tres animales absolutamente necesarios.

J.S.: Ellos son poetas de transición, igual que la misma Mistral.

G.R.: Ella, en los plazos en que las vanguardias formulaban a todo fulgor, no hizo nunca concesiones al vanguardismo y sin embargo forjó un modo de decir arcaizante, enriquecido con la oralidad. Pese a todas las objeciones, la vieja quedará con su libro *Tala*. Que me escriban por favor unos cuatro o cinco poemas de ese nivel los objetantes de ella.

J.S.: De la vanguardia...

G.R.: A mí la vanguardia me llega en la primera agua chilena. En 1935 aparece un libro que se llama *Antología de la poesía chilena nueva* y tenía ocho nombres, nada más; desde luego van los dos antologadores que tenían veinte años, para dar risa (uno de ellos, sin embargo, es un gran poeta: Eduardo Anguita). Allí se me dio más claramente el arco vanguardista, porque estaban: Huidobro, De Rokha (un poeta conocido poco),

Rosamel del Valle, Humberto Díaz Casanueva, Neruda... Entonces, en esa antología yo respiré —porque los prólogos no eran malos, eran buenos— lo que se proponía como vanguardia. Ahora, parejamente por supuesto, había leído ya o estaba leyendo con cuidado a Apollinaire; con bastante cuidado al co-jefe del creacionismo, Reverdy; también había leído a otros. El francés lo manejábamos desde tempranito, lo leíamos directo: era obligatorio leer a sus poetas franceses en francés.

J.S.: Por la veta ultraísta no tuvo interés...

G.R.: No, porque Huidobro nos enseñaba el desdén; era tan influyente en nosotros. Huidobro los trataba a todos como peste, a lo que no fuera creacionista, pero él reconocía que Cansinos Assens había estado con él en la revista *Cosmopolis* en 1919. Leí tantos papeles en ese plazo, en la casa de Vicente. A tres cuadritas de la Facultad de Filosofía y Letras, donde yo estudiaba, tenía su piso Vicente y, como me aburría en mis clases, me solía ir a su casa a ver cuadros de Picasso, escuchar en las vitrolas de ese tiempo, música de Stravinsky. De modo que estábamos informados de ese espíritu en el que Vicente, el año 17, había vivido en París.

Ahora, una debilidad grande entre nosotros fue el desconocimiento del estado de cosas literarias en esos años, o en los años 20, en los Estados Unidos. A Eliot lo vine a leer traducido mucho después, a Pound.

J.S.: ¿Y a Whitman lo leyó antes?

G.R.: A Whitman lo leí en una traducción francesa primero y después lo leí traducido al español —bien traducido— por un uruguayo que se llamaba Armand Vaseur.

J.S.: Me gustaría hablar de Vallejo, porque creo que si hay alguna presencia importante en su obra, esa es la de Vallejo. ¿Qué libros de Vallejo le gustan más?

G.R.: A Vallejo lo veo como un todo. El primer libro, *Los heraldos negros*, publicado en el 18, cierra con «Espergesia» y éste ya se podría sumar muy bien al ámbito de *Trilce*. Incluso, hay textos de *Trilce* que están siendo escritos en el año 18. Así lo dicen quienes han investigado a Vallejo. Y no hubo la ruptura que pudo haberse producido, por ejemplo, entre la primera visión tan simbolista del Neruda de *Crepusculario* hasta *Tentativa del hombre infinito*, que da desde ahí un salto y construye la visión de *Residencia en la tierra*. No, aquí fue como un urdir continuo. Incluso, me permito reabrir la discusión sobre si es tan exponente del posmodernismo el primer libro de Vallejo, si ya contiene una dinámica vanguardista o si ya es Vallejo, que es lo que más interesa. Ahora, este huérfano universal consigue en su segundo libro una jerarquía verbal mayor, desde la abolición de un sentido tradicional; además hay un absurdo —para usar un término que le gusta a él— o triunfo de lo absurdo. Es decir, se unifica el habla indiscutiblemente y aunque es un libro experimental, es un libro a la vez atado con el primero y con lo que viene: el libro del año 38, *España, aparta de mí este cáliz* o *Poemas humanos*, del 39, no importa. Veo a Vallejo como un continuum y eso me gusta. A lo mejor eso es lo que me filia con él. Yo también me veo como un continuum; no he progresado nada. Vallejo ha progresado poco, en el sentido de progresar, de ganar un lenguaje distinto, diferenciado. Un señor que me dice en el primer poema de su primer libro: «*Y el hombre... pobre... pobre! Vuelve los ojos, como/ cuando por sobre el hombro nos llama una palmada;/ vuelve los ojos locos, y todo lo vivido/ se empoza, como un charco de culpa, en la mirada*». Un hombre que te habla gestualmente desde el primer poema del primer libro y que continúa usando este recurso o mecanismo, que se llama la gestualidad, no tiene cortes ni divisiones. Me gusta esta gestualidad del lenguaje vallejiano que lo aproxima al cine mudo y a las películas de Chaplin y a este juego mímico. Ahora, eso lo veo en los distintos papeles de este hablante. El está siempre en este gran monólogo.

J.S.: También en Vallejo está el problema de la respiración: hay mucha asfixia, tos...

G.R.: Sí, yo no sé si Vallejo padeció eso. A él le da tos; yo no toso en mi palabra poética, pero respiro mal, me asfixió un poco y no gano el llamado aire poético sino desde la asfixia. Por eso entiendo al asmático, al tartamudo, al que se demora, porque ya te decía la idea de de-morarse. Podría ser un impaciente, menos en mi poesía; en eso ninguna impaciencia y, más bien, me gusta la demora, el no andar tan rápido y eso tiene relación con el hecho de que el impaciente se asfixia. A ver si te desrazono un poco: cuando te asfixias, te pones impaciente, y cuando te impacientas es como te asfixias. Pero este asfixiado o este asfixiarse que puede haber en la palabra mía retoma un espacio de demora para sacar el aire de nuevo y ése es el espacio que llamaría el espacio del pensamiento, el espacio de la imaginación. ¿Cuál es la observación que le hago a todos los escritores más o menos desaprensivos, que presumen rápidamente de ser poetas? No tienen manejo paralelo de lo imaginario y del lenguaje simultáneos; o les falla el lenguaje o su sistema de imágenes es muy pobre, muy reiterado, muy copiado, muy imitado. Entonces, lo que yo quiero para mi lenguaje es un trato vivo con la imagen. Acaso por allí veas tú mi parentesco con lo mejor del surrealismo, que hizo de la imagen su eje y su centro. Aunque también otros poetas han hecho eso.

J.S.: Orgánicamente la tos o la asfixia es una reacción en contra de tóxicos que vienen del aire; el cuerpo los rechaza. De algún modo, el sujeto se encuentra en disputa, en distonía con el ambiente que lo rodea...

G.R.: ...y él saca un tono, *su* tono...

J.S.: Y entonces esto sería simbólico —si lo vemos como alegoría— del poeta en destono con su ambiente: usted habla del Renegado...

G.R.: Me parece muy intensa esa conjetura tuya. Desde luego, hay en esta manera de pararse frente a la realidad una especie de decir no, de rechazo, de rechazo que puede convertirse en una tos, como puede convertirse en una asfixia...

J.S.: ...y esa es la palabra que sale...

G.R.: ...y esa es la palabra que se está gestando, está haciéndose en libertad.

J.S.: De Huidobro, usted ha dicho que le gusta *El ciudadano del olvido*, de 1941. Es un libro con un tono más ensimismado, completamente menos vanguardista. ¿Qué le interesaba allí?

G.R.: Ese freno o castigo que él había impuesto al desborde imaginario y se me ofrecía no sólo una visión existencial, sino una visión metafísica. Lo encontré siempre un libro noble, pensando, sin originalismos, sin desmesura.

J.S.: Y *Altazor*...

G.R.: *Altazor* es un libro fundamental y necesario. Sin eso no podríamos existir nosotros.

J.S.: Me interesa referirme ahora a una generación más amplia, al ámbito hispanoamericano de escritores de su edad: Enrique Molina, Emilio Adolfo Westphalen, José Lezama Lima, Pablo Antonio Cuadra, Octavio Paz, Joaquín Pasos, Juan Liscano, Alí Chumacero, Alberto Girri, una lista bastante rica y amplia. ¿Se ha sentido integrado a ellos?

G.R.: Completamente. Te voy a explicar el fenómeno. Hay un proceso osmótico. Hacia los años anteriores a la Guerra Civil y a la Guerra Mundial, el influjo de los ismos, en especial del surrealismo, tuvo una resonancia mayor de la que nosotros creíamos. Sucedía que en Argentina había un grupo surrealista con la revista *¿Qué?* de Aldo Pellegrini y otra revista importante, *A partir de cero*. Ya la Olga Orozco anda por allí, Molina por supuesto y otros nombres que ahora se me olvidan. En el Perú estaba Moro, Westphalen. De modo que sin conexiones ni de radio, ni de televisión, ni de cartas, ni de barcos, entre nosotros se dio isócronamente un movimiento de visión semejante y de influjo fuerte del surrealismo y del expresionismo. Por eso no es raro que uno se entienda y dialogue con esa suma de poetas que me has leído. Lo que los alemanes llaman el *Zeitgeist*, el espíritu del tiempo, funcionó muy vivamente en la promoción a la cual pertenezco.

J.S.: Este grupo de escritores (nacidos entre el 10 y el 25) podría más o menos definir la generación que Paz —en *Los hijos del limo*— ha denominado como la «posvanguardia». Le quería leer un fragmento de ese libro, donde Paz explica las peculiaridades del período:

> ...una vanguardia silenciosa, secreta, desengañada. Una vanguardia otra, crítica de sí misma y en rebelión solitaria contra la academia en que se había convertido la primera vanguardia. No se trataba, como en 1920, de inventar, sino de explorar. El territorio que atraía a estos poetas no estaba afuera ni tampoco adentro. Era esa zona donde confluyen lo interior y lo exterior: la zona del lenguaje. Su preocupación no era estética: para aquellos jóvenes el lenguaje era, simultánea y contradictoriamente, un destino y una elección. Algo dado y algo que hacemos. Algo que nos hace.

Y más adelante:

> La poesía de posvanguardia (...) nació como una rebelión silenciosa de hombres aislados. Empezó como un cambio insensible que, diez años después, se reveló irreversible. Entre cosmopolitismo y americanismo, mi generación cortó por lo sano: estamos condenados a buscar América o a huir de ella. Nuestro salto ha sido hacia dentro de nosotros mismos.

Mi interés básicamente era ver cómo se ha sentido partícipe de este ambiente y cuál es su reacción ante estas ideas de Paz.

G.R.: Bueno, para empezar te digo que la reflexión de Paz que me has leído me parece tan lúcida como tanto de lo que él escribe o formula; libros claves o fundamentales como *El arco y la lira*, *El laberinto de la soledad*, *Los hijos del limo*, etc. Efectivamente, la promoción literaria a la que pertenezco es distinta de la inmediatamente anterior y que ha sido llamada Vanguardia hispanoamericana y que viene después del posmodernismo. Es en el autoanálisis del instrumento verbal donde parece estar el centro de la cosa. Habíamos aprendido en los autores vanguardistas este ejercicio de imágenes y habíamos leído —sobre todo en la poesía francesa que me importaba a mí— estos manejos imaginarios que parecían concentrarse en lo nuevo. No en el sentido de lo nuevo al que se refirió Baudelaire al cierre de *Las flores del mal*, en 1857, sino del *esprit nouveau*, que dijo más bien Apollinaire. Hay una suma de malentendidos en todo esto. No sé si Huidobro recogió bien a Apollinaire; se vieron, se hablaron, pero no sé si él captó bien la onda apollinairiana. Me temo que fue más bien su proyecto —el de Huidobro— un rechazo del futurismo, un propósito de hacer lo suyo en aproximación a Apollinaire, en aproximación a Reverdy y a otros, pero distante y distinto. En todo caso, ese es un ejemplo, un paradigma bien concreto de la primera hora de la vanguardia en nuestra América hispana. Huidobro más que Neruda. Ahora, ¿qué nos pasó a nosotros?, al grupo literario en el que participé. Uno de los tantos grupos literarios que muestran a la llamada promoción a la que pertenezco, que es la de 1938, un año crítico, sintomático de muchas cosas. Ese año hizo crisis el grupo surrealista; los surrealistas reventaron, fue la gran dispersión, Breton se quedó solo. Recuerdo que por un lado había un ánimo mimético, bien servil, en ese grupo *Mandrágora*, que quería desmapochizar a Chile y convertirse en un frente poético parecido al que ofrecía —imagínate la desmesura— el grupo surrealista checo. Breton nos había mandado decir, en una carta, que las tres capitales de la poesía surrealista eran Santiago de Chile, París y Praga. Todo eso era bastante irrisorio. Entonces nosotros, o algunos de nosotros, caíamos en esa especie de adhesión reverencial a un movimiento de las vanguardias y eso que es el movimiento mayor de todos, en cuanto que todavía está allí. No sé si este ánimo de imitar que hubo en la promoción mía y en ese grupo al cual pertenecí es lo mayor o si fue más importante algún propósito, como el que señala Paz, de revisar las ideas de la primera vanguardia. Creo que había más servilismo, por lo menos en el caso nuestro. Tal vez Paz desde su punto de vista y tal vez Paz como Paz haya visto desde muy temprano eso de la urgencia de revisar los postulados

dos estéticos de la primera vanguardia; eso es más paziano que otra cosa. Tal vez en el caso de los poetas surrealistas argentinos pudo haber habido algo de eso, no lo sé. Sabía que había un grupo surrealista en Buenos Aires, pero no tenía mayores conocimientos; tampoco sabía del grupo peruano: oíamos hablar de Westphalen y de César Moro. Se me ocurre que César Moro tenía una conciencia crítica del lenguaje más rigurosa que los argentinos, y tal vez Westphalen también. El sí revisa puntos de vista, aunque es bien adherente al surrealismo bretoniano. Es posible que por acá, por los nortes de América Latina, Lezama tal vez.

J.S.: Quizá en los primeros años, cuando ustedes comienzan a escribir, esa reflexión todavía no se da porque están ustedes muy cerca de esa vanguardia. Pero algunos años más tarde...

G.R.: Ah, más adelante sí. Por eso te hice largo el discurso.

J.S.: Paz marca el año 45, más o menos alrededor de ese año...

G.R.: Sí, esa es una buena fecha...

J.S.: Del año 44 es *La fijeza* de Lezama Lima, del año 49 y 50 son *Aguila o sol* y *Libertad bajo palabra* del mismo Paz, del 48 *La miseria del hombre* de usted; es decir, una serie de libros alrededor de esa fecha que podría marcar esa reflexión.

G.R.: La diferencia entre mis compañeros de grupo y yo mismo está en esto: yo tengo conciencia rápida de que hay que revisar los postulados de la primera vanguardia y descreo de la excesiva adhesión por un lado al creacionismo huidobriano (que en presencia está muy cerca de nosotros) y descreo a mi vez de la hiperadhesión al surrealismo bretoniano. Me aparto por propia reflexión y tengo la seguridad de que el surrealista, en el sentido más estricto, del grupo aquel fui yo mismo, en cuanto que asumo con responsabilidad —ante el idioma español— mi tradición hispana y tengo una idea crítica (claro que no la formulo, eso me podría objetar: no escribí ningún papel, pero tampoco me adherí nada más a esas cosas). Pasa el tiempo y en el 48 publico un libro en el que hay bastante torrencialidad expresiva y la hice intencionalmente así, me salía un brote expresionista. Pero a la altura del 48 me pongo a pensar más y no dejo de reconocer que tuve unos diálogos con Parra, con el cual no estoy en trato mayor, no por amistad ni por inamistad sino porque nuestros modos de ver el mundo son distintos y nuestros lenguajes diferentes. Hablé con Parra y él conmigo; él dice que en esas conversaciones yo le entregué a él las llaves del templo de la poesía negra —negra en el sentido del mal— y él me entregó las llaves de la poesía blanca. Había una hermeticidad bastante liviana en esos plazos de la primera vanguardia —no en los casos de los mejores poetas, no estoy hablando aquí ni de Huidobro, ni de Neruda, ni de De Rokha—, había mucho poeta, mucho vanguardero de ese período que —como dice Nietzsche— enturbiaba sus aguas. Parra dice que él salió hacia la poesía clara, allá él. Yo, no es que mantuviera mi poesía oscura, pero cerní mejor mi palabra. Por eso consiento con Paz.

J.S.: Ahora, otra cosa. Me parece que a partir de la generación de ustedes es imposible hablar de una corriente que se asuma con una unidad, como lo fue el modernismo o la misma Vanguardia. Hay una diversificación tremenda.

G.R.: Yo creo que se desvencijan las claves, se rompen las claves.

SURREALISMO

J.S.: Usted llama «poesía activa» a esa actitud ante la vida de llevar a la praxis esas sustentaciones estéticas y morales que provienen seguramente del surrealismo. A mí me gustaría saber, en particular, qué es lo que rechaza del surrealismo.

G.R.: Las grandes categorías del surrealismo no creo que van a desaparecer: el humor, hijo de la ironía romántica, ni la asociación divina llevada al plano de la escritura automática. A mí me gusta la idea de la escritura automática aunque sé de sobra que ha habido poquísimos poemas hijos de ella estrictamente. La escritura automática es un rescate de la idea de la inspiración o de aquel principio de Mallarmé de que «la primera línea la escriben los dioses», la dictan los dioses. Estoy de acuerdo con eso. Me encanta la asociación libre y esto de la escritura automática me parece maravilloso. Me interesa profundamente el surrealismo en el plano de los encuentros; uno se encuentra, las cosas se encuentran: la idea del azar. Hay como siete u ocho categorías valiosas e indiscutibles. Casi todas enlazadas con la gran tradición romántica, no nos olvidemos. Ahora, ¿qué es lo que me fastidia? La literaturización del proyecto mismo; es decir, creer o confiar —esto se ha dicho mil veces— en que un escaparate de tiendas provoca un estímulo más vivo, de lo llamado fortuito, que una circunstancia humana. No ver o no querer ver que la vida está llena de circunstancias absurdas. Ahora, en nuestra América hispana para qué hablar si nuestras vidas están transidas de eso. La parte aburrible del surrealismo era la imitación que se hacía de las praxis construidas por los surrealistas, es decir, «caballo de ventana de bicicleta de palabra de figuración...», una asociación ridícula, absurda, sin sentido, que no dice nada: disolución por disolución, nada más.

AMOR

J.S.: Un crítico norteamericano, Peter Earle, escribió un artículo sobre la relación entre usted y Breton. Allí, él relaciona las tres partes de *Oscuro* o *Del relámpago* con la famosa tríada del surrealismo: poesía-amor-libertad.

G.R.: A él le gusta proponer ese punto de vista.

J.S.: Aquí ya hemos hablado de la poesía y, en cierta medida, de la libertad. Ahora me interesa el tema del amor. Son múltiples las perspectivas con que usted lo ha tratado: explora desde el deseo carnal hasta el trance revelador; hay muchas fases dentro de esta exploración del amor. Me parece que la misma indagación estética que usted expone en las otras partes de su obra se da por igual en relación al eros; es decir, creo que es consistente con este tema.

G.R.: Muy bien observado. Retomemos la idea de la tríada que menciona Earle. Efectivamente, dividí mi obra en sectores y no son sectores absolutamente distantes, diferenciados, hasta el punto en que no se enlacen. Muy por el contrario son tres vertientes y no es raro que debajo de ellas haya otra agua, distinta, que sea parte de cada una de las otras. O sea, vertientes A-B-C, pero la vertiente A no es exclusiva y en ella también participan la B y la C. Ahora bien, yo estaría de acuerdo con eso último que observaste de que los textos que parecen referirse a lo erótico pueden también considerar el problema de la creación poética, y los textos que consideran el problema de la creación poética pueden también ser parte o estar a un milímetro de aquellos otros. Sí, no se trataba de que esas tres vertientes quedaran separadas, sino que por debajo de ellas hubiera una intracomunicación natural y necesaria. Ahora, sobre el eros mismo, ¿qué te voy a decir? Hay tantas cosas...

J.S.: A mí me interesaba que me hablara del tema del deseo. Está ese poema de «Aiuleia por la resurrección de Georges Bataille»...

G.R.: ...una desacralización del aleluya...

J.S.: ¿En qué medida ese deseo es sacralizado?

G.R.: Desde siempre...

J.S.: Usted dice: «*Georges/Bataille, el que vio a Dios/ el 37 en la vulva/ de Mme. Edwarda...*»,¿no?

G.R.: Hasta ese punto. Hay un poema viejo, muy viejo, que viene de *La miseria del hombre* y que lo retomo en *Del relámpago*. Se llama «Muchachas»:

«*Desde mi infancia vengo mirándolas...*» (¿Por qué digo desde mi infancia? Porque para mí el eros funcionó desde el primer instante, desde que las vi a ellas. Es un absoluto. La mujer para mí, es un absoluto. Soy un romántico, no lo niego, y la mujer es un absoluto: mi vida eterna.) «*...oliéndolas,/gustándolas, palpándolas, oyéndolas llorar,/reír, dormir, vivir,/ fealdad y belleza devorándose, azote/ del planeta, una ráfaga/ de arcángel y de hiena/ que nos alumbra y enamora./...*» (Ahí están las palabras claves.) «*...y nos trastorna al mediodía, al golpe/ de un íntimo y riente chorro ardiente*». (Ahí está el semen. Está nada menos que eso. Y es una mirada del origen.)

J.S.: Ahora, ese poema titulado «Californiana» comienza con un oxímoron que quisiera explorar con usted: «*Putidoncella*», por un lado ve a la prostituta y por el otro ve a la cortesana sagrada.

G.R.: Ahí están «Las adivinas» también. El «puti», que implica el derramamiento, la fascinación, la entrega sexual, todo lo precioso de la criatura femenina y esa maravilla temporal. Entonces, un día, a esa chica la veo pasar por una calle en California y la diviso como una aparición. De modo que esta poesía mía amorosa que a veces parecía bordear el límite de lo fronterizo con lo pornográfico, no tiene nada que ver con eso. Más bien, está siempre tan cerca de lo que tú dijiste, en un límite con lo sacro. Por eso, creo que esa mirada a la mujer que yo hago va a resistir el viento.

J.S.: Este poema también me parece importante: «¿Qué se ama cuando se ama?» Aquí no sólo es la mujer.

G.R.: Es ya un amor muchísimo más trascendental, que viene en la línea de Platón. Este «¿Qué se ama cuando se ama?» parece muy próximo a San Agustín. San Agustín es muy próximo a Platón. Platón ve en el eros la energía de lo sensosexual. En todo caso, no hay que ser un Stendhal para entrar en la dialéctica del amor. Allí está el límite de lo absoluto: la luz terrible de la vida o la luz de la muerte...

J.S.: Esa vinculación con la muerte también me interesa mucho...

G.R.: Es tánatos. El eros y tánatos que en fuerte medida me enlazan con Baudelaire (tengo ese honor) y me enlazan con muchos poetas de importancia: un Darío por ejemplo.

J.S.: ¿En qué sentido su poesía es anulación de tiempo?

G.R.: En la medida en que tengo la certeza de tener los mismos 7 años, o los mismos 17, o los mismos 23 años, es decir, claro, con alguna luz que me ha dado la edad. El flujo de pensar, de decir y de sentir, ha sido el mismo, tan uno, tan continuo. Me parece que el adolescente, que es todo poeta, en lugar de envejecer se aniña, enniña, retrocede. Si tú miras mis papeles de hoy a lo mejor hay más un niño que el adolescente que había en *La miseria del hombre*. Lo de los plazos es muy sospechoso. Ahora en este último libro te encuentras con que en el primer poema [«La viruta»] se dice —y no con nostalgia ni pena— hablando del muchachito que está viendo el mundo, desde uno que es el niño: «*De unos años a esta parte veo una viruta de luz/ a la altura de la fosa izquierda...*». «*Se instala ahí y duerme...*» (cuando se quiere explicar la razón de por qué se tiene la viruta de luz encima, dice:) «*Son las privaciones, todo tiene que ver con las privaciones./...*» (no económicas, por favor; las privaciones, el no alcanzar, el no tenerlo todo, como se tenía cuando se era niño). «*...Al año de nacer, ya uno quiere irse, la pregunta es adónde/ y ahí mismo empieza el juego/ de la traslación*». (Toda la vida de uno ha sido una traslación: traslación elíptica, con el sol.) «*...Quiero que este ojo sea mano,/patalea uno...*» (Es el niño, el que habla así.) «*...pero que no sólo sea mano, que sea aire, eso es/ lo que quiero, ser de aire.*» (estar en todas partes, como parecería estar Dios. Y se pregunta —aquí un niño es el que está hablando:) «*...¿Cómo el agua/ que está en las nubes es de aire?/...*» (Y se responde:) «*...Así es como se explica la viruta, es que no hay vejez, no/ puede haber vejez, venimos llegando./...*» (Fíjate que se predica la noción de venir llegando.) «*...Donde llegamos, a la hora que sea, venimos llegando./ Cuando lo apostamos todo y lo perdemos venimos llegando./...*» (Esta es una idea que hay que mirar en la poesía de Gonzalo Rojas: la pérdida, el sentido de la pérdida, el no aceptar la vida desde el proyecto de éxito, o triunfo, o vistosidad, y acaso a eso se deba la morosidad de mi caso.) «*... Al amar, al engendrar venimos llegando, al morir/...*»

Por ahí van las claves; hay una suerte de declaración —para no hablar de principios, ni de puntos de vista—, una declaración de pensamiento.

J.S.: Ahora, el orgasmo... ¿qué significa ese momento?

G.R.: El orgasmo es la preciosidad del éxtasis. Te abres al universo. No sé cuántas veces he usado esa palabra.

J.S.: Por eso es que usted está tan vinculado con San Juan.

G.R.: Claro.

J.S.: ¿Quiere agregar algo más sobre la idea del eros?

G.R.: Bueno, en realidad la cuerda erótica en esta poesía tiene registro vario. Va a veces hasta la sensualidad frenética, desenfrenada, sin llegar a los excesos expresivos; pero hay una sensualidad sana, fuerte, intensa, y desde los sensos sexuales se ve el mundo. Hay un eros de aspecto libertino que me filia —en cuanto a pensamiento— con el de Bataille, con el de Sade y con el de algún otro. Son tantos los poetas que han tocado esta cuerda honda, empezando en español con nuestro Arcipreste, que habla del bello amor, un amor sensóreo, pero fresco y hondo también. Hay un pensamiento ya de libertino en cuanto a sobrepoder y desborde del eros. Acuérdate que a mi Bataille lo llamo «santo torrencial descarado». Lo que me pasa, Jacobo, en este tema del eros (como en cualquiera otro de los temas cardinales de mi poesía) es que no puedo hablar de él sin recurrir a los textos. Además, ¿quién te va a explicar la poesía? Desde las afueras parece un desastre por muy lúcido que sea uno, por muy exigente, por muy lleno de alta hermenéutica, no te va a dar luz en su densidad. No hay manera de que nadie me ilumine a Baudelaire sino el mismo Baudelaire. Entonces, eso pasa con el amor. El amor hay que irlo iluminando, hay un eros hedonístico, un eros sensual-místico, etc. Es que realmente el amor —no te olvides de mi abolengo surrealista y romántico— es eje del mundo. Sería muy prolijo hablar de todo eso.

TIEMPO

J.S.: Me parece que en su poesía (gracias a la revelación) hay una suerte de «consagración del instante» (Paz), una perpetuación de ese momento tan efímero. ¿Cómo ve usted este aspecto? ¿En esta consagración del instante habría una anulación del tiempo?

G.R.: Hay un trabajo de Bachelard que se llama —no la «consagración del instante», que es una frase acuñada por Paz— *La intuición del instante*. Cuando vislumbras el caos pareces hacerlo desde una instantaneidad. Esta instantaneidad o relámpago es abarcadora de todo y, por lo tanto, puede hablarse de que esa instantaneidad se da fuera del tiempo; es acrónica. Ese fulgor, esa momentaneidad, siempre ha sido muy válida en mí. Y te voy a contar brevemente —ya lo he contado muchas veces— cómo a los seis años mirando, mirando un espectáculo de muchos relámpagos, truenos, rayos, que caían encima de mi casa frente al mar, en un corredor donde éramos ocho; de repente, uno de mis hermanitos en medio de este vértigo de ruido, de luces y de ventolera, dice: «relámpago». Al hablante Gonzalo Rojas esa palabra se le ofrece mucho más esclarecedora de todo lo que estaba ocurriendo que el famoso espectáculo mismo. Eso es lo que es el poeta: es palabra. El poeta mismo es palabra; su instrumento es la palabra, pero también él *ES* palabra. No entiende el mundo sino desde la palabra.

J.S.: Ahora, a pesar de esa instantaneidad, hay algunos poemas referidos al pasado: intentan recobrar ese pasado. ¿Cómo está funcionando la memoria?

G.R.: En el caso de esos textos que establecen o recuperan pasado y lo sitúan en el presente, llamémoslo abusivamente histórico —terminacho de la gramática— coinciden con lo que hace por ejemplo un Vallejo. Tú me hablabas de un vallejismo. No es cosa de que no me hubiera leído nunca a Vallejo. Lo vine a leer —créemelo— hasta el año 42 o 43: fue el último de mis poetas leído. No sé por qué. No llegaría la edición buena de Chile o no tuve opción de acercarme a eso. Ahora, cuando lo leí me interesó, pero me fue interesando más y más después. Hay coincidencias de visión y de experiencia que no tienen que ver con la creación. Otro caso muy semejante y muy posterior al de Vallejo: año 77, en Caracas; Monte Avila Editores publica un libro de Celan. Me pongo a leer a Celan y sucede que me estaba leyendo a mí mismo, porque había unos mecanismos descuartizantes de los vocablos, silabeantes, parecidos a lo que yo estaba haciendo y a lo que había hecho. En el caso de Celan la fragmentariedad es al nivel léxico, fisiológico. Si miras esos poemas de *Trilce*, que todavía están muy amarrados con el primer libro, y te lees mi poema «Carbón», vas a encontrar muchas aproximaciones; hay un restablecimiento, una vivificación tal que se entremezcla el pasado en el presente. Te quise contestar así para —como se dice— matar dos pájaros de un tiro.

J.S.: ¿Cómo se da la elegía en su obra?

G.R.: Desde pequeño me interesaba el trato con lo elegíaco. Ahora —es curioso— me ha regresado. La elegía, siempre se ha dicho, es una composición en la que se rememora o se señala una pérdida en la escala de lo individual o personal y entonces se habla de elegía personal o de lo público, de lo histórico. El tono elegíaco —en eso sí que coincido con el maestro Baudelaire— me parece sospechoso. Hay una línea de Baudelaire que dice: «Todos los elegíacos son unos canallas» y la elegí como título para uno de mis poemas. Ahora, si tú miras algunas elegías mías, incluyendo esa que te importaba, «Descendimiento de Hernán Barra Salomone», sucede que el modo de resolver la elegía en mí (o en la palabra de este hablante) es un modo bastante irreverente. Es decir, en esta afirmación incesante de la vida no se acepta la veneración de la muerte como la muerte. Pese a que hay mucho elegíaco en mi registro poético, yo diría que adentro de lo elegíaco no hay reverencialidad. Acepto, me encanta, leer aquella preciosa elegía de Lorca, «Llanto por Ignacio Sánchez Mejía», indiscutiblemente una elegía que responde a las claves de la elegía tradicional. Leo con cuidado e interés el poema a Alberto Rojas Jiménez, que es una bonita elegía de Neruda, muy sabiamente construida. Pero la elegía mía es una elegía despanzurrada, irreverente, llena de amor y llena de desafío; como plantarse en el mundo: ese es el «contra la muerte», funciona ahí. En la elegía mía a Alfredo Lefebvre, se le empieza diciendo de tú a ese señor y con mucho cariño se le habla y el desenfado y el tono irreverente hacen que esto sea otro modo de elegía. Yo mismo, en las elegías que me he hecho, por ejemplo en un poema que está en *El alumbrado* y que se llama «20 de diciembre», ves cómo se trata uno a sí mismo.

J.S.: ¿Cómo ve usted el futuro?

G.R.: Desde el presente voy hacia el futuro por un lado y hacia el pasado y todo eso se me ofrece como un solo juego mayor. El futuro, por ejemplo, no me aterroriza. ¿Qué irá a pasar cuando sean las cosas de otro modo, cuando los automóviles ya no vayan por la tierra, puedan estar elevaditos en el aire y tengan (con un sistema de radares) la posibilidad de navegar en el espacio? Eso no me parece nada ilusorio; es una posibilidad, todo es posible. Esa sería la idea: todo puede llegar a ser. No te olvides que para la visión del poeta de estirpe romántica —como en mi caso—, podría darse esta frase: «todo puede llegar a ser un hombre», una frase que no es mía, sino de los románticos. Entonces, no se me ofrece tan distante o tan por venir el porvenir. También, me parece que uno estuviera nadando en el «ya».

J.S.: Ciertamente su poesía es una poesía muy sensorial. He notado que la nariz aparece mucho, aparece mucho el uso del término «nariz»

G.R.: Y aparece «Nariz», a veces, con N mayúscula. Esa nariz es la opción de respirar.

J.S.: Ahora, a través de los ojos está el relámpago, pero también los colores. ¿Qué colores le gustan a usted?

G.R.: Habría que mirar en los textos cuál es el color que más se registra, el que prevalece. Cuando se habla de la pelirroja, por ejemplo, es por encantamiento de esa piel de muchacha casi siempre muy blanquita y que en contrapunto parece llamarada. Yo diría que más que el color rojo es el color de la llama. Es lo centelleante lo que me maravilla, que puede ser muy blanco: la nieve, por ejemplo, es un prodigio para mí. «Nieve de Provo» no es una paronomasia nomás, sino que es una llamarada de nieve, es una llamarada de blancor. Te llamará la atención, en ese sentido, que está prevaleciendo mucho el blanco. La muchacha de repente es blanca, no porque yo sea un racista de mierda que ande buscando las muchachas airosamente blancas, sino que el blancor me ilumina, me fosforece. Tal vez sea porque la luz diamantina, casi enceguecedora, va mucho con mi aura. Vamos a ver este poema de amor [«Instantánea»] que está en el último libro. Aquí hay un grado de opción para examinar las imágenes que a ti te importan:

«*El dragón es un animal quimérico, yo soy un dragón/ y te amo,/es decir amo tu nariz, la sorpresa/ del zafiro de tus ojos,/ lo que más amo es el zafiro de tus ojos://...*» (Otra cosa que te llamará la atención: casi nunca —o muy infrecuentemente— uso la estrofa de cinco o de cualquiera medida, pero hay aquí cinco líneas en cada estrofa, porque se dio como necesaria esta construcción, este formato del cinco.) «*...pero lo que con evidencia me muslifica son tus muslos/ longilíneos cuyo formato me vuela/...*» (me transforma) «*...sexo y cisne a la vez...*» (Ves cómo recurro a un elemento del modernismo de Darío, pero me lo paso por la nariz.) «*...aclarándome lo perverso/ que puede ser la rosa, si hay rosa/ en la palpación...*» (mira el juego sensóreo) «*...seda, olfato// o, más que olfato y seda...*» (el entrecruzamiento de los sentidos) «*...traslación/ de un sentido a otro, dado lo inabarcable/ de la pintura entiéndase/ por lo veloz de la tersura/...*» (fíjate en la sinestesia) «*...gloriosa y gozosa que hay en ti, de* *la mariposa,// así pasen los años como sonaba bajo el humo el célebre/ piano de marfil en la película;¿qué fue/...»* (Esto es sorpresivo, las preguntas que corresponden a lo mejor a esa intuición del instante, porque tienen que ver por lo menos con la instantaneidad, con el fulgor, con el relámpago.) «...*de Humphrey Bogart y aquella alta copa nórdica/ cuya esbeltez era como una trizadura:...»* (a la muchacha hermosa no se la ve como la hermosura que pudo haber sido la amada) «...*¿qué fue/ del vestido blanco?// Décadas de piel. De repente el hombre es décadas de piel, urna/ de frenesí y/ perdición, y la aorta/ de vivir es tristeza, de repente yo mismo soy tristeza;/...»* (El mecanismo de la reiteración, en el quinto verso, te habrá llamado la atención.) «...*entonces es cuando hablo con tus rodillas y me encomiendo/ a un vellocino así más durable/ que el amaranto, y ahondo en tu amapola con/ liturgia y desenfreno./...»* (esto es casi un coito) «...*entonces es cuando ahondo en tu amapola.// y entro en la epifanía de la inmediatez/ ventilada por la lozanía, y soy tacto/ de ojo, apresúrate...»* (aquí hay una imagen casi gestual con relación al acto erótico) «...*y escribo fósforo si/ veo simultáneamente de la nuca al pie/ equa...»* (la yegua en griego) «...*y alquimia.»* (Es un tema bastante alquímico. Si enlazas los zumbidos «nuca», «equa», «alquimia», el sonido «k» prevalece. Hay gente que piensa que nosotros, los poetas, vivimos buscando las paronomasias; no, ellas vienen solas, ellas aparecen.)

J.S.: Usted ya se ha referido al poeta que se dirige al oído, al poeta que canta...

G.R.: Me gusta la idea de canto, que además la rescató Pound.

J.S.: ¿Hay algún tipo de música que le apasione?

G.R.: El jazz y la gran música que llaman clásica. No soy un especialista en música, a lo mejor no tengo ninguna oreja musical. Pero tengo oído interno. Dicen que hay oído externo, oído medio y oído interno. De modo que hay otros oídos adentro de los oídos, que están allá en el oído interno, que son bastante más mágicos. Los poetas tenemos ese oído. Pacheco —una vez hablando con afecto sobre mi obra— decía que mi oído era infalible: decía que casi no se me va una en materia de oreja poética. Pero eso no quiere decir que yo tenga un cultivo culto o aculturado de lo musical, de la gran música. Ahora, me gusta esa repentinidad del jazz.

J.S.: La música es un arte no representacional. ¿Usted ha intentado hacer poesía que linde con eso? ¿Se logra hacer ese tipo de poesía?

G.R.: Creo que se aproxima. Por ejemplo, el «tánatos», cuando cierra el poema «Latín y jazz», se queda zumbando allí, más allá del designio de muerte que dice al final. «Tánatos»: «aao». Yo diría que si alguien quisiera trabajar en la invención rítmica, tendría que mirar mucho el ejercicio de lo vocálico, de lo silábico. En el último libro [*Las adivinas y otras visiones*] hay un poema que se llama «Las sílabas». Aquí tienes un texto que es un desafío de la sílaba a la música: «*Y cuando escribas no mires lo que escribas, piensa en el sol/ que arde y no ve y lame al Mundo con un agua/ de zafiro para que el ser/ sea...*» (un ars poética otra vez) «*...y durmamos en el asombro/ sin el cual no hay tabla donde fluir, no hay pensamiento/ ni encantamiento de muchachas/ frescas desde la antigüedad de las orquídeas de donde/ vinieron las sílabas que saben más que la música, más, mucho/ más que el parto.*» (Esto es lo que se puede decir de la circunstancia de apariencia hermética o críptica.)

J.S.: Ahora, la pintura...

G.R.: A mí me parece que de la plástica que va desde lo pictórico mismo a lo fílmico, la imagen fílmica es la que más me maravilla. Pero cierta pintura, por supuesto, me fascina.

J.S.: La pintura que aparece al final de *Las adivinas*...

G.R.: Es un mono que me llegó en el minuto mismo en que terminaba de fotocopiar el libro. Alguien me mandó una tarjeta. Como se cerraba el libro con el poema «Arrullo», me pareció tan bueno poner esta imagen de un pintor de 1920, que está en la pinacoteca de Berlín. Hay ahí tres mujeres y hay otra que está muerta y ellas la levantan. No es que juegue estrictamente el vínculo con «Arrullo», pero algo tiene que ver. Voy a ver todavía con el editor de Madrid para ver si procede tener este modo de viñeta.

Cuando defiendo la idea de lo músico, de la palabra con luz, del ritmo, estoy defendiendo la importancia que tiene el respiro en la voz del poeta. Respeto, reconozco la importancia que tiene, por supuesto, el injerto prosístico en el verso contemporáneo; lo respeto y lo comparto. Pero en un afán de no metrificar, sobre todo de no silabear, los poetas que se dicen muy nuevos, muy renovadores inclusive, se han pasado de largos, de listos y han hecho un prosaísmo espantoso, insignificante. Además, si les pides que te construyan una lira, tal como es en la tradición métrica, una canción, un sonetito, no saben. El oficio hay que conocerlo. Nunca me olvido de que cuando íbamos a casa de Huidobro, jovencitos, nos decía: «A ver, hoy día vamos a hacer un soneto». Y nos salía muy riente el soneto, pero se sabía cómo construir. Eso es una cosa aparte. Yo respeto la palabra. Una vez Cortázar me envió una carta, donde decía: «A Gonzalo Rojas, que le devuelve a la poesía tantas cosas que le han quitado». Yo soy un poeta de rescate, Jacobo, uno más; a lo mejor hay otros poetas de rescate. Mi poesía es saber mirar hacia atrás y que se alimenta de mucha tradición.

TOTALIDADES

J.S.: Bueno, me gustaría pasar a algunas imágenes que se reiteran, que se insisten. La primera de ellas la he notado, sobre todo, en los últimos libros. Es la imagen de los ciclos o las totalidades. Por ejemplo, en «Concierto» aparece la escritura del Libro.

G.R.: Sí, es la vieja idea de escribir el Libro como universo:

«Entre todos escribieron el Libro...» (Fíjate, la primera idea es importante. Es una idea negadora de la farsa de la originalidad. No me vengan con el cuento de que un señor fue tan genial que él *solo* escribió El Libro. Luego viene una enumeración ¿no?) *«...Rimbaud/ pintó el zumbido de las vocales, ¡ninguno/ supo lo que el Cristo/ dibujó esa vez en la arena!...»* (Fíjate, ¡el Cristo metido allí con los jóvenes!) *«Lautréamont/ aulló largo, Kafka/ ardió como una pira con sus papeles:—Lo que es del fuego al fuego—:...»* (Eso no lo dijo él, lo dice el hablante.) *«...Vallejo/ no murió, el barranco/ estaba lleno de él como el Tao/ lleno de luciérnagas:..».* (Sí, ése me gusta: Vallejo no murió, es decir, ése está ahí, tanto es lo que yo lo quiero, lo respeto, lo hago venir a una poesía, a otra poesía, etc.) *«...otros/ fueron invisibles: Shakespeare/ montó el espectáculo con diez mil/ mariposas; el que pasó ahora por el jardín hablando/ solo, ése era Pound discutiendo un ideograma/ con los ángeles. Chaplin/ filmando a Nietzsche;...»* (Todas estas imágenes y motivos son problemas de estructura.) *«...de España/ vino con noche oscura San Juan/ por el éter, Goya/ Picasso/ vestido de payaso, Kavafis/ de Alejandría; otros durmieron/ como Heráclito echados al sol roncando/ desde las raíces...»* (¿Te acuerdas cuando echaron a Heráclito?, él mismo lo pidió, cuando sufría la hidropesía, según cuenta la tradición. Cuando estaba tan grave con la hidropesía, que lo tenía loco, le dijo a una chica que lo metieran adentro del estiércol, a fin de que la sequedad del estiércol le quitara el agua.) *«...Sade, Bataille,/ Breton mismo; Swedenborg, Artaud./ Hölderlin saludaron con/ tris-*

teza al público antes/ del concierto:/...» (ésos son los locos) «*...¿qué/ hizo ahí Celan sangrando/ a esa hora/ contra los vidrios?*» (Claro, él estaba por entrar a la presencia de todos esos gigantes y no entraba. Sabes quién es Celan ahí: *moi même,* yo mismo. Y se dice en otra parte del libro.)

J.S.: Claro, en otra parte está ese poema titulado «Paul Celan», donde se habla de la identidad entre usted y él. Luego hay varios poemas de este estilo...

G.R.: Te agradezco que me hagas esa observación, porque nadie la había mirado así; nadie había visto cómo en esos conjuntos hay seguramente un proyecto mayor y todavía no lo tengo claro. En cierta medida esto es bastante nuevo —si se puede hablar de novedad.

J.S.: Sí, aunque ya había hecho usted ese poema, «Del libro mundo», por ejemplo, que es una revisión de su obra anterior. Pero ahora quisiera ver con usted este otro poema titulado «No haya corrupción», especialmente la segunda estrofa.

G.R.: Se está hablando de un hablante que está como enloquecido, buscándose y buscando algo y se ha equivocado en todo. El poema comienza: «*Obstinado en mí no habré podido avanzar un metro de burro/ de Atacama a Arizona..*». (Mira las «aes» como se repiten. Atacama es esa región donde viví con mi mujer primera y donde nació mi primer hijo. Arizona es el estado que está aquí abajo, a los pies de Utah, y lo adoro porque se parece tanto a esas piedras locas de las cordilleras andinas.) «*...malparado/ y equivocado bajo las estrellas, sin otro pasto/ que el peñasco de las cuestas/...*». (hay que oír el juego de las sílabas) «*...ni más aire/ que el de mis costillas, ni más orejas/ que lo que fueron mis orejas, equivocado,/ lo que se dice equivocado.//No di con el hallazgo...*» (Tendrías que ir a mirar, otra vez —con tu capacidad crítica y fuertemente imaginativa—, en este minero Gonzalo Rojas, que anda buscando tesoros de minas desde sus antepasados hasta ahora —cuando me fui a Atacama, al fondo me fui en busca de las minas—. Mi padre había sido minero, mis abuelos habían sido mineros, hay un abolengo de mineros. El mismo Novalis estudió minas. Uno tiene parientes por todos lados; tiene parentela sanguínea y parentela tutelar de otra especie) «*...Se juntó todo,/ el viernes llovió, de modo que el reparto de las aguas/ subió de madre...*» (Aquí viene lo delicado: el reparto de las aguas es la distribución de a quién le toca qué, cuáles son los espacios para los campos de la imaginación, los dominios del pensamiento creador en un mundo como es el hispanoamericano.) «*...a Pablo/ le tocó* *toda la costa...*» (acuérdate todo lo oceánico que es Neruda) «*...excluyendo el sector alto de las nieves/ que eso es...,*» (ese «que» es un modo de hablar oral, la oralidad funciona mucho en mi última poesía) «*...entero de Vallejo/ hasta los confines, Huidobro/ muy justo exigió el deslinde sur del encantamiento/ más los pájaros, muerto Borges/ cambió su virreinato del Este por una sola hilera de libros./...*» (Al este de Sudamérica queda Buenos Aires y fue virreinato; Borges es el letrado.) «*...del que no se supo más nada/ fue de Rulfo.//...*» (Rulfo es el único que me ha enseñado a mí. Yo lo reconozco. A Vallejo lo quiero mucho, pero el que me ha enseñado una obra de rigor, una lucidez muy similar a la mía, ese es Rulfo. Es muy curioso. En sus relatos y su novela los hablantes oyen.) «*...Así las cosas quién va a andar/ a la siga de qué, por cuáles cumbres,*» (está hablando de la fama o del proyecto de perdurar) «*Entonces llamé a mi animal como apacentándolo hacia/ otra paciencia más austera: —Distráete, animal,/ le dije, záfate de tu persona, deja/ que el placer te bañe, no haya/ corrupción.*» (Sí, porque de uno u otro modo, hay una necesidad de situarse. Pero, al mismo tiempo, este hablante tiene la certeza de que también él merece un puesto.)

J.S.: En el poema anterior, «Concierto», aquí mismo, y después en «Materia de testamento», siempre funciona eso de la distribución de las cosas, distribución de la totalidad.

G.R.: Sí, me parece una conjetura muy interesante. Es como si habría que situar lo que es, más lo que le pertenece, lo que le es a cada uno, en esta lucha, en esta presentación del ser, incesante demostración del ser. Hay un proyecto desde la veracidad misma, desde la veracidad de sentimiento, desde la genuinidad: hay un proyecto de lo que es, nada más. Hay un tono maratón en este proyecto como en «Materia de testamento».

J.S.: Ahora quisiera pasar a ese poema.

G.R.: Dame el número de página, por favor.

J.S.: Es la siguiente. Exactamente después de éste que acabamos de leer. Recuerdo la *dispositio* de la que me hablaba.

G.R.: ¡No falló el hablante, ¿verdad?! Cuando se testa, Jacobo, se hace a la altura de cierta edad y cuando se testa es porque hay algo que dejar, que testar. Sin embargo, éste es un testamento especial. Aquí se convoca por igual. Vuelvo sobre la idea de la parentela porque soy un poeta genealógico.

J.S.: Sí, por eso a mí me interesaba comenzar nuestras conversaciones a partir de esa genealogía.

G.R.: Sí, soy un poeta genealógico y en ese sentido lo bíblico seguramente operó en mí o consiento con esa genealogía; genealogicidad del gran familión humano. El poema dice «*A mi padre, como corresponde...*» (términos legales) «*...de Coquimbo a Lebu...*» (Es un arco de espacio geográfico-geológico marítimo; es un arco muy extenso. Lo que pasaba era que mi papá efectivamente se vino tempranito, a los veinte años, desde las regiones de Coquimbo que te conté hasta Lebu —por azar—, ancló ahí y se quedó en ese pequeño pueblito.) «*...todo el mar./...*» (En las primeras líneas —y en otras también, no sólo siempre la primera— queda esta musicancia —inventemos la palabra, no es musicalidad— propuesta desde un agudo.) «*...a mi madre la rotación de la tierra,/ al asma de Abraham Pizarro aunque no se me entienda un tren de humo./...*» (Esto es muy gracioso. Digo que, aunque no se me entienda, pero te lo voy a explicar y es en relación con esa idea de la asfixia. Yo tenía un tío, debe haber sido el hombre más sano y más limpio de corazón de toda la gente que he visto; era un hombre finísimo, encantador. Fue mi padre cuando perdí a mi padre real, pero además era un hombre de un rigor y de una gracia total, muy hispano —tenía el apellido de mi madre, era su hermano—. Ese hombre de gran entereza y dignidad —y que influyó seguramente en mi alma— era a la par uno que padecía el asma. Yo lo veía sufrir con su asma; usaba un aparatito para airear sus pulmones o sus bronquios. El hecho es que ese instrumento echaba humo y a mí me divertía ver a este tío mío inhalando el humo para poder respirar bien. El era contador de ferrocarriles del estado; entonces, lo enlazaba yo con los trenes de humo: era un tío humo. Todo esto se entiende ahora. Pero mira cómo, frente a la arbitrariedad, un poeta se la juega.) «*...a don Héctor...*» (el padre de mi mujer, cuyo apellido realmente es francés y que quedó sin apellido porque su padre le jugó sucio y no se lo dio) «*...el apellido May que le robaron,/ a Débora su mujer el tercero día de las rosas,/ a mis 5 hermanas la resurrección de las estrellas,/ a Vallejo...*» (mira cómo se junta la parentela sanguínea con la no sanguínea) «*...que no llega, la mesa puesta con un solo servicio,/ a mi hermano Jacinto...*» (un pelotas muy tonto, le gusta la música) «*...el mejor de los conciertos,/ al Torreón del Renegado donde no estoy nunca, Dios,/ a mi infancia, ese potro colorado./...*». (Cuando yo tenía cuatro años recibí como herencia de mi pobre padre —que no sabía que se iba a morir de un momento a otro— un caballo y ese caballo pasó a ser mítico. Yo tenía menos de cinco años cuando murió mi padre. Todos lloraban su muerte, y yo no lloraba —tal vez de pura pena no lloraba, chiquito como era—, pero como mi padre me había regalado un caballo y el caballito estaba pastando en el potrero junto al océano, yo lo veía todos los días allí pastando. Eso seguramente me compensaba a mí. Un día, como ocurre tanto, ¡ME ROBARON AL CABALLO! Entonces lloré profundamente y entendí lo que era la mutilación.) «...*a la adolescencia, el abismo,/...*» (recuerda cómo para un adolescente se abre el abismo a los pies, es el hoyo infinito, el hoyo absoluto) «...*a Juan Rojas...*» (otro hermano mío) «...*un pez pescado en el remolino con su paciencia de santo,/ a las mariposas los alerzales del sur,/...*» (Adoro las mariposas y los alerzales, que son los grandes árboles milenarios que suelen tener 2.500 o 3.000 años de edad, y están allá en mi país.) «...*a Hilda, l'amour fou, y ella está ahí durmiendo./...*» (cuando escribí el poema mi mujer estaba durmiendo) «...*a Rodrigo Tomás...*» (Mi hijo mayor a quien lo han tenido en las cárceles; los militares lo tuvieron allí para matarlo; le hicieron unos disparos sin quebrarle los sesos, para amedrentarlo.) «...*mi primogénito el número áureo del coraje y el alumbramiento./...*» (si tú miras mi poema «Crecimiento de Rodrigo Tomás» entenderás esto) «...*a Concepción un espejo roto,/...*» (esa región donde sufrí tanto) «...*a Gonzalo hijo...*» (mi otro muchacho) «...*el salto alto de la Poesía por encima de mi cabeza,/ a Catalina y Valentina...*» (mis nietas) «...*las bodas con hermosura y espero que me inviten,/ a Valparaíso...*» (que es esa ciudad importante en mi vida) «...*esa lágrima,/...*» (no sé si se entenderá que en ese plazo, en esa ciudad tan amada por mí, escribí las primeras cosas.) «...*a mi Alonso de 12 años...*» (un nieto) «...*el nuevo automóvil siglo XXI listo para el vuelo,/ a Santiago de Chile con sus 5 millones la mitología que le falta./...*» (hay ciudades con mitología y ciudades sin mitología) «...*al año 73 la mierda,/...*» (había que ser completamente nítido) «...*al exilio un par de zapatos sucios y un traje baleado,/ a la nieve manchada con nuestra sangre otro Nürenberg,/...*» (que es lo que merecen ellos) «...*a los desaparecidos la grandeza de haber sido hombres en el suplicio y haber muerto cantando,/ al lago Choshuenco la copa púrpura de sus aguas,/...*» (es un lago preciosísimo, en el sur de mi país y que sin ser sangriento tiene un color como púrpura —no porque yo lo haya buscado, sino que así es—) «...*a las 300 a la vez, el riesgo,/...*» (allí juego con mi propio hacer poético, porque recuerda que hay un poema en que digo «*y quisiera amar 300 a la vez*»; no se puede amar 300 a la vez) «...*a las adivinas, su esbeltez...*» (no te olvides que este libro se llama *Las adivinas*) «...*a la calle 42 de New York City el paraíso,/ a Wall Street un dólar cincuenta,/...*» (el sistema capitalista) «*a la torrencialidad de estos días, nada,/ a los vecinos con*

ese perro que no me deja dormir, ninguna cosa,/...» (me fastidia el ruido)«
*...a los 200 mineros de El Orito a quienes enseñé a leer en el Silabario de
Heráclito, el encantamiento,/...*» (¿te acuerdas de la anécdota de los mineros?)«*...a Apollinaire la llave del infinito que le dejó Huidobro,/...*» (es al revés) «*...al surrealismo, él mismo,/ a Buñuel el papel de rey que se sabía de
memoria,/...*» (ahora, como todo esto ha sido una enumeración:) «*...a la enumeración caótica el hastío,/ a la Muerte un crucifijo grande de latón*».

Bueno, no sé si este poema que a ti te interesa tenga tanta luz o si sea
muy arbitrario, porque aquí se dan, en esta materia —por algo se llama
«Materia»— cosas y domicilios de tal disparidad, ¿no?

J.S.: Es una disparidad, pero a mí lo que me interesa es que está, de
nuevo, otro catálogo del universo, del pensamiento poético completo de
lo que es usted. Allí está todo: lo afectivo, el amor, la poesía, la sexualidad, la libertad, la circunstancia, lo social, etc. Lo curioso es que es
«Materia de testamento». Si bien el poema «Ars poética en pobre prosa»
anuncia desde la infancia a Lebu y su catálogo de cosas, éste es ya hacia
el final. Esto se ve desde la perspectiva de una persona que ya está dejando
todo; la otra perspectiva es desde el niño.

G.R.: Muy interesante. A lo mejor no sólo en estos últimos poemas se
ha hecho esta especie de registro. Habría que tratar de perseguirlo hacia
atrás en otros textos.

J.S.: Hay otro poema, por ejemplo, que es el de «Trece cuerdas para
laúd», donde hay una enumeración de mujeres...

G.R.: ...de mujeres a quienes admiro y que no importa que sean imaginarias como las musas o que sean reales como las poetisas, o las escritoras, o las santas. Todo esto lo enlazo con una idea del eros, por supuesto.
Dice: «*D'accord, puestas al fuego todas las mujeres son pelirrojas...*» (ese
juego es gracioso, o sea, es el *pathos*, es la pasión lo que se está mostrando) «*...Teresa/ de Jesús es pelirroja...*» (es arbitrario) «*...Safo, Emily/
Brönte es pelirroja, Magdalena de Magdala, tres/ de las nueve hijas de
Mnemósine y Zeus son pelirrojas./ Euterpe, Melpómene, Terpsícore por
no decir todas las/ novias de la locura nacidas/ y por nacer llámense
Andrómaca/ o Marilyn son pelirrojas; ésta/ que va ahí y arde es/ pelirroja, ésa otra que/ lo ha perdido todo en la fiesta es pelirroja, la vida/ que
me espera es pelirroja, la Muerte/ que me espera*».

Lo sorpresivo final es lo que ilumina, airea este ejercicio. Ahora, es
curioso, nunca había visto cómo se relaciona con el otro poema, con el de

«Materia de testamento», que termina: «*a la muerte un crucifijo grande de latón*», y aquí: «*la muerte que me espera*».

J.S.: Claro, en el fondo, la muerte *ES* la materia final de ese alumbramiento.

G.R.:¡Hoy estás más que lúcido!; de eso se trata. La muerte te parte también. Te acuerdas que al final de mi poema «Transtierro» se dice, hablando de muerte: «*Parto/ soy, parto seré./ Parto, parto, parto.*» Estoy partiendo y soy parto al mismo tiempo. La idea de parto y de alumbramiento es incesante en la poesía de Gonzalo, siempre. En el poema a mi hijo, escrito en 1946 (primera parte), cuando tenía tres años (nació en el 43) y en 1964 (segunda parte) está la idea de parir-morir.

EL SUEÑO

J.S.: En el último libro tiene un poema «A Novalis». En relación a este poema, me gustaría que me hablara del sueño. ¿Usted ha transcrito sus sueños? ¿Los sueños forman parte de esas revelaciones?

G.R.: Sí, hay algunos que sí. Tengo sueños. Ese de «Para órgano», yo me acuerdo que lo escribí después de un sueño. Yo estaba en una suerte de iglesia grande, de templo enorme. Empezaba a caminar y tenía pavor porque no podía voltear. Avanzaba por esa larga construcción que tenía naves como una iglesia. Mi obligación era no mirar para atrás, porque si miraba hacia atrás me moría. Estaba marchando solo como mi alma y no podía hacer otra cosa. De repente, me encuentro con que las columnas también eran altísimas y muy bellas; salté como un simio a una columna y empecé a subir lindamente. No podía ya soportar el peso de mi cuerpo y ahora la obligación era que no podía mirar hacia abajo, porque si miraba hacia abajo me caía. Era una angustia completa, con un espacio tremendo. Cuando ya creía que me moría, una mano —divertidamente de yeso— me tomaba y me lanzaba hacia arriba y yo caía adentro de un órgano músico de esos grandes. Yo miraba en torno —contento porque me había salvado— y había dos ángeles: uno era de mármol y otro era de yeso, y el de yeso me miraba: él era el que me había salvado. Y allí acaba el sueño. De allí salió «Para órgano».

J.S.: Usted habla por lo general en la noche. El sol aparece muy poco.

G.R.: Tiene que ser la herencia romántica. «Oscuridad hermosa» es un buen ejemplo.

J.S.: El alumbramiento y la iluminación tienen que ver con la locura. Por todas partes, por lo menos en el libro de *El alumbrado*, hay énfasis en el «loco».

G.R.: Loco es un término bien usual en mi país...

J.S.: ¿Qué es la locura?

G.R.: El salir de orden. El loco es un disparado, el que se atreve a saltar de una orilla a otra, el que apuesta. En realidad, es la idea de la apuesta, más que la noción del loco en el sentido de pérdida de la razón. Es tan viejo eso: «Loco —decía Chesterton— es el que lo ha perdido todo menos la razón». Además de que es un dicho en el registro léxico de mi país.

J.S.: Combinado con ese término estaría la otra imagen, que es la del rey. En «Al fondo de todo esto duerme un caballo», dice: «*Facha de loco, sabe que es el rey*». La combinación es interesante.

G.R.: En algunas farsas se le pone una corona al loco: la corona del rey. Además, parecería que hay como una apetencia de reino, pero no de reino real, sino de reino perdido. Pero, de todas maneras, es un rey que no reina, un rey que tiene jefatura, jerarquía de rey. Ahora, ¿qué es ese caballo?, eso es interesantísimo. Ese poema —como todo verdadero buen poema— no se agota. Es un poema que a mí todavía me sigue interesando, no me ha quedado claro del todo. Dice: «*Al fondo de todo esto...*» (¿Qué es «todo esto»?, «todo esto» es el mundo) «*...duerme un caballo/ blanco...*» (Ese blanco tiene algo en la simbología. Seguramente el caballo también está examinado a la luz de los símbolos; remito al *Diccionario* de Juan Eduardo Cirlot.) «*...un viejo caballo/ largo de oído...*» (y en contrapunto:) «*...estrecho de entendederas...*» (Es un caballo que —dice por allá abajo— lo oye todo, por eso es largo de oído y la palabra la hice con el zumbido. Estamos apenas escarbando en el proyecto de análisis.) «*...preocupado por la situación, el pulso/ de la velocidad es la madre que lo habita...*» (¿No será que el caballo alguna vez se ha remitido a los símbolos de la madre?; además, la poesía de Rojas es una poesía transida de nostalgias, está siempre como saliendo, saliendo en el gran vuelo, en el gran relámpago, en la repentinidad; está rompiendo el vuelo.) «*...lo montan/ los niños como a un fantasma...*» (la configuración plástica) «*...lo escarnecen...*» (Baudelaire dice que se escarnece al albatros; ahora, para este hablante el caballo es el poeta) «*...y él duerme/ durmiendo parado ahí en* *la lluvia...*» (creo que los caballos no duermen de costado y la lluvia que es importante en mi poesía; acuérdate en mi poema «El alumbrado» cómo la lluvia cierra al final.) «*...lo/ oye todo mientras pinto estas once/ líneas. Facha de loco, sabe/ que es el rey.*» (Aquí hay una imagen del caballo perdido, que era el padre de viejos trazos de la infancia.)

J.S.: Hay esa relación interesante con los animales. Está un caballo, un perro, un faisán, un cóndor. Son animales que también son reyes o poetas. Serían los otros poetas que están por allí.

G.R.: Siempre me ha maravillado, Jacobo, cómo piensan, cómo hacen para pensar los animales. Y también los árboles. Hay unas cuantas imágenes símbolo.

OTREDAD Y SUICIDIO

J.S.: Ahora, otra de las imágenes interesantes sería la de la otredad. Hay varios poemas donde se habla de Gonzalo Rojas.

G.R.: Sí, hay uno que se llama «Aparición». Yo diría que ese otro está también metido adentro de un poema del último libro [*Las adivinas*] y que se llama «Contra vosotros naciendo». Tal vez, puesto de otra manera. No lo tengo muy claro. Es un poema fresco, nuevo, donde el tipo está preguntando por un muerto y el muerto parece que es uno mismo. Pero vamos a leer, primero, «Aparición»:

> *Por un Gonzalo hay otro, por el que sale/ hay otro que entra, por el que se pierde en lo áspero/ del páramo hay otro que resplandece, nombre por nombre, otro/ hijo del rayo, con toda la hermosura/ y el estrépito de la guerra, por un Gonzalo veloz/ hay otro que salta encima del caballo, otro que vuela/ más allá del 2000, otro que le arrebata/ el fuego al origen, otro que se quema en el aire/ de lo oscuro: entonces aparece otro y otro.*

Una genealogía del mismo. El otro que va adelante, así como yo llegué, hay otro detrás. Es una otredad bien concreta y casi genealogizante. Me acuerdo en «Uno escribe en el viento», cuando dice: «*Me imagino a mi padre/ colgado de mis pies y a mi abuelo colgado/ de los pies de mi padre. Porque el minero es uno...*», porque uno es el mismo y es el otro.

Esa dimensión de lo genealógico no ha sido estudiada. Ahora, el otro poemita que viene en *Las adivinas*, el que se llama «Alegato», es un poco desafiante y tiene un ejercicio de farsa, por la negación que se ha hecho.

J.S.: Ese dialoga muy bien con el de «Concierto». Paul Celan es el hombre pegado a los vidrios, afuera; de igual modo, en «Alegato» Rojas está fuera de esa órbita de la institución llamada fama.

G.R.: ¡Qué bueno, hombre! Te digo que este domingo es tuyo. Pero aquí éste me interesa: el «Contra vosotros naciendo», que te acuerdas que es una línea del monólogo de Segismundo en *La vida es sueño* de Calderón: «...*qué delito cometí/ contra vosotros naciendo*»: «*Tengo que dar...*» (ese modo de hablar de la oralidad) «...*con ese nicho que estaba ahí y no está,/ tengo que dar con la transparencia/ de esa perdición oyendo a ese pájaro/ carácter de rey, tengo en el cementerio/ de la costa embravecida que dar con ese metro de/ mármol, tengo que hablar con ese muerto.// Tengo que discutir con él la fecha...*» (yo soy él mismo) «...*el/ porte, comprobar el desequilibrio/ de la ecuación, llamarlo suavemente en quince idiomas con/ dulzura, todo se alcanza con dulzura: —Edipo,/ decirle, pies hinchados...*» («edipo», en griego, quiere decir «pies hinchados») «...*apiádate de este viejo mortal/ ceguera de fósforo: ¿estás/ ahí?; considerar la distancia/ que nos separa.// Por si se asoma, por si el número/ que ando buscando...*» (el numerólogo aquel) «...*es él y se asoma/ y esto se aclara, definitivamente se aclara, y/ nos vamos; ahí sí nos vamos/ nadando madre arriba como quien vuelve por la torrentera blanquísima de las diez mil/ muchachas a cuál/ más hermosa que nos parió, como para comprobar/ que el viaje mismo es un absurdo.*»

J.S.: Ahora, otro tema sería el del suicidio. Tiene por lo menos dos poemas en *El alumbrado*: «Pablo de Rokha» y «Paul Celan».

G.R.: El suicida es el hombre que está harto del mundo; ese hombre que suele ser el poeta. Yo nunca he sentido la tentación del suicidio. El suicidio parece que responde a la idea de lo colmado. En el mismo primer poema de este libro [*Las adivinas*] que te acabo de entregar, el hablante dice: «*Todo eso sin insistir en la persona, ¿qué es la persona?/ ¿Quién ha visto a la persona? Claro, hay una cama/ y alguien durmió ahí, un poco/ de sangre en la ventana, un hoyo/ en los vidrios y a un metro, en su letargo, el espejo; el gran espejo/ que no tiene reflejo*». Es decir, este suicida imaginario es este que sale, salta más allá.

J.S.: Con la imagen repetida del espejo que se quiebra.

G.R.: Y veo también lo de los vidrios en Celan. Es como si ese que se suicida queda afuera; ¡es bien compleja! Tengo un poema de mi primera edad, que se llama «Retrato de la niebla» y pertenece al libro *La miseria del hombre*. Habría que pensar ¿qué es la niebla? Entonces, a la niebla se le dice: «*Oh ánima del suicidio: ¿Quién no ama tus cabellos/ perezosos...*», es decir, el suicidio es también un motivo que se repite. Yo veía al suicida como el desbordado, el que colmó algo, más que el sacrificado.

J.S.: Y además paralelo a esto está la imagen del cuchillo.

G.R.: Lo del cuchillo tiene una explicación. Cuando yo era un muchacho —tendría unos 18 años y más arriba— hacía un ejercicio que me gustaba. Tenía una mesa de madera de árbol, gruesa, hermosa; y cuando tenía ánimo de escribir, tiraba —como quien juega— un cuchillo hermoso. Si quedaba ahí temblando —pero penetraba adentro de la materia madera— entonces sabía que la intuición me asistía y que yo podía escribir; pero si el cuchillo resbalaba, se escurría, entonces yo me marchaba y no escribía ese día.

J.S.: Es un ejercicio surrealista.

G.R.: Surrealista, pero muy mío. Así lo sentía yo. Me interesaba esa consistencia acerada del cuchillo. Ahora que digo acerado, te llamará la atención que la frase mía es una frase acerada; aun cuando hablo no me gusta la frase que no tiene lo suyo, su vibración de cuchillo dinámico. Lo acerado del pensamiento que tiene un ritmo vibrático, porque no era el cuchillo clavado, con su punta en la mesa lo que me importaba, era la vibración, el zumbido interno.

J.S.: Con esta imagen tan suya de vibración y zumbido interno damos por concluidas nuestras conversaciones. Muchas gracias.

G.R.: Hemos visto unas cuantas cosas. Pero estos diálogos no se han terminado aquí.

SELECCION DE POEMAS

MATERIA DE TESTAMENTO

A mi padre, como corresponde, de Coquimbo a Lebu, todo el mar,
a mi madre la rotación de la tierra,
al asma de Abraham Pizarro aunque no se me entienda un tren de humo,
a don Héctor el apellido May que le robaron,
a Débora su mujer el tercero día de las rosas,
a mis 5 hermanas la resurrección de las estrellas,
a Vallejo que no llega, la mesa puesta con un solo servicio,
a mi hermano Jacinto, el mejor de los conciertos,
al Torreón del Renegado donde no estoy nunca, Dios,
a mi infancia, ese potro colorado,
a la adolescencia, el abismo,
a Juan Rojas, un pez pescado en el remolino con su paciencia de santo,
a las mariposas los alerzales del sur,
a Hilda, l'amour fou, y ella está ahí durmiendo,
a Rodrigo Tomás mi primogénito el número áureo del coraje y el alum-
     bramiento,
a Concepción un espejo roto,
a Gonzalo hijo el salto alto de la Poesía por encima de mi cabeza,
a Catalina y Valentina las bodas con hermosura y espero que me inviten,
a Valparaíso esa lágrima,
a mi Alonso de 12 años el nuevo automóvil siglo XXI listo para el vuelo,
a Santiago de Chile con sus 5 millones la mitología que le falta,
al año 73 la mierda,
al exilio un par de zapatos sucios y un traje baleado,
a la nieve manchada con nuestra sangre otro Nürenberg,
a los desaparecidos la grandeza de haber sido hombres en el suplicio y ha-
     ber muerto cantando,
al lago Choshuenco la copa púrpura de sus aguas,
a las 300 a la vez, el riesgo,
a las adivinas, su esbeltez,
a la calle 42 de New York City el paraíso,
a Wall Street un dólar cincuenta,
a la torrencialidad de estos días, nada,

a los vecinos con ese perro que no me deja dormir, ninguna cosa,
a los 200 mineros de El Orito a quienes enseñé a leer en el silabario de
    Heráclito, el encantamiento,
a Apollinaire la llave del infinito que le dejó Huidobro,
al surrealismo, él mismo,
a Buñuel el papel de rey que se sabía de memoria,
a la enumeración caótica el hastío,
a la Muerte un crucifijo grande de latón.

de Materia de testamento

DEL SENTIDO

Muslo lo que toco, muslo
y pétalo de mujer el día, muslo
lo blanco de lo translúcido, U
y más U, y más y más U lo último
debajo de lo último, labio
el muslo en su latido
nupcial, y ojo
el muslo de verlo todo, y Hado,
sobre todo Hado de nacer, piedra
de no morir, muslo:
leopardo tembloroso.

de Materia de testamento

LAS SILABAS

Y cuando escribas no mires lo que escribas, piensa en el sol
que arde y no ve y lame el Mundo con un agua
de zafiro para que el ser
sea y durmamos en el asombro
sin el cual no hay tabla donde fluir, no hay pensamiento
ni encantamiento de muchachas
frescas desde la antigüedad de las orquídeas de donde
vinieron las sílabas que saben más que la música, más, mucho
más que el parto.

de Materia de testamento

ALETHEIA DEL FAISAN

Aletheia de nunca ese faisán brillando encima de la nieve entre
 el cemento
del patio y las uvas parado
en lo más verde de su azul pintado de esquizo
por el estupor medio congelado en su ocio, viéndolo todo
desde ahí, mirando mirando.

como cuando aparece la aparición y uno mira
fuera y casi alcanza
a no sabe dónde y fosforece y oh velocísima
nariz por todas partes fosforece el
pájaro áureo.

Vino de Argos en lo más alto el faisán
de esos mástiles, fue polígamo.
Esto quiere decir que ahora mismo está viendo a toda la especie
de los dioses volando. Esto en la lengua de Jasón
quiere decir que va volando

y sin embargo está ahí intacto y
traslúcido en su plumaje de adivino
remoto. Que vio encima de las aguas a Cristo, que Lo vio:
y yo mismo escribo imantado.

de *Materia de testamento*

AL FONDO DE TODO ESTO DUERME UN CABALLO

Al fondo de todo esto duerme un caballo
blanco, un viejo caballo
largo de oído, estrecho de
entendederas, preocupado
por la situación, el pulso
de la velocidad es la madre que lo habita: lo montan
los niños como a un fantasma, lo escarnecen, y él duerme
durmiendo parado ahí en la lluvia, lo
oye todo mientras pinto estas once

líneas. Facha de loco, sabe
que es el rey.

de *El alumbrado*

NO HAYA CORRUPCION

Obstinado de mí no habré podido avanzar un metro lerdo
   de burro
de Atacama a Arizona, malparado
y equivocado bajo las estrellas, sin otro pasto
que los peñascos de las cuestas, ni más aire
que el de mis costillas, ni más orejas
que lo que fueron mis orejas, equivocado,
lo que se dice equivocado.

No di con el hallazgo, se juntó todo,
el viernes llovió, de modo que el reparto de las aguas
subió de madre, a Pablo
le tocó casi toda la costa, excluyendo el sector alto de las nieves
que eso es entero de Vallejo
hasta los confines, Huidobro
muy justo exigió el deslinde sur del encantamiento
más los pájaros, muerto Borges
cambió su virreinato del Este por una sola hilera de libros,
del que no se supo más nada
fue de Rulfo.

Así las cosas quién va a andar
a la siga de qué, por cuáles cumbres. Entonces
llamé a mi animal como apacentándolo hacia
otra paciencia más austera: —Distráete, animal,
le dije, záfate de tu persona, deja
que el placer te bañe, no haya
corrupción.

de *Materia de testamento*

CONCIERTO

Entre todos escribieron el Libro, Rimbaud
pintó el zumbido de las vocales, ¡ninguno
supo lo que el Cristo
dibujó esa vez en la arena!, Lautréamont
aulló largo, Kafka
ardió como una pira con sus papeles: —*Lo
que es del fuego al fuego*; Vallejo
no murió, el barranco
estaba lleno de él como el Tao
lleno de luciérnagas; otros
fueron invisibles; Shakespeare
montó el espectáculo con diez mil
mariposas; el que pasó ahora por el jardín hablando
solo, ése era Pound discutiendo un ideograma
con los ángeles, Chaplin
filmando a Nietzsche; de España
vino con noche oscura San Juan
por el éter, Goya,
Picasso
vestido de payaso, Kavafis
de Alejandría; otros durmieron
como Heráclito echados al sol roncando
desde las raíces, Sade, Bataille,
Breton mismo; Swedenborg, Artaud,
Hölderlin saludaron con
tristeza al público antes
del concierto:
        ¿qué
hizo ahí Celan sangrando
a esa hora
contra los vidrios?

de Del relámpago

NINGUNOS

Ningunos niños matarán ningunos pájaros, ningunos errores
errarán, ningunos cocodrilos
cocodrilearán a no ser que el juego
sea otro y Matta, Roberto
Matta que lo inventó, busque en el aire a
su hijito muerto por si lo halla a unos tres metros
del suelo elevándose:
yéndose de esta gravedad.

Ningunas nubes nublarán ningunas estrellas, ningunas
lluvias lloverán cuchillos, paciencias
ningunas de mujeres pacienciarán
en vano, con tal
que llegue esa carta piensa Hilda y el sello
diga Santiago, con tal que esa carta
sea de Santiago, y

el que la firme sea Alejandro y
diga: Aparecí. Firmado: Alejandro
Rodríguez; siempre y cuando
se aclare todo y ningunas
muertes sean muertes, ningunas
Cármenes sean sino Cármenes, alondras en
vuelo hacia sus Alejandros, mi Dios, y
los únicos ningunos de este juego cruel sean ellos,¡ellos
por lo que escribo esto con mi
sintaxis de niño contra el maleficio: los
mutilados, los
desaparecidos!

de *El alumbrado*

DESDE ABAJO

Entonces nos colgaron de los pies, nos sacaron
la sangre por los ojos,

con un cuchillo
nos fueron marcando en el lomo, yo soy el número
25.033,
            nos pidieron
dulcemente,
casi al oído,
que gritáramos
viva no sé quien.

        Lo demás
son estas piedras que nos tapan, el viento.

de Del relámpago

QEDESHÍM QEDESHÓTH

Mala suerte acostarse con fenicias, yo me acosté
con una en Cádiz bellísima
y no supe de mi horóscopo hasta
mucho después cuando el Mediterráneo me empezó a exigir
más y más oleaje; remando
hacia atrás llegué casi exhausto a la
duodécima centuria: todo era blanco, las aves
el océano, el amanecer era blanco.

Pertenezco al Templo, me dijo: soy Templo. No hay
puta, pensé, que no diga palabras
del tamaño de esa complacencia. 50 dólares
por ir al otro Mundo, le contesté riendo; o nada.
50, o nada. Lloró
convulsa contra el espejo, pintó
encima con rouge y lágrimas un pez: —Pez,
acuérdate del pez.

Dijo alumbrándome con sus grandes ojos líquidos de
turquesa, y ahí mismo empezó a bailar en la alfombra el
rito completo; primero puso en el aire un disco de Babilonia y
le dio cuerda al catre, apagó las velas: el catre
sin duda era un gramófono milenario

por el esplendor de la música; palomas, de
repente aparecieron palomas.

Todo eso por cierto en la desnudez más desnuda con
su pelo rojizo y esos zapatos verdes, altos, que la
esculpían marmórea y sacra como
cuando la rifaron en Tiro entre las otras lobas
del puerto, o en Cartago
donde fue bailarina con derecho a sábana a los
quince; todo eso.

Pero ahora, ay, hablando en prosa se
entenderá que tanto
espectáculo angélico hizo de golpe crisis en mi
espinazo, y lascivo y
seminal la violé en su éxtasis como
si eso no fuera un templo sino un prostíbulo, la
besé áspero, la
lastimé y ella igual me
besó en un exceso de pétalos, nos
manchamos gozosos, ardimos a grandes llamaradas
Cádiz adentro en la noche ronca en un
aceite de hombre y mujer que no está escrito
en alfabeto púnico alguno, si la imaginación de la
imaginación me alcanza.

Qedeshím qedeshóth*, personaja, teóloga
loca, bronce, aullido
de bronce, ni Agustín
de Hipona que también fue liviano y
pecador en Africa hubiera
hurtado por una noche el cuerpo a la
diáfana fenicia. Yo
pecador me confieso a Dios.

de El alumbrado

---

* *Qedeshím qedeshóth*: en fenicio, cortesana del templo.

LA VIRUTA

De unos años a esta parte veo una viruta de luz
a la altura de la fosa izquierda entre la aleta
de la nariz y el ojo, de repente
parece obsesión pero no es obsesión, le hablo
y vuela, por el fulgor
es como un cuchillo. No, no es mariposa, tiene algo
de mariposa pero no es mariposa.

Se instala ahí y duerme, por horas
vibra como cítara, entonces
es cuando recurro al espejo. —A ver, espejo,
le digo, discutamos
esto de la mancha fosfórica. Se ríe el espejo,
me hace un guiño y se ríe el espejo.

Son las privaciones, todo tiene que ver con las privaciones.
Al año de nacer, ya uno quiere irse, la pregunta es adónde
y ahí mismo empieza el juego
de la traslación. Quiero que este ojo sea mano,
patalea uno, pero que no sólo sea mano, que sea aire, eso es
lo que quiero, ser de aire. ¿Cómo el agua
que está en las nubes es de aire?

Así es como se explica la viruta, es que no hay vejez, no
puede haber vejez, venimos llegando.
Donde llegamos, a la hora que sea, venimos llegando.
Cuando lo apostamos todo y lo perdemos venimos llegando.
Al amar, al engendrar venimos llegando, al morir
escalera abajo venimos llegando.

Todo eso sin insistir en la persona, ¿qué es la persona?
¿Quién ha visto a la persona? Claro, hay una cama
y alguien durmió ahí, un poco
de sangre en la ventana, un hoyo
en los vidrios y a un metro, en su letargo, el espejo: el gran espejo
que no tiene reflejo.

de *Materia de testamento*

La miseria del hombre, Imprenta Roma, Valparaíso, 1948.

Contra la muerte, Edit. Universitaria, Santiago de Chile, 1964.

Contra la muerte, 2a. ed., Casa de las Américas, La Habana, 1966.

Oscuro, Monte Avila Editores, Caracas, 1977.

Transtierro, Nos queda la palabra, Madrid, 1979.

Antología Breve, Universidad Nacional Autónoma de México, México, 1980.

Del relámpago, Fondo de Cultura Económica, México, 1981. 2a. ed. aumentada, 1984

50 poemas, Eds. Ganymedes, Santiago de Chile, 1982.

El alumbrado, Eds. Ganymedes, Santiago de Chile, 1986, y , *El alumbrado y otros poemas*, Cátedra, Madrid, 1987.

Antología personal, Premiá Editora, Universidad Nacional Autónoma de México, Universidad Autónoma de Zacatecas, México, 1988.

Materia de testamento, Hiperión, Madrid, 1988.

Desocupado lector, Hiperión, Madrid, 1990.

Antología del aire, Fondo de Cultura Económica, Santiago de Chile, 1991.

OLGA OROZCO

EL REVES DEL POEMA

POR PRIMERA vez (!), Olga Orozco vino a Nueva York a leer su poesía. Era diciembre de 1990. Al enterarme de su llegada, le pedí que me concediera una entrevista; ella asintió amablemente. Se quedaba en el apartamento de un amigo suyo, en el Village, muy cerca de mi casa. El invierno ya comenzaba a recrudecer, especialmente con lluvia, humedad y esos vientos que sacuden el cuerpo. Tal temperatura permitía regocijarse en casa, con tazas de café o chocolate. La escritora me recibió calurosamente. Nuestras conversaciones se desarrollaron en una pequeña habitación del apartamento referido, una habitación construida en medio de ese gran espacio del piso («*loft*») típico del pintor neoyorquino. Mientras hablábamos, entre nosotros había un intercambio de miradas continuo; al principio, sus respuestas me hacían reaccionar con azoro, después, ella era la que se quedaba pasmada ante nuestro diálogo. Aunque no se note mucho, a lo largo de la entrevista la escritora argentina hablaba con un tono irónico, interrogante, difícil de transcribir. Reíamos mucho ante sus agudezas. A veces, yo le hacía preguntas largas, elaboradas, y ella contestaba con mucha brevedad; casi siempre estábamos de acuerdo, por lo que era difícil que ella se explayara más, puesto que parecía redundante.

A sus setenta años, Olga Orozco (Toay, 1920) es uno de los escritores más reconocidos de la poesía hispanoamericana actual. Su obra se compone de ocho libros de poesía [*Desde lejos* (1946), *Las muertes* (1952), *Los juegos peligrosos* (1962), *Museo salvaje* (1974), *Cantos a Berenice* (1977), *Mutaciones de la realidad* (1979), *La noche a la deriva* (1983) y *En el revés del cielo* (1987)], uno de relatos [*La oscuridad es otro sol* (1967)], una pieza de teatro, además de ensayos y artículos periodísticos. Actualmente, trabaja en su segundo libro de relatos (*También la luz es un abismo*) y en un libro de poemas. A Olga Orozco se le suele asociar con la llamada «generación del 40», en Argentina, que tuvo una fuerte vinculación con el surrealismo y cuyas figuras principales son Enrique Molina y Aldo Pellegrini. En un plano hipanoamericano más global, se le podría unir con otros poetas de los años cuarenta y cincuenta, como Humberto Díaz Casanueva y Gonzalo Rojas (Chile), Juan Liscano (Venezuela),

Alvaro Mutis (Colombia), Octavio Paz (México), Emilio Adolfo Westphalen (Perú), etc. Más que la escritura automática surrealista, a la escritora argentina le interesan los vasos comunicantes de la realidad misteriosa, el gran tema de la noche (a partir del romanticismo alemán) y sus subsecuentes consecuencias. Por esta razón, su poesía persiste en la búsqueda de la revelación, ese «otro lado» desde el cual se explica la propia realidad mutante y escurridiza.

En esta entrevista, el lector encontrará cosas ya declaradas anteriormente por la escritora en breves reportajes periodísticos. Esta entrevista es, tal vez, la más extensa que haya concedido y, por lo mismo, la que presenta una revisión más global de los aspectos biobibliográficos fundamentales. La visión de Olga Orozco parece no haber cambiado; sin embargo, a sus setenta años de edad se puede visualizar la obra de forma conjunta y ver el desarrollo que conscientemente reelabora los mismos temas y los hace más complejos. Esta entrevista es un testimonio de esa persistencia iluminada.

GENEALOGIA

J.S.: Lo primero que quisiera preguntarle es acerca de la genealogía. ¿Cómo era su familia? ¿De dónde provenía? ¿Es importante hablar de esto?

O.O.: Sí, es importante; claro que es importante. Es una mezcla bastante extraña. Por el lado de mi madre, yo desciendo de vascos y de irlandeses. Por el lado de mi padre, de sicilianos que, se suponía, descendían de normandos. Esto da un conjunto bastante explosivo. Es importante, sobre todo por el lado de mi abuela materna, porque ella tenía una concepción bastante mágica, bastante animista del mundo, que sin duda venía de sus antepasados celtas. De modo que todo el mundo era algo en movimiento. Los objetos siempre estaban en acecho para ayudarte o para condenarte, para protegerte o para llevarte al abismo. Todo era un peligro y un asilo. Además, me contaba diariamente un cuento fantástico, con hadas, con duendes, con demonios; con terrores y con salvaciones, todas milagrosas, por supuesto.

J.S.: ¿Cuándo ocurrió la migración?

O.O.: Por el lado de mi abuela fue en el siglo XVIII; por el lado de mi padre fue en el siglo XIX. Mi padre no fue un inmigrante: él fue a la Argentina de paseo y se quedó; conoció a mi madre, se casó con ella y luego vinimos todos nosotros. Ahora creo que fue una huida, porque con los años me enteré de que yo tenía un medio hermano en Sicilia, a quien conocí después. Para mí fue un encuentro extraordinario, porque descubrí que teníamos muchísimas cosas en común, y además había un gran parecido entre él y mi padre (nunca lo conoció). Era el más parecido de todos nosotros: los gestos, la voz, las manos, etc.

ITINERARIO BIOBIBLIOGRAFICO

J.S.: ¿Dónde está Toay, su pueblo natal?

O.O.: Queda en pleno centro de la Pampa. No digamos la pampa como accidente geográfico, sino la provincia de la Pampa, que es el accidente geográfico llevado al máximo, porque es la pampa árida, medanosa. De chica, he visto los médanos cambiar de lugar de un día para el otro, porque el viento sopla con fuerza. Se supone que allí hubo un mar en alguna época; la arena es como arena marina. Es bastante extraño asomarse a una ventana y no ver el médano que estaba antes de ayer.

J.S.: Es fantástico.

O.O.: Sí. Además, como hay grandes zonas desérticas, sin vegetación, cada pequeño objeto —un hueso, una piedra— toma un relieve importantísimo, desmesurado, como podría suceder dentro de un cuadro surrealista. Cualquier presencia aislada adquiere las características de una revelación, de una aparición. El horizonte es inmenso por todos lados; los atardeceres son interminables, melancólicos. Entonces, entre eso y la ascendencia siciliana, que todo lo hace excesivo, que todo lo convierte en más: los perfumes, los colores, la luz..., naturalmente sale una naturaleza desmesurada, como la que tengo.

J.S.: Sí, porque a mí me parece que su poesía de fundación tiene que ver con la tierra, con ese espectáculo de la tierra.

O.O.: Tiene que ver con ese espectáculo casi hasta la alucinación, como para hacerme saltar a otro mundo.

J.S.: ¿Toay era un pueblo grande?

O.O.: No, era un pueblo pequeño. Justamente, no había vecinos por lo pequeño que era. Está al lado de la capital, que se llama Santa Rosa. El pueblo es más antiguo. Nosotros vivíamos en una casa quinta muy grande, que ocupaba una manzana: una típica casa criolla, muy espaciosa, con grandes jardines. El pueblo en sí era desordenado, como toda cosa que está en fundación, en movimiento. Luego he vuelto y se ha convertido en un pueblo prolijo, que parece trazado con regla y escuadra, como un pueblecito suizo, y ha perdido entonces el misterio que tenía. Todo eso que a mí me parecía laberíntico, lleno de túneles y escondrijos, ya no existe.

J.S.: ¿Cuándo se transformó?

O.O.: Creo que se empezó a transformar en cuanto salió de mi vista. Dejé de mirarlo y se fue convirtiendo en otra cosa.

J.S.: Ahora, si pasamos a su propia vida, ¿cuál es el recuerdo más remoto de la infancia?

O.O.: El recuerdo más remoto de la infancia está contado en un relato titulado «Misión cumplida» de *La oscuridad es otro sol* (1967). Allí hago alusión a una memoria anterior. Tal vez no sea fácil deslindar lo que está sucediendo en el momento, con lo que está sucediendo en mi memoria. Se trata de una huida en brazos de mi hermana mayor. Ella me lleva en brazos huyendo de un toro. Yo veo oscilar el amarillo de los girasoles y sé que algo rojo nos va corriendo. Luego tengo la sensación de un salto, y es mi hermana que cae del otro lado de un alambrado, y nos hemos salvado. Y yo que me aprieto contra su pecho y siento el asilo, el calor, la ternura y la protección.

J.S.: ¿Qué edad tenía usted?

O.O.: Debo de haber tenido dos años.

J.S.: Ahora, toda la infancia transcurre en ese lugar...

O.O.: Sí, hasta los ocho años, con alguna interrupción de un año o dos en Buenos Aires. Pero de allá son los recuerdos más intensos, los que más me han quedado. Son mucho más poderosos que los de mi adolescencia, por ejemplo.

J.S.: Como en muchos otros casos, su infancia es el paraíso perdido.

O.O.: Sí, es la edad de oro. Ahora, evidentemente ves que es un espacio en que no todo es feliz o risueño, porque hay miedos y terrores. Tal vez todo viniera de la sensación permanente de una pérdida paralela, ¿no? Como si el tener algo significara también perderlo al mismo tiempo.

J.S.: De algún modo, la pérdida de ese espacio hace que el ser se sienta en un exilio permanente.

O.O.: Sí, claro. Aparte de eso, creo que desde siempre (no podría decir desde cuando) tuve la sensación de una unidad primordial de todos. La sensación de que todos somos uno en alguna parte, y que también esa unidad está perdida, y que corresponde a otro paraíso perdido, que es otra edad de oro. Entonces, ya en esa época sentía el exilio.

Lo debía sentir por la separación que significaba la distancia misma que existía entre mi yo y el de mis hermanas, entre mi yo y el de mi madre. Hay un extrañamiento ante uno mismo, inclusive.

J.S.: A los ocho años se muda.

O.O.: Me traslado a Bahía Blanca. Allí viví otros ocho años, hasta los 16, y después voy a Buenos Aires. Allí estudio la primaria y parte de la escuela secundaria. Esta experiencia es importante en el sentido de que en toda adolescencia se juegan elementos muy contrapuestos y empieza la búsqueda del verdadero camino: uno tiene diálogos con Dios y luchas con el demonio; contrapone la libertad a otras cosas. En fin, empiezan a surgir los problemas del amor, del sexo, de las verdades eternas. Es decir, los elementos fundamentales de la vida, que llegan a tener una intensidad tal que si uno sobrevive es porque pacta con algo; de lo contrario, uno podría haberse muerto o consumido.

J.S.: ¿A qué tipo de escuela fue?

O.O.: Fui a un colegio religioso durante una temporada. También eso me prendió con tal potencia, que mi madre resolvió que era mejor mandarme a un colegio del Estado, para ver si se me atenuaba un tanto el fervor. Pero, realmente, el fervor se me ha quedado o se convirtió en otra cosa.

J.S.: Volviendo a Bahía Blanca, ¿dónde está?

O.O.: Está en el sur de la provincia de Buenos Aires. Es una ciudad junto al mar. Por supuesto, para mí fue muy importante conocer el mar. Fue la primera vez que lo vi. Pero es un mar encerrado, prisionero.

J.S.: ¿Cuándo comenzó a leer?, ¿cuándo comienza su inquietud intelectual?

O.O.: Muy temprano. A los once o doce años ya leía los libros que no me dejaban leer, pero que robaba de la biblioteca: Dostoievsky, por ejemplo. De todos modos, mi padre me leía muchas cosas y mi madre también. Mi padre me leía, traduciéndome, Leopardi, Dante, por ejemplo.

J.S.: ¿Aprendió italiano de niña?

O.O.: No, pero de alguna manera lo debo de haber tenido en la sangre, porque yo bajé en Italia hablando italiano.

J.S.: Entonces, en la casa había una biblioteca...

O.O.: Sí, claro, mi padre era lector y mi madre también. La biblioteca no era selectísima, pero era una biblioteca bien, sobre todo de asuntos clásicos.

J.S.: De Bahía Blanca se traslada a Buenos Aires...

O.O.: A los 16 años, como te dije, en 1936.

J.S.: ¿Qué hace al llegar?

O.O.: Continúo en el colegio secundario. Me recibo de maestra y después entro en la universidad. Me caso muy joven, a los 19 años, y me separo a los 24.

J.S.: ¿En esta época conoce a la llamada «generación del 40»?

O.O.: Los debo de haber conocido a todos alrededor del 38. El primer poema lo publico, inclusive, en ese mismo año, en la revista del centro de estudiantes de la facultad, que se llamaba *Péñola*.

J.S.: ¿Aparece en algún libro más tarde?

O.O.: No.

J.S.: ¿Cómo se titula?

O.O.: «Arbol de niebla».

J.S.: ¿Antes había escrito otras cosas?

O.O.: Bueno, creo haber dicho que empecé a escribir antes de saber escribir. Yo era una niñita muy tímida y amedrentada. Por mi curiosidad, interrogaba a mi madre y a mis hermanas acerca de muchas cosas para las que no había respuesta, o lo había, pero era insuficiente. Entonces me decidí a interrogar directamente a las cosas. Las interrogaba con imágenes. Por otra parte, creo que la poesía es eso: una permanente interrogación en busca de algo que siempre está un poco más allá. Para cada pregunta hay otra pregunta. De eso surgían imágenes que mi madre anotaba. Cuando cumplí 15 años me entregó un montón de papeles que había coleccionado de la época en que yo no sabía escribir. Naturalmente, a los 15 años yo ya me había vuelto muy rigurosa y muy crítica con respecto a mis propias cosas y ya ni mostraba lo que escribía. Después hice una buena hoguera con todo eso y mi memoria fue bastante clemente y no recuerdo absolutamente nada de todo eso.

J.S.: ¿Participa en alguna revista de estos años 40?

O.O.: *Canto* y *Verde memoria* son las dos revistas que reúnen a esa mentada «generación del 40», que para mí es inexistente, porque no teníamos ninguna inclinación en común. Nos reuníamos para fundar una revista y publicar, pero teníamos formaciones tan diversas: unos salíamos de la poesía española y francesa, otros venían de la poesía inglesa, otros eran absolutamente clásicos, otros eran intimistas, y las edades eran dispares. Yo tenía 18 años, César Fernández Moreno también y, en cambio, Barbieri tenía cuarenta o más, de modo que hay mucha distancia.

J.S.: Pero sí se reunían...

O.O.: Sí, pero esas reuniones, más que otra cosa, nos unían en el café, el humo o el alcohol, hasta la madrugada. Era una vida de noctámbulos, hasta que se concretaba la cuestión de una revista que duraba dos o tres números y desaparecía.

J.S.: Es posible que haya elementos en común...

O.O.: Tal vez haya un elemento nostálgico en común, en cada uno una cierta exaltación de lugares donde se ha vivido...

J.S.: Leo a Enrique Molina y encuentro muchas cosas en común con la obra de usted...

O.O.: Es que hubo muchas cosas en común en nuestra vida. No es extraño que hablemos el mismo lenguaje. Pero en Molina hay una sensorialidad tan remarcable, tan de relieve; y en mí, en cambio, hay ese paraíso perdido y esa búsqueda permanente de un más allá: creo, por esto, que hay diferencias muy notables. Las imágenes de él son mucho más caprichosas que las mías. El ha sido un surrealista, en cambio yo nunca pertenecí al surrealismo, por más que me embanderen también en él. Hay una actitud semejante ante la vida, tal vez. Porque hay una gran valoración de lo onírico, de los diversos planos de la realidad (no precisamente del inmediato y visible), de las sensaciones, del mundo mágico, y sobre todo una exaltación del amor, de la libertad, de la justicia. Es decir, sólo actitud ante la vida, pero yo nunca hice escritura automática; y si intento hacerla, me desvío a la plegaria.

J.S.: ¿Y Aldo Pellegrini?

O.O.: Aldo Pellegrini fue el abanderado máximo del surrealismo. El hizo una excelente antología de la poesía surrealista, donde aparecen no sólo las figuras centrales, sino otras figuras: las que tienen un lenguaje o un mundo surrealista, sin haber pertenecido de una manera estricta al movimiento. Breton considera que es la mejor antología que se ha hecho del surrealismo.

J.S.: ¿Desde cuándo viaja mucho?

O.O.: Viajo, a partir del sesenta, con mucha frecuencia. A México, a Brasil dos veces por año, a Italia, a Holanda, a Francia, a España, a Grecia, a Bélgica...

J.S.: El primer libro, *Desde lejos*, aparece en 1946. ¿Cuándo se comenzó a escribir este libro?

O.O.: En 1941.

J.S.: Son cinco años de producción.

O.O.: Sí, pero hay algunos poemas desechados; después no he excluido casi nada. Escribo poco y lentamente. En general, cuando escribo tengo la sensación del final con la primera línea, que puede venir en una imagen, en una música, en la repetición de una frase que lo asalta a uno. Lo que tengo que hacer es ese recorrido. No sé cómo va a suceder ese recorrido que va de esa primera línea al final que presiento. Pero nunca paso de la primera a la segunda línea si no he aceptado de manera definitiva la primera, y así sucesivamente. En mi caso, la poesía no es convocar, ni suscitar, sino desechar de un coro de solicitaciones, de esos «signos en rotación» de los que habla Paz. Hay personas que me han preguntado si escribo mis poemas en diez minutos. No creo que parezcan escritos en diez minutos. No se ve nunca algo tan espontáneo, como para que sean el producto de diez minutos. Lo que no se ve es la insistencia laboriosa, porque no hay frialdad.

J.S.: El ritmo del poema es tan cadencioso que uno puede comprender esa asunción; es decir, pensar que le salió de un tirón. Precisamente porque el ritmo es tan rico.

O.O.: Creo que hay una estructura, que indica que hay una construcción como la que puede hacer un arquitecto. Yo no escribo nada que no tenga las bases puestas en su sitio, las columnas, las ventanas. Escribo un poema como una casa que voy a habitar, y en la que me voy a mover sabiendo dónde está cada cosa que necesito, y donde no hay ninguna contradicción, sino las que son manifiestamente buscadas, pero donde un elemento que está en la línea sexta no contradice para nada un elemento que está en la línea 24. Todo sigue una sucesión coherente.

J.S.: Si hay una casa que es el poema, entonces hay un pueblo que es el libro; es decir, hay calles, túneles, etc.

O.O.: Seguro. Y de pronto hay una habitante solitaria que soy yo misma.

J.S.: Hay alguna razón del número de poemas en cada libro. Dos libros se componen de 17 poemas...

O.O.: Sí. Curiosamente nací un día 17 y el 17 es mi número preferido. Pero eso es una absoluta casualidad: o puede ser que no sea una casualidad y la numerología tenga su significación. Me di cuenta de eso mucho después.

J.S.: ¿Fue difícil publicar el primer libro?

O.O.: No, fue muy fácil. En el año en que llegó Rafael Alberti a Buenos Aires habían aparecido algunos poemas míos en uno de los números de esa revista *Canto*, que tenía dos o cuatro hojitas. En una reunión que hubo, Rafael se fue a un rincón y leyó en diez minutos los textos. Cuando regresó, me señaló a mí y a otra persona, como los poetas del grupo. Entonces, Losada, que estaba allí, me dijo: «tu primer libro es mío». De modo que cuando estuvo listo mi primer libro, se lo llevé a él. Y cuando estuvo listo el segundo, también. Y después ya todo fue sencillo.

J.S.: Tuvo una aceptación casi inmediata.

O.O.: Sí

J.S.: *Desde lejos* es el encuentro con el recuerdo. Hay varios elementos en el libro que sientan las bases de toda la poesía suya. Es un libro ya maduro, que sitúa su obra como una sola.

O.O.: Sí, es una sola. Se va enriqueciendo en cuanto al lenguaje, en cuanto a una mayor profundización en un tema o en otro. Pero siempre apunto a un mismo centro. Evidentemente un centro en el que no acertaré jamás. Cada poema es una frustración; vale en el momento del acto creador, pero el resultado en sí es como una sombra, un mapa opaco de un territorio de fuego que atravesé. Pero sí, creo que los temas están insinuados desde el comienzo. Creo que en ese primer libro se habla de un éxodo. Eso que tiene un sentido anecdótico, de paso, toma sin embargo un sentido simbólico: el desfile de las pérdidas que vendrán después, lo que se va acumulando en otra parte. Yo terminaré por decir que si lo perdido es lo ganado, entonces, mis ganancias son incalculables. Es como si todas las pérdidas se estuvieran acumulando como un tesoro que después voy a desenterrar en algún lado, porque en algún lado debe de estar.

J.S.: Eso es lo increíble de la poesía. Uno puede leer un poema doloroso de usted y, al mismo tiempo, encontrar dicha.

O.O.: No creo que mis poemas sean descorazonadores, ni desesperanzados, porque justamente con esa búsqueda de un más allá, hay una esperanza de encuentro final y de reencuentro final con todo, lo perdido y lo ganado. Por eso, no creo que produzcan ninguna sensación de vacío. Inclusive, aun cuando se habla de muerte, pienso que lo contrario de la vida no es la muerte; la muerte es una continuidad de la vida; lo contrario de la vida sería la nada, que para mí es impensable.

J.S.: Bueno, y volviendo al libro, aparece la casa.

O.O.: La casa es ese centro del que te puede hablar Mircea Eliade. Yo no lo sabía entonces. Tenía la sensación de que si yo prolongaba la línea de la casa hacia arriba, iba a encontrar el centro del cielo. Es decir, la sensación absoluta de la casa como si fuera una filial de la casa del cielo en la tierra. Lo mismo pasaba con mi árbol preferido, que era un roble a cuya sombra me refugiaba cada vez que me sentía desdichada; pero si yo prolongaba ese roble hacia lo alto, me iba a encontrar con el árbol de la vida allá arriba. Sigo llevando todo eso conmigo. Llevo esa primera casa a todas partes. Aun en la casa donde vivo ahora, de pronto quiero abrir una puerta que podría resultar imaginaria, que era la puerta de mi cuarto, y me encuentro con esa pared en donde no hay esa puerta. O voy a abrir una ventana que ya no está; o que está, nada más que no la veo.

J.S.: Si se lleva la casa, entonces no hay pérdida.

O.O.: Nada se da como pérdida; yo me llevo todo.

J.S.: En el libro, además de la tierra y la casa, aparece la familia. Hay «retratos» de personajes familiares: la abuela, una tía...

O.O.: Y aparece mi hermano en «Para Emilio en su cielo».

J.S.: Y también se recurre al tema de la muerte. Me interesó «Cuando alguien se nos muere».

O.O.: Ese poema está dedicado a quien está dedicado el libro, que es un amigo que se suicidó cuando yo tenía 23 años, Eduardo Bosco, que era poeta. Se tiró al río, y después de la muerte de mi hermano fue la primera muerte muy cercana, muy dolorosa. El pertenecía al grupo nuestro. Dejó estudios sobre poesía gauchesca y sobre diversos asuntos.

J.S.: Y en el libro, obviamente, aparece también el tema del tiempo...

O.O.: Sí, ése es un tema permanente.

J.S.: Me sigue interesando examinar cómo es que un escritor puede adquirir su tono, su voz, desde el primer libro.

O.O.: Es muy difícil explicarlo. Yo tampoco sé cómo funciona ese proceso.

J.S.: En cuanto a la técnica, aparece constantemente un «tú», además del yo. Es decir, el sujeto que habla emite su mensaje y lo dirige a un interlocutor.

O.O.: Cuando el poeta habla de un yo, no habla de su yo, habla de un tú imaginario: quiere establecer un diálogo. Sin embargo, ese diálogo fracasa. Entonces, recurre a un tú, pero al hacerlo, ese tú se convierte en un yo, y eso es lo desesperante del círculo del verbo. Habría que mezclarlos, habría que cambiar la persona del sujeto y la que indica la conjugación del verbo, para que fuera otro. Tengo un monólogo de teatro que se llama «Yo somos tú», y aun eso no me conforma.

J.S.: Julio Cortázar comienza su cuento «Las babas del diablo» con ese mismo problema: «Nunca se sabrá cómo hay que contar esto, si en primera persona o en segunda... Si se pudiera decir: yo vieron subir la luna, o: nos me duele el fondo de los ojos...»

O.O.: Sí, es algo parecido. Es lo que sucede sobre todo en la poesía y sucede cuando se tiene un sentido de unidad primordial como ese que mencioné antes. Todos somos uno. ¿Cómo hago para hablar de mi yo, si mi yo es una cosa circunstancial, es un yo que me corresponde en este momento, y en este aquí absolutamente enajenado de todo lo que me rodea que no es yo?

J.S.: Hay una búsqueda de identidad total.

O.O.: Sí, la pregunta es ¿quiénes somos todos? Cuando yo pongo mi yo quiero poner todos, nada más que no puedo poner todos. Y cuando escribo, escribo *con* todos, en lo posible.

LAS MUERTES (1952)

J.S.: Después de seis años aparece el segundo libro, *Las muertes*. Es un libro construido en base a lecturas.

O.O.: Sí, es un libro construido en base a lecturas. Lo que pretende es ser un libro de mitos modernos, de cosas intocables, porque cada una de las muertes es ejemplar, en el sentido de que ya no pueden cambiarse. La única muerte real que hay allí es la mía propia, pero es la mía propia muerta en el corazón de alguien. Es decir, ya es también una muerte ejemplar, puesto que estoy muerta en ese corazón. No es mi muerte verdadera; yo ya soy otra. Esa muerte puede entrar en esa galería de mitos junto con las otras. Esa vida ya está cerrada, ya tuvo su comienzo, su desarrollo y su fin. Cada una de ellas es un ejemplo de algo. Son vidas y muertes que me impresionaron particularmente. Carina es un amor traicionado, por ejemplo. Brigge es una muerte descomunal, devoradora, como una planta carnívora casi, y así sucesivamente.

J.S.: Casi todas vienen de libros.

O.O.: Sí, salvo «Noica», que es un personaje de algunos cuadros de Juan Batlle Planas, y la mía...

J.S.: Así se cierra bien el ciclo.

O.O.: Alguien lo comparaba con el cementerio de *Spoon River*, de Edgar Lee Masters, pero eso no tiene nada que ver. Allí hay un pueblo, donde cada uno tuvo una función minúscula, humilde, y allí tiene su epitafio. Mi libro no es eso; en el mío son vidas que tienen un significado simbólico cada una. Son ejemplares porque representan (más que enseñan) el bien, el mal, la frustración, el triunfo, la desdicha suprema.

J.S.: ¿Hay un intento por revelar cosas vedadas a los demás?

O.O.: Los poetas siempre andamos en búsqueda de revelaciones, siempre tratamos de desenterrar misterios. Algo que puede ser la palabra perdida; buscamos lo indecible. Por eso el poema es una frustración.

J.S.: En su texto «Alrededor de la creación poética» habla de la palabra como un «escudo roto» o un «humilde puñado de polvo». La palabra poética parece evaporarse.

O.O.: Sí, por supuesto. Se evapora y además es peligroso. A veces uno se sumerge a grandes profundidades, hasta quedar unido a la superficie por nada, por un hilo. Yo he tenido temores de no poder retornar y supongo que eso le pasará a muchísimos: quedarse enredado en esos enigmas que hay en las profundidades. Es el buceo en lo desconocido.

LOS JUEGOS PELIGROSOS (1962)

J.S.: En *Los juegos peligrosos* se apunta a lo contrario o complementa a *Desde lejos*. Es decir, si *Desde lejos* es un viaje hacia atrás, éste es uno hacia adelante, puesto que hay premoniciones y adivinaciones.

O.O.: Nunca pensé en eso. Sí, es posible. Hay elementos mágicos como la cartomancia, talismanes, conjuros para destruir a una enemiga. La poesía misma, el sueño reiterado; en general, los elementos abismales: todo aquello que rompe con las leyes establecidas de causa y efecto. La magia, como la poesía, se maneja por una conversión simbólica de todo el universo. Ahora, la magia trata de convocar poderes. La poesía, en cambio, es una apuesta más allá de toda esperanza o desesperanza, y se reitera, a pesar de la frustración. La magia se supone que es exitosa...

J.S.: ...por eso son «juegos peligrosos». ¿Aprendió cartomancia?

O.O.: Sí, yo tiraba muy bien el tarot. Lo aprendí cuando chica, con una señora que le hacía los sombreros a mamá, cuando me mandaban con la mucama a buscar los sombreros. Esta señora, que tenía poderes, una vez me hizo levitar. Mi hermana estaba presente y al volver contó todo en la casa, de modo que se acabó el tarot y se acabaron los sombreros. Yo tenía unos doce años.

J.S.: ¿Y astrología?

O.O.: Astrología estudié muchos años. Pero creo que todo eso da una cierta omnipotencia, un cierto poder que puede ser tan ilusorio, que tuve un sueño muy feo. Sueño en colores y ése era muy feo, porque era un sueño con olor de vísceras, y sucedía en un anfiteatro donde había un juez, que era un alto funcionario hindú. Yo estaba sentada en un banquito, delante de él. En las gradas, había personajes de cualquier época: una dama del Renacimiento, un togado romano, un soldado medieval, una monja. El juez me pedía cuentas y yo empezaba a disculparme, pero estas personas que estaban en las graderías se levantaban y me acusaban de cosas que yo les habría prometido en otras vidas y que no se habían cumplido. Y cuando mi juez levantaba la mano para condenarme, yo daba un grito horrible y allí me desperté. Desde entonces, ya no eché el tarot ni me dediqué a ninguna de esas cosas. No hay duda de que la admonición era interna, era mía, pero por algo venía, ¿no? Tal vez por eso, como te decía antes: hay una cierta omnipotencia, un falso poder que confieren todas esas predicciones. Aparte del sueño, hacía un tiempo que yo había comenzado a ayudar a que las cosas se cumplieran. Había empezado a prestar dinero, había empezado a facilitar encuentros, entonces ya no podía ser...

J.S.: ¿Cómo es la relación entre esta magia y la religión?

O.O.: La religión y el misticismo son una ascesis del espíritu, son una tentativa por elevación. Y la magia procede al revés: convoca hacia abajo las fuerzas o los poderes.

MUSEO SALVAJE (1974)

J.S.: El siguiente libro de poemas es *Museo salvaje* [A *La oscuridad es otro sol* (1967), libro de relatos, se hace referencia más adelante.] De nuevo, se trata de 17 poemas. ¿Cómo lo ve ahora?

O.O.: Mis libros no tienen tiempo para mí. Son los mismos que podría haber escrito ayer o antes de ayer.

J.S.: En el poema «Génesis», primero del libro, ¿se vuelve a crear el mundo?

O.O.: Es como si se volviera a crear el mundo desde mi conocimiento, desde mi parte personal.

J.S.: La poeta se convierte en una especie de nuevo escriba religioso. En su famoso verso, Huidobro pone al poeta como a un «pequeño dios».

O.O.: Bueno, yo no creo el mundo; el mundo me crea a mí. El final del texto dice: «*Yo estaba frente a ti;/ yo, con los ojos abiertos debajo de tus ojos/ en el alba primera del olvido*». Ese génesis no corresponde a una creación entera del mundo, porque se desarrolla a través de un episodio personal —eso se ve al final—, a través de un episodio de amor. Es como una muerte y un nuevo nacimiento, este génesis. Tal vez no se advierta. Es la falta de amor y la aparición del amor lo que hace que todo vuelva a ser. Durante esas épocas en que te dije que había pasado por angustias extremas, una de ellas era mi extrañamiento ante mi propio cuerpo; una especie de enajenamiento que es evidente en el libro. Con cierta paz, después, pude llegar a escribir este libro. A medida que yo iba escribiéndolo, observándome tan a fondo como podía, iba eliminando o alterando cosas en mí. Por ejemplo, escribí el poema a la sangre; me hice un análisis, tenía una dosis altísima de glucosa; escribí el poema al ojo, y para ello estuve montones de días mirándome el ojo con un espejo, y después tuve que aumentar los cristales de mis lentes; escribí el poema a mis huesos que se titula «Mi fósil», y en seguida me caí y me rompí dos costillas. Estaba deseando terminar el libro, para no llegar a tener que escribirlo con mis borras, con mis arenillas últimas. Me iba deteriorando a medida que escribía cada poema. Como si fuera un libro descartable de mí misma, con cada paso que avanzaba, podía ir arrojando mis pedazos. Supongo que el extrañamiento es evidente.

J.S.: ¿Por qué fue importante descubrir, hablar del cuerpo?

O.O.: Porque el llegar a tocar fondo en eso me ayudó a luchar contra las fantasmagorías que significaban esas angustias tremendas, esos temores de enloquecer por pensar en un ojo, por pensar en una boca, en un hueso de mí misma. Me acostumbré a mi propio extrañamiento, lo fui incorporando aunque me haya ido desechando.

J.S.: En ese sentido, es un libro de encuentro con su propio ser.

O.O.: Con mi propio cuerpo, claro, a pesar del extrañamiento.

J.S.: Es un encuentro con la identidad; cada texto es esa búsqueda de sí misma, y una búsqueda de los otros a través de ese cuerpo.

CANTOS A BERENICE (1977)

J.S.: En *Cantos a Berenice*, de 1977, también hay 17 poemas, sin título.

O.O.: Te voy a mostrar a Berenice. [Saca una figurilla y la muestra] Es igual a este gato egipcio, pero renegra. Claro que no era un gato; era mi tótem. Tenía poderes especiales. Creo que yo escribía mucho mejor cuando Berenice estaba a mi lado. Tenía cosas muy mágicas. Tenía inclusive la mancha negra, circular, que tienen en el paladar los animales sagrados de Egipto. En los poemas se habla de eso. Hay una ciudad (llamémosle así), Bubastis, que es exclusivamente de momias de gatos egipcios. Son exclusivamente momias. El gato era un animal sagrado; después se fue transformando y transformando hasta llegar a la leona sagrada, pero empezó siendo el gato doméstico, que tomó sacralización. Y los animales sagrados tenían un círculo negro en el paladar y el mismo círculo tenía Berenice. Además, se supone que cuando veían cosas extraordinarias, retrocedían o rechazaban la comida; Berenice actuaba permanentemente de esa manera. Ella tenía unos ojos enormes, de color amarillo; parecían lentejuelas preciosas. Adivinaba mi llegada a la casa, desde que yo me acercaba a la esquina, y me iba a esperar a la puerta. Ella tenía su propia habitación, con su canasta. Cuando entraba cualquier persona permanecía indiferente. Cuando entraba yo, se ponía de pie y hacía una reverencia. Yo canto a veces; canto muy mal, pero canto. Por dentro, me oigo como los ángeles, pero por fuera suena a perro resfriado. Con frecuencia se reunía gente en casa. Cuando yo cantaba, Berenice acudía inmediatamente para escucharme; cuando yo terminaba de cantar, se iba. Tuvimos una relación espléndida. Murió de vieja y de mala infancia, porque yo la encontré sobre un techo vecino: oí chillidos lastimeros y era Berenice pequeñita y maltrecha. La recogí; tenía una pata rota, moquillo y no sé qué otros males. Desde entonces quedó en la casa. Murió de quince años y medio. Tenía juegos muy extraños. Le encantaba desplegar diarios, meterse debajo y circular así, oculta, por todas partes. Me abrigaba. En invierno, cuando hacía frío, era como un zorro alrededor de mi cuello. Nunca más tuve otro gato. Nunca más quise a nadie. Teníamos una relación que no era la que se tiene con un animal. Por eso te digo que era mi tótem; era otra cosa. Se fue a morir sola, debajo de la mesa de la cocina.

J.S.: Es el único libro de usted, que consiste en un solo poema.

O.O.: Sí, son 17 cantos de un solo poema.

J.S.: Este, entonces, es el poema más largo de todos los que ha escrito.

O.O.: Sí. Surgió muy rápido, todo de una vez. Lo escribí en menos de dos meses. Normalmente, yo demoro más de un mes para escribir un poema. Mi marido me decía: «Pero si lo estuviste escribiendo 15 años».

J.S.: Los 17 cantos equivalen (por el 17 en que nació usted) al desdoblamiento del ser. Berenice es la búsqueda de ese yo. Berenice es igual al yo.

O.O.: Creo que así es.

MUTACIONES DE LA REALIDAD (1979)

J.S.: El siguiente libro es *Mutaciones de la realidad*, de 1979. En otros libros había un criterio de unidad global. A pesar de que este libro se podría englobar bajo el concepto de transformación constante de la materia, de todos modos es el libro más heterogéneo.

O.O.: Confieso que nunca he preparado un libro. Nunca lo he ido organizando como libro, con un tema determinado. Lo que ha sucedido es que hay temas que me han avasallado en un momento de mi vida y entonces esa ola que traía el tema ha vuelto y se ha reiterado; por eso, algunos libros se han formado en una dirección única. Pero me parece que *Mutaciones de la realidad* es una constante de mi poesía, si no como tema, sí como accidente permanente. La sensación de que la realidad huye, de que se me escapa, de que es simultánea, de que es múltiple. Es como si la realidad tuviera una variedad infinita de planos y cada una de esas realidades que tienen infinitos planos admite ésta, pero de repente ésta sustrae esos planos, da simplemente indicios de esos planos, da señales. Un poco como en aquella caverna de Platón, en que la gente ve unas sombras chinescas y supone que eso es la realidad. Tal vez lo que nosotros vemos sean esas sombras chinescas; es decir, reflejos de una verdadera imagen que está sepultada en otro lado. Mi función consiste en buscar esa imagen sepultada, en buscar eso que produce reflejos; no lo encuentro, pero mi búsqueda es esa.

J.S.: La realidad es evanescente.

O.O.: Claro, claro.

J.S.: Y al contrastarlo con la palabra, que también se escapa...

O.O.: ...se vuelve como un múltiple juego de espejos.

J.S.: En este primer poema, titulado justamente «Mutaciones de la realidad», se habla de la realidad «tan sospechosa y tan ambigua como mi propia anatomía», es decir, como el propio ser.

O.O.: Naturalmente, el propio ser es inquietante porque también es desconocido; no sólo en su origen y en sus siguientes proyecciones; es desconocido porque es como si uno estuviera encerrado en su propio enigma, con su propia esfinge, y ésta pudiera empezar a hacer preguntas.

J.S.: En el libro hay una idea que persiste después y que se refiere a cosas que acosan: presentimientos, sueños, llamados de otras latitudes, fantasmas.

O.O.: Como puede suceder en una galería de espejos, como decíamos antes, en que todo puede ser equívoco; todo es erróneo, ambiguo: los ecos, las visiones, lo que llama a cualquiera de los sentidos. La realidad genera ese tipo de visiones ambiguas, inalcanzables, inasibles, y cuando sucede me acosa la falta de seguridad, el piso que se me escapa debajo de los pies, la falta de solidez. Todos la tenemos, nadie es dueño de un conocimiento total para abarcar el universo, ni para saber el porqué ni el para qué de cada hecho. Yo siento como un acoso, porque cada elemento me plantea la urgencia de una solución que no encuentro.

J.S.: Hay otro poema que se titula «Operación nocturna», en donde hay una visión más sofocante si la contraponemos a la oscuridad iluminadora de otros textos. Al final dice: «*¿No había para mí nada más que esta cárcel,/estos muros aviesos, fatales hacia abajo,/ esta tensa tiniebla que me arroja de subsuelo en subsuelo?*»

O.O.: Bueno, ésa es una imagen circunstancial dentro de la realidad; es una situación sombría dentro de la realidad; es una circunstancia equis en mi vida, en que la desdicha se intensifica. Entonces, aparte del acoso anterior de que hablábamos, que es universal y casi abstracto, está ese acoso personificado, concreto.

J.S.: Y después viene ese texto dedicado a Cernuda, «La realidad y el deseo».

O.O.: Ese texto se refiere a la distancia que existe entre el deseo y la copa que hay para ese deseo. El deseo no tiene una relación exacta con su satisfacción; no tiene nada que ver el deseo con la satisfacción del deseo:

tienen medidas y naturalezas diferentes. El deseo es por naturaleza la ausencia de algo; en algo se diferencian el deseo y el amor: el amor es una presencia, y el deseo es una ausencia. Por eso es tan extraordinaria esa frase de René Char, que dice que «el poema en sí es el deseo del amor realizado que continúa siendo deseo». Me parece extraordinario porque eso es algo que no sucede en el plano de la vida verdadera, ni como deseo, ni como amor, ni como realización. La conjunción que busca para definir algo tan indefinible como la poesía me parece espléndida.

J.S.: Los versos finales del poema dicen «*La realidad, sí, la realidad:/ un sello de clausura sobre todas las puertas del deseo*».

O.O.: Es una afirmación negativa de la realidad; es una afirmación irónica, inculpadora de la realidad. La realidad es mezquina, es menguada, es exigua, para la medida del deseo, para el alcance del deseo; nunca hay una complementación exacta.

J.S.: En «Bloques al rojo, bloques en blanco», se lee: «*parentescos tramados sobre los labios de una herida,/ sobre los bordes de un abismo en llamas,/sobre oquedades vueltas a colmar por las aéreas construcciones del alma*».

O.O.: Eso es como el anverso y el reverso de la realidad en sí. Es como los dos costados de una misma moneda.

J.S.: Se pregona la analogía, la unidad, pero desde la angustia de la caída.

O.O.: Y la sensación es de una pérdida permanente, siempre. La caída empezó en algún momento y continúa y seguirá continuando; cuando la caída se detenga habrá un ascenso.

J.S.: El ser está en descomposición y a la vez, en ciertos momentos, hay un encuentro con el absoluto.

O.O.: Sí, lo hay; y si no un encuentro, un atisbo de lo que podría significar ese encuentro; y al final de la caída hay un ascenso definitivo: ¡hay una escalera al final!

J.S.: Este ser no está tan a la intemperie, se ha encontrado; el ser está arriba...

O.O.: Y por supuesto, y tiene a Dios consigo. Su propio ojo es una parte del cielo.

J.S.: En ese diálogo entre casa e intemperie, se emana protección.

O.O.: Es como si el mundo fuera una ordalía, pero una ordalía positiva, como si al final se fuera a abrir la puerta; hay una esperanza. Nunca hay la sensación de una puerta cerrada al final del corredor. Ahora, lo que hay que pasar hasta entonces es infinito. Hay que pasar muchas pruebas, como en los cuentos de la Edad Media.

J.S.: Y dentro de estas mismas pruebas se ve la «*vana tentativa por reflejar la cara que se sustrae y que me excede./El obstinado error frente al modelo*» («Los reflejos infieles»). Es imposible traducir esa realidad.

O.O.: Claro. Porque ese afán de aproximación con un ideal de perfección que podría ser Dios o la idea de lo que uno quiere ser y no llega a ser nunca, significa que uno se define más por lo que no es, por lo que puede aspirar a ser, que por lo que es. Esa es la imagen de este poema, que llega a ser cruel, persecutoria, condenatoria, porque no se alcanza esa forma tan buscada, tan anhelada. La sustancia es dura, es poco maleable.

J.S.: En «Continente vampiro», se habla de «*este inmenso ventisquero vampiro que se viste de luces con mi duelo*»...

O.O.: Eso es todo lo que me ha robado mi propio destino. Alguna vez encontraré en alguna parte todas las pérdidas. Tengo la sensación de que llevo conmigo, como un muro, el obstáculo que me impide pasar la puerta verdadera, como si llevara yo una parte de mampostería que no me deja pasar por la puerta. A un mismo tiempo, en el otro costado, llevo como un espacio vacío donde se va depositando todo lo que voy perdiendo.

J.S.: La poesía misma se vuelve una práctica quizá negativa.

O.O.: No creo que sea negativa. La escritura es una manera de luchar contra el tiempo, contra la muerte; en ese sentido, es positiva. Aunque no puede haber un acierto total, eso está absolutamente descartado. No hay nada más que aproximaciones.

J.S.: «Objetos al acecho» establece muy bien la distancia que hay entre el objeto de representación y la posibilidad de representarlo.

O.O.: De algún modo sí. Aunque ésa es una unión a través de la separación, no siempre sucede de esa manera. A veces siento que los objetos me protegen. Naturalmente todo debe cambiar con mi estado de ánimo.

J.S.: Hay un verso que dice «*Y ninguna palabra que devuelva las cosas ilesas a sus humildes sitios*»

O.O.: No he conseguido que la realidad me firme ningún certificado de garantía. Me encanta hablar contigo, Jacobo, porque de alguna manera eres como mi médico, que me pregunta «¿Usted, qué siente?» En general, los médicos siempre me han mirado como si yo estuviera frente a un escribano, no frente a un médico. Me miran con un asombro increíble, porque trato de dar el síntoma lo más aproximado posible. Entonces, hablo por ejemplo de que siento que mi pierna se convierte en azúcar, o que siento un dolor ácido en la zona del corazón. A mi propio médico, al que le tengo más confianza, le puedo decir que soy la manera de saludar de mi tío abuelo, y él me responde «muy bien». Yo creo que tú eres como ese médico.

J.S.: Gracias. Después viene ese texto de «Pavana para una infanta difunta», dedicado a Alejandra Pizarnik. ¿Qué quiere decir el final: «Talita cumi»?

O.O.: «Talita cumi» son las palabras que le dice Jesús a la hija de Jairo, cuando la resucita; quiere decir: «levántate muchacha».

J.S.: En el poema leemos: «*El que cierra los ojos se convierte en morada de todo el universo./El que los abre traza la frontera y permanece a la intemperie./ El que pisa la raya no encuentra su lugar*». ¿Dónde se para Alejandra?, ¿en la raya?

O.O.: Sí, porque transgrede muchas cosas y no encuentra su lugar. Yo le hacía certificados a Alejandra; me llamaba a las tres o cuatro de la mañana y me decía que se sentía muy mal, por ejemplo, y que le hiciera un certificado. Yo le decía:

> Yo, gran sibila del rey, certifico que a Alejandra Pizarnik nadie le pisará la sombra, que ninguna piedra maligna se cruzará en su camino, que la alimaña huirá ante su sola presencia, que no habrá nada que obstaculice su camino, que por el solo hecho de estar el sol brillará con más fulgor que nunca, y que todas las puertas que toque se abrirán si ella así lo desea.
>
> Firmado, gran sibila del rey, o cocinera del emperador.

Entonces, ella repasaba eso y se tranquilizaba. Además, siempre le repetía una misma frase, que era: «Y en el fondo de todo hay un jardín». Era una frase que a mí me había dicho muchas veces mi abuela. Tú habrás visto que ella insiste con esa frase. Yo lo tengo mucho antes en *La oscuridad es otro sol* y en otros poemas.

J.S.: Ese jardín es la casa adonde se llega.

O.O.: Seguro.

J.S.: En este libro se insiste también en la idea del revés de las cosas; la idea de este lado y el otro lado, el derecho y el reverso. En «El revés de la trama». «*Todo es posible entonces,/ todo, menos yo*». ¿Cómo está dado ese revés?

O.O.: «En el revés» es el reverso; eso es lo más recurrente. Lo que ocupa acá un relieve determinado, del otro lado es un hueco, y a la inversa.

J.S.: Casi al final se sitúa «Densos velos te cubren, poesía».

O.O.: Bueno, ésa es mi apuesta, mi tentativa reiterada más allá de toda esperanza o toda desesperanza, a través de la poesía misma.

J.S.: Es un arte poética más explícita.

O.O.: Sí, ése es el asunto de ese poema. Después, en el último libro hay otros dos textos, que se llaman «Y el resto era silencio» y «En el final era el verbo», referidos al mismo tema.

J.S.: Son el primero y el último poemas, respectivamente, de *En el revés del cielo*. Bueno, de este texto [«Densos velos te cubren, poesía»] me interesaban esos versos que dicen: «*¿Y cómo asir el signo a la deriva/ —ése y no cualquier otro—/ en que debe encarnar cada fragmento de ese inmenso silencio?*»

O.O.: Cuando se dice «de este inmenso silencio» se refiere al silencio inabordable, el silencio del balbuceo. Yo creo que hay dos tiempos del silencio: uno es el silencio como cerrazón, como balbuceo, que es el silencio primero, el que tratamos de ganar, el que tratamos de abordar, para irlo descifrando, purificando, dándole cierta respiración que es la nuestra, convirtiéndolo en lo que somos, o permitiendo que él nos convierta en lo que él es. A veces, una vez que eso se ha logrado, el silencio es ese silencio final del que hablábamos en algún momento; es decir, ese silencio que es la plenitud total y que debe ser la plenitud final, que hace innecesaria la palabra.

J.S.: Finalmente, llegamos a «Variaciones sobre el tiempo». Me parece que en toda la obra hay esa idea de la variación. Se dan versiones diferentes de las cosas; se insiste, por ejemplo, en la versión personal de un concepto del tiempo.

O.O.: Sí, es cierto. Pero además del tiempo, hay, sin duda, una insistencia en mi versión personal de muchas cosas. Sucede con todo el mundo, ¿no?

LA NOCHE A LA DERIVA (1983)

J.S.: Pasemos a *La noche a la deriva*, de 1983. El poema del principio, «En tu inmensa pupila», es también la idea del revés. En este caso, el gran ojo es la noche...

O.O.:...es la noche que me tiene que iluminar a mí...

J.S.: Lo común es que el hombre mire al firmamento; en este caso, el firmamento es el que ve al hombre. Se establece un diálogo al revés.

O.O.: La noche es la que ve, porque es la que tiene la sabiduría y la que me quiere decir algo, por eso, inclusive la palabra *quiere* aparece con itálicas. Es una lectura un poco mutua, pero la tengo que aprender de la noche. Para saber mi noche, la tengo que aprender de la noche.

J.S.: El diálogo es una lectura mutua, pero que tropieza con lo indescifrable. El final implica el misterio de descodificar ese mensaje.

O.O.: Es evidente. Por eso hay una petición. Todo ese final es un ruego encubierto.

J.S.: Ese misterio es el misterio de todas las cosas.

O.O.: Sí. La noche no es sólo la noche en sí.

J.S.: Hay otra serie de imágenes recurrentes en esta poesía que tienen que ver con el insomnio y el sueño. ¿A usted le interesa representar los sueños?

O.O.: Hay algunos sueños en mis poemas. Hay uno íntegro, que se llama «Repetición del sueño»; e inclusive el poema a mi hermano, «Para Emilio en su cielo», es también un sueño.

J.S.: También insiste en ese estar alerta en la noche, que es el insomnio.

O.O.: El insomnio nunca es tranquilo; es un estado muy perturbador, que agudiza los sentidos, que exacerba las cosas al máximo. Me exarceba la percepción, la angustia, el temor, en gran medida.

J.S.: Y exige una vigilancia total.

O.O.: Total y minuciosa, porque te sientes como espiado y acosado. Sientes que la noche tiene millares de ojos y que si no puedes cerrar los tuyos es porque ésos otros están abiertos.

J.S.: Continúo con «Al pie de la letra». Allí dice que se tiene que cumplir con el «ciego testimonio»: «*Impresa está con sangre mi confesión; sellada con ceniza*».

O.O.: Ese poema se refiere a que de alguna manera uno dibuja un destino, como si escribiera una carta al andar, al describir una trayectoria equis, cualquiera sea.

J.S.: «Para un balance» establece una relación entre el testimonio personal y el misterio mayor, un dilema complejo para cualquier escritor. ¿En qué medida esta poesía transforma lo que es individual en un mito colectivo? El mito, dice Eliade, consiste en elevar las cosas cotidianas y personales a un plano mayor. ¿Aquí se trasciende hacia ese plano?

O.O.: Eso lo determina la lectura. Lo mío es un testimonio personal. Tú lo juzgarás desde tu punto de vista acerca de la trascendencia o no trascendencia.

J.S.: Pero más que a la trascendencia, yo me refería a la transformación de ese mito personal.

O.O.: Tú sabes bien que la poesía tiene veinte mil interpretaciones posibles, inclusive para el mismo que la escribió, de acuerdo con el momento en que la lea. No sé si es por ambigüedad o por riqueza de posibilidades que las interpretaciones pueden ser múltiples. Entonces, después de un tiempo largo, para mí misma se ha convertido en un mito.

J.S.: «*Aposté mi destino en cada encrucijada del azar al misterio mayor*».

O.O.: Eso es una confesión personal.

J.S.: En «Aun menos que reliquias» se habla de dos piedras.

O.O.: Son dos piedras existentes; una que viene de Sicilia y otra que viene de San Luis, y que yo tomo muchas veces en la mano para poder escribir. Después de publicar el libro, una señora me llamó por teléfono para decirme que ella tenía dos piedras que seguramente eran semejantes a las mías; que si yo las podía mirar para ver que interpretación les daba. [Risas] En ese poema se van alternando visiones de dos lugares; una, es la parte siciliana, que está bien explícita, con la isla y sus mitos y sus dioses, y la otra viene de una provincia, en pleno centro de la Argentina, donde ha habido conquistadores, malones, indios, desiertos, animales salvajes. Y se van entrecruzando, hasta que al final se encuentran mi padre y mi madre, y estoy yo, ¿no? Las piedras se convierten, más que en testigos, en dos elementos de convocación. Una vez, hacía poco tiempo que había muerto mi madre, y yo había escrito un poema que decía aproximadamente: «*En vano te interrogo, como quien interroga un talismán, esa piedra que encierra una gota de sangre coagulada, capaz de revivir en el más imposible de los sueños*». Y fui a la casa de una amiga que tenía un libro de elementos antropológicos y que estaba escrito en alemán, de modo que yo no entendía absolutamente nada. Pero me puse a mirarlo. Estuve mucho rato mirando una ilustración, hasta que esta mujer se me acercó y me dijo: «Ya hace cuarenta minutos que estás mirando eso, ¿qué tratas de descubrir?» Era una piedra que tenía una especie de espiral, de un rojo muy oscuro. Y le dije: «Esto sé que significa algo para mí, ¿qué es?» Y ella contestó, según decía en el libro: «Piedra de una tribu australiana, donde se conserva una gota de sangre coagulada de un antepasado». Y es verdad que las piedras tienen, para mí, una vida capaz de dar testimonio de muchas cosas, si te puedes comunicar con lo que guardan. Yo tengo muchas piedras en mis poemas, como verás.

J.S.: «Rara sustancia» comienza diciendo: «*Mi especie no es del agua ni del fuego, ni del aire o la tierra*». Al recordar los libros de Bachelard, uno se pone a pensar en dónde localizar la obra de usted, con qué elemento asociarla.

O.O.: El agua es la que toca las cosas y se lleva la imagen de lo que toca; es decir, es lo contagiable. A mí se me contagian las cosas; soy contagiable más que contagiosa. Eso es muy claro en el poema: todo se me contagia.

J.S.: Sin embargo no pertenece a ninguna especie, dice el poema.

O.O.: No, no pertenezco. Pero ya que tú intentabas ponerlo dentro de un elemento, me parece que si hay que elegir alguno, el más aproximado es el agua. Pero no es exacto; se trata de la especie del contagio, que no sé cuál puede ser. El agua lleva imágenes, pero no las conserva; las va mutando permanentemente y ése no es mi caso. Ahora bien, en el poema no me refiero a ningún elemento puro de la naturaleza. Allí se pregunta: «*¿Cuál podrá ser mi reino en esta mezcla, bajo esta propensión inagotable.../ Tal vez el reino de la unidad perdida entre unas sombras*». Es decir, el reino de esa unidad primera, de la que yo te hablé antes, y que no tiene por qué responder a un reino de la naturaleza, sino a uno del espíritu. Fíjate cómo termina el poema: «*el reino que me absorbe desde la nostalgia primera y el último suspiro*». Jamás consigo estar completa; no logro aparecer de cuerpo entero. Hay una unidad primera que no consigo recuperar. Siento que tú tienes una parte, tu prójimo tiene otra parte, el otro otra, etc.

J.S.: A pesar de que esa relación me parece muy clara, habría que pensar que el cuerpo del poema sí tiene una figura completa; no es una contradicción con lo que usted dice, pero contrasta mucho que el ser esté buscando esa unidad, que esté fragmentado de alguna manera, y a la vez, el poema como ente propio esté completo. *Mutaciones de la realidad* está lleno de cuerpos íntegros, a los que no les falta nada.

O.O.: Pero es porque los ves desde tu costado y no desde el mío.

J.S.: [Risas].

O.O.: No es que vea mis textos como fragmentados. Siento esencialmente que mi piel, por ejemplo, me separa de mi prójimo, con el que yo estuve unida en otra época y con el que tengo que volver a estar unida, sin restricciones, como si nos recorriera una misma corriente de pensamientos, de sensaciones, de soplo espiritual, de grados de temperatura, de lo que sea.

J.S.: Sí, pero yo me refería a la realización misma del texto.

O.O.: Sí, como realización es otra cosa. Yo te hablo de una cuestión de celdas del espíritu, de naturaleza dividida.

J.S.: Pero yo quisiera insistir un poco en la cuestión. Es curioso que la ejecución, el libro mismo como entidad, se convierta en un ser completo y acabado. Usted decía antes que los poemas son como casas, con estructuras bien terminadas, a las que hay que cuidarles los detalles de las puertas y ventanas. Eso contrasta con la visión de la cual parte la construcción del texto.

O.O.: Es que lo soy y no lo soy. No soy manca, no soy coja, no soy ciega, no soy muda; soy un poco sorda, a veces [con sarcasmo y risas]. Entonces, naturalmente, dentro de eso, la cosa está terminada. Hay una gran nostalgia y un gran hambre desde la eternidad, que me indica que no estoy terminada si no en este mundo y ahora, pero que hay otro que me aspira y en el que me tengo que encontrar con todo el resto que me falta, que es todo lo demás, todo lo que no soy en este momento.

J.S.: Pero en ningún momento se ha planteado hacer un poema quebrado, fragmentado.

O.O.: No. No como propósito de mi palabra, sino como realidad de mi ser interior. Yo puedo sentir cuando veo la obra de otro que no existe ese sentimiento de carencia.

J.S.: «Lugar seguro» establece el dilema de nuevo entre casa e intemperie; se tiene casa, pero se está en la intemperie.

O.O.: También «Lugar seguro» es dicho irónicamente. Es un elemento precario el que estoy mencionando.

J.S.: Termina con «*Yo, con la sombra hasta el cuello*».

O.O.: No hay ningún lugar seguro, ni ése en el que estás asilado y protegido, aparentemente.

J.S.: En «Balada de los lugares olvidados» parece suponer que el canto está hecho con desechos de otros, con el olvido...

O.O.: No, está hecho con lo que yo soy, soy yo la que recuerda, la que enciende las lámparas, la que mantiene el fuego de todo lo perdido; son los lugares olvidados por otros. Siempre he creído que soy la única sobreviviente de mi casa, porque soy la que tiene la memoria y la que tiene que apagar las lámparas y cerrar las puertas.

J.S.: «Detrás de aquella puerta» se regodea con la imagen de la puerta, que es, por cierto, muy recurrente.

O.O.: Las puertas que uno no abrió.

J.S.: Aquella puerta es la «*guardiana implacable en el revés de todo su destino*». Y al final: «*Si consigues pasar,/ encontrarás detrás, una tras otra, las puertas que elegiste*». Hay un misterio en esa puerta final.

O.O.: De este lado no se sabrá nunca el misterio de la puerta final. Uno va a conseguir ver todas las que abrió, y nada más, aunque logre traspasar el umbral de la puerta que no transgrede. Es decir, la elección fue y es irredimible.

J.S.: «No hay acceso» habla del obstáculo...

O.O.: De alguna manera se presupone allí la imposibilidad de llegar a algo, como te decía antes. Este poema podría pertenecer a *En el revés del cielo*. Se habla de todo lo que se interpone entre mi mano y el propio objeto que voy a tomar. Eso me sucede siempre, hasta cuando voy a escribir una carta: entre mi mano (con su intención de escribir) y la pluma y el papel con que voy a escribir pasan entierros, pasan inundaciones, pasan hormigueros, pasan enfermedades, sequías, etc. Nunca tengo la sensación de un toque directo.

J.S.: Se podría continuar con «Recoge tus pedazos».

O.O.: Ese es un poema para una amiga muerta. Hay dos poemas para ella; el otro se llama «Por mucho que nos duela».

J.S.: «No han cambiado y son otros» recoge a tres personajes importantes —la abuela, la madre y el padre— que vuelven, pero a la vez son otros. ¿En qué medida se da esa transformación?

O.O.: Y son otros porque pueden ser un sonido, pueden ser un eco, un fulgor, o un perfume. Tú me preguntabas qué cosas sentía yo que fueran extraordinarias. Cuando muere alguien, por ejemplo, durante un tiempo largo siento un soplo frío en la cara, como si vinieran y me soplaran de golpe en la cara. Es un soplo helado. Y es como si me dijeran: «aquí estoy, todavía no me fui». O aspiro un perfume que no viene de ninguna parte, y en general es un perfume de jazmín, mezclado con el perfume de la flor del agua. Es un perfume muy intenso, casi narcótico, que existe de manera real y que no tiene por dónde llegarme. Bueno, todo eso puede ser un «envío» del otro. A veces tengo resquemores de matar una polilla, un bichito cualquiera.

J.S.: Y el último texto de *La noche a la deriva* es «Cantata sombría», que se pregunta al final: «¿Y habrá estatuas de sal del otro lado?»

O.O.: Eso es por mi propensión a mirar hacia atrás. Y además es una protesta contra la muerte, absoluta. Es el no querer morir.

J.S.: En *Las muertes* parece no reaccionarse en contra de la muerte.

O.O.: Allí no se reacciona en contra de la muerte, porque se habla de quienes han sido ya entregados a la muerte.

J.S.: ¿Y en el dedicado a Olga Orozco?

O.O.: Allí yo estoy muerta en el corazón de alguien; es un poema dual. Yo sigo viva, hablando de esa otra, que soy yo, muerta en alguien. En cambio, en «Cantata sombría» no quiero morir. Si pido hasta que me retenga el hombre «al que le faltará la mitad de su abrazo». Me quejo hasta de los pájaros, que se van a quedar cantando; hasta del viento, que se paseará contento por los lugares donde estuve. Es una protesta absoluta.

EN EL REVES DEL CIELO (1987)

J.S.: ¿Podría hablar del silencio del primer poema de *En el revés del cielo*, «El resto era silencio»?

O.O.: Allí no se trata de la conquista del silencio pleno, sino del silencio como resistencia de la palabra. El silencio es casi la imposición de una condena. En el poema final del libro es distinto. Ahora te explico el porqué de la presencia del escriba, que pareciera no tener sentido. Eso es algo anecdótico que no tiene por qué verse en el poema, por eso te lo digo: Cuando yo era chica tenía un cuadrito con una reproducción del Erasmo de Holbein, ése donde Erasmo está escribiendo en un libro. Entonces, yo escribía algo por él todos los días con un lápiz muy finito, lo borraba cada día y volvía a escribir otra cosa y así sucesivamente. A él yo le pedía a la vez que me dictara, porque suponía que ese personaje podría escribir, en ese gran libraco que tenía por delante, frases que sin duda serían de una gran sabiduría. En el poema, a él le pido eso y lo que contesta es una condena. Si el silencio fuera pleno, ese silencio final que ya lo ha dicho todo y que está lleno de resonancias, no sería una condena.

J.S.: Esa condena combate a la palabra, pero la palabra subsiste.

O.O.: Claro, no la anula, porque la palabra como expresión sigue siendo algo sagrada, pero como realización total es un fracaso.

J.S.: Y podríamos ver el último, «En el final era el verbo», que puede ser el complemento del primero.

O.O.: Sí, es el complemento del primero y es, también, la búsqueda vana de una respuesta que no llega: la necesidad de encontrar a Dios a través de las palabras. Siempre pensé que con el verbo primero El fue fundando hacia abajo, a través de otras ramificaciones de ese verbo primero, una realidad objetiva. Y que recorriendo hacia arriba esa realidad objetiva, a través de una palabra que lleva siempre más allá (significando, por cierto, más arriba), se podría llegar a ese verbo sagrado, a esa palabra primordial. Y entonces, sí, después de esa palabra primordial estaría el gran silencio, que es Dios mismo. Por eso digo que: «Quería descubrir a Dios por transparencia», a través de las palabras.

En ese momento, cuando hablaba de ese camino inverso que recorre uno a través de la palabra, después de haber pensado que la palabra descendió desde el verbo, que fue fundando objetivamente cosas al nombrarlas, y que luego el poeta desanda el camino nuevamente hacia arriba para encontrarse con la palabra primera, con el verbo primordial, con el nombre sagrado, me quedé pensando que tal vez fuera a eso mismo a lo que se refiere Valéry cuando habla de la poesía de Mallarmé y dice que Mallarmé pone a Dios y al verbo al final, y no al comienzo. El poema hace alusión a eso.

J.S.: En ese sentido, este libro es el que más insiste en la recreación de imágenes que tienen que ver con la búsqueda del absoluto. Incluso el poema «Al pájaro se le interroga con su canto», que entra en juego con estos dos textos de los que hemos estado hablando.

O.O.: Sí, es verdad. Pretendo interrogar a las cosas con su sustancia misma, para llegar a captarlas, y ése es el libro con el que he llegado más lejos en esa búsqueda. Es el libro donde he alcanzado a espiar, en el sentido de asomarme a algo, lo más lejos posible que he podido. No creo que pueda mirar más allá.

J.S.: ¿Hay alguna razón para que sea éste el momento en que se da con más intensidad esta búsqueda?

O.O.: Tal vez sea como un resumen de la propia vida; también hubo una serie de circunstancias dolorosas que rodearon estos años y que me obligaron a hacer un balance interno y a dar un salto más alto hacia esas otras realidades menos visibles, inmanentes siempre para mí.

J.S.: Me parece que esta intensificación implica un hallazgo del propio ser.

O.O.: Se tienen vivencias más próximas, más agudizadas. Además, estos textos son más esenciales en cuanto a que tocan el asunto mismo del poema. No son elementos incidentales.

J.S.: Sí, creo que hay una diferencia notable al comparar el primer libro con el último. *Desde lejos* tiene referencias muy precisas; y *En el revés del cielo* acude a elementos atemporales.

O.O.: Allí no hay circunstancia.

J.S.: En ese sentido, yo quisiera regresar al tema del testimonio personal. En este caso, la referencia inicial desde la cual parte el poema es la palabra misma, el absoluto, la unidad.

O.O.: Sí, de acuerdo.

J.S.: En «Penélope» también está la idea de tejer y destejer, como crear un poema.

O.O.: Sí y no. Ese es un poema de amor frustrado también.

J.S.: Y en «Fundaciones de arena»...

O.O.: Eso, como ves, corresponde a un momento de aridez, en que no hay elementos para fundar otra cosa que no sea la aridez. Tengo la sensación de haber llegado tan lejos como puedo al descubrimiento de ciertos mundos. Pienso que en lo sucesivo tendré que hacer cosas muy concretas; reducirme, justamente a las piedras, a una puerta, a un pájaro. No sé, además, cuando termino un libro lo que me queda en la bolsa, casi vacía, son tres o cuatro cosas con las que no hay nada que conformar; ni siquiera hay un elemento sintáctico que pueda unir los tres o cuatro elementos que restan allí. Después de ese libro me sucedió eso. Más tarde empezaron a llegar esos otros poemas que te mostré [aún no publicados en libro], que son de una índole mucho más variada. Hay eso y otras veces hay la sensación de un gran extrañamiento, llevado a una medida mayor que en *Museo salvaje*; hay una protesta, además, contra la pérdida del cuerpo: un reclamo a la resurrección de la carne, que no se había hecho nunca. Hay una época de desdicha, aludida, por ejemplo, en «Una opulenta y abominable criatura que conozco». Después «El narrador», que es el propio cuerpo con sus accidentes, cómo va narrando una categoría u otra de poemas. «Punto de referencia» es la angustia de lo incomprensible del cuerpo, de ser tanto lo sumergido con todas sus posibles prolongaciones y tan poco lo visible (ese punto de referencia que uno tiene es tan endeble, tan exiguo) y es sin embargo este cuerpo visible.

J.S.: Y como termina: «*Pero dime, Señor:/ ¿mi cara te dibuja?*»

O.O.: Exactamente. El cuerpo es el único intermediario que uno tiene, de todas maneras, pero uno siente que no es este el límite, que continúa de esa manera subterránea, en veinte mil ecos y solicitaciones y recepciones de cosas que no llega a plasmar ni a poder transferir ni transmitir. El cuerpo es interrupción e intermediario; el cuerpo tan ambivalente, para comunicarse y para negarte la salida.

J.S.: El cuerpo, como la realidad, en continua transformación.

O.O.: Y en continua huida, siempre sustrayéndose, como la realidad.

LECTURAS

J.S.: ¿A quién leía en sus primeros años?

O.O.: Leí a San Juan de la Cruz cuando era muy joven; leí mucho a Garcilaso, a Quevedo, y leí mucho la Biblia. Yo tengo un ritmo salmódico, que tal vez venga de allí, ¿no?

J.S.: ¿Qué es lo que más le ha interesado de la Biblia?

O.O.: Bueno, Isaías y en general los profetas.

J.S.: Y de los clásicos griegos y latinos, ¿tiene alguna predilección?

O.O.: Virgilio, Ovidio, Horacio.

J.S.: Dentro de este espacio de información clásica, ¿Le interesó Dante?

O.O.: Mucho. Mi padre me leía Dante y Leopardi, sobre todo. Son predilecciones que me quedaron, naturalmente. Pero lo más que tengo de Dante en mi obra es el título de un poema. Algo queda siempre, aunque no esté explícito. Pasa por debajo o por detrás de la conciencia como un sueño.

J.S.: Y después, claro, la lectura de los clásicos españoles.

O.O.: Esas lecturas fueron permanentes.

J.S.: De los barrocos, más Quevedo que Góngora, ¿no?

O.O.: Sí, mucho más. Góngora me atrajo sólo como curiosidad. Después me interesaron otros poetas que se han asomado a la revelación, como por ejemplo Michaux, Nerval, Rimbaud, Baudelaire; y de los españoles posteriores, el que más me atrajo fue Cernuda.

J.S.: Esta es la genealogía literaria.

O.O.: Hay que agregar otros muy importantes como Rilke, Hölderlin y Milosz, sobre todo Milosz, que fue un deslumbramiento grande y de quien me han encontrado cierta influencia. Lizandro Galtier me dijo una vez: «Tú tienes un profundo parentesco con un poeta amigo mío, que se llama Ludwig Milosz». Eso me lo dijo cuando yo tenía 17 o 18 años, y entonces me trajo las «Sinfonías» de Milosz. Yo no había leído nada de Milosz; no estaba tampoco traducido al castellano, ni estaban sus libros en francés en la Argentina; pero Lizandro me los prestó y vi que sí, que tenía un gran parentesco. Tal vez la lectura lo acrecentó.

J.S.: Hay una línea que está marcada por los libros de Béguin (*El alma romántica y el sueño*), de Raymond (*De Baudelaire al surrealismo*) y de Paz (*Los hijos del limo*). Esas presencias que vienen desde el romanticismo están en usted.

O.O.: Sí, están. Y lo están por mi propia esencia personal, aparte de las lecturas que son cosas de complementación. Hay muchísimos elementos del romanticismo en mí. Uno no elige las influencias, sino que llegan por naturaleza; ni siquiera se contagian; se establecen por parentesco, ¿no? Creo que prendieron en mí, sobre todo, los antecedentes que toma el surrealismo mismo. Es decir, todo lo que le sirvió al surrealismo, porque estaba dentro de la línea que respondía a sus mismos propósitos (aunque esta palabra quizá no les guste a ellos, porque el propósito supone algo premeditado): sueño, libertad, amor, el mundo de lo maravilloso, el mundo de lo mágico, el mundo de lo onírico y lo extrasensorial.

J.S.: ¿Le interesa la literatura latinoamericana?

O.O.: Sí, fundamentalmente. Cuando tú me preguntabas por la gente de mi generación, yo te respondía que es mi familia.

J.S.: Su generación pone en duda a la vanguardia anterior.

O.O.: Y no sólo a los anteriores. Es una generación que pone en duda a la literatura misma, a lo mismo que está haciendo; da la impresión de que el ojo crítico se agudiza con respecto a sí mismo desde su propia obra. Pone en duda el lenguaje, todo lo que constituye el poema. Octavio Paz se refiere mucho a eso, en *Los signos en rotación*, cuando habla de Rimbaud y de toda la poesía posterior a Rimbaud. Hay una necesidad de enfrentamiento consigo mismo a través del poema. Antes había una complacencia con la facilidad y con el canto.

J.S.: ¿Por qué el poeta moderno ya no se complace, por qué son críticos?

O.O.: Porque saben que en el fondo no hay triunfo posible. Queremos conocer, descubrir, y el poema abre y cierra la puerta de la revelación. Inclusive como previsión uno tiene desconfianza. Sería muy desairado quedarse frente a la puerta cerrada con la actitud del que ha ido para triunfar y tiene que bajar la cabeza.

J.S.: ¿Cuándo escribe?

O.O.: Por la mañana, desde las ocho hasta las doce, a veces; o desde las nueve hasta la una. Lo que escribo por la noche siempre me pareció muy atractivo, muy alucinante, y al día siguiente totalmente ilusorio. Por la mañana nada me parece brillante, pero resulta más sólido.

J.S.: ¿Cómo aparece la primera llamada, el primer verso?

O.O.: El primer verso aparece como una solicitación insistente, que puede ser una frase, un ritmo o una imagen visual.

J.S.: ¿Usted corrige mucho sus textos?

O.O.: Sí, mucho, muchísimo. Pero no al final. Voy corrigiendo línea por línea mientras avanzo en la escritura. A pesar de que siento un gran alivio en poner el punto final, ya ves que demoro en ponerlo, porque son bastantes largos los poemas.

J.S.: No hemos hablado mucho de los títulos. *La oscuridad es otro sol* concuerda con la poética de Gonzalo Rojas. El tiene un libro titulado *Oscuro* y después otro, que se llama *Del relámpago*. En él la asociación de lo oscuro con la luz es muy clara. La oscuridad es el espacio ideal para la revelación, para la iluminación.

O.O.: Sí. Lo mismo pasa conmigo. *La oscuridad es otro sol* y después su correspondencia en *También la luz es un abismo*. No hay mucho que explicar.

J.S.: En su texto «Alrededor de la creación poética» habla de la poesía como arco del conocimiento.

O.O.: Y sí, porque la poesía es una apuesta arriesgada, como podría ser la de una ciencia iluminada, digamos. Es decir, hay un pie en la tierra y el otro pie está sondeando en el vacío para ver dónde apoya. De modo que las posibilidades que ofrece en la búsqueda son muchas más, tanto de encuentros, como de desencuentros y hasta de caídas. El arco es tan amplio que hasta se puede cruzar todo el universo hasta hallar o no la respuesta.

J.S.: En ese texto se habla poco del silencio y, sin embargo, me parece que el silencio es una parte muy importante en su obra.

O.O.: Sí, claro. El silencio está en cada pausa y tal vez el silencio sea la búsqueda final. El silencio que ya no necesita más, el silencio que ya se ha colmado; es decir, que ya no es una inquietud, como el silencio del balbuceo o el de la ignorancia. Ya hemos hablado de esto.

J.S.: Hay mucho orden, mucho cuidado, mucho rigor, en su poesía, pero a la vez hay una acumulación de imágenes que parece tener una naturaleza desordenada.

O.O.: Sí, pero si las miras bien, no son desordenadas. Cuando se recurre a dos o tres imágenes es porque son muy graduales y cada una intenta dar algo más por intermedio de otro sentido. Es decir, hacer una complementación por dos o tres medios diferentes que se ramifican o se abren en abanico.

J.S.: En «Alrededor de la creación poética» dice que la poesía puede ser:

> Una dama oprimida por la armadura de rígidos preceptos, una bailarina de caja de música que repite su giro gracioso y restringido, una pitonisa que recibe el dictado del oráculo y descifra las señales del porvenir, una reina de las nieves con su regazo colmado de cristales casi algebraicos, una criatura alucinada con la cabeza sumergida en una nube de insectos zumbadores, una anciana que riega las plantas de un reducido jardín, una heroína que canta en medio de la hoguera, un pájaro que huye, una boca cerrada.

La asociación de imágenes parece arbitraria.

O.O.: No, no lo es, porque ésos son algunos de los distintos tipos posibles de poesía. Nada más que no se dice fríamente; se dice con una representación real, con una imagen.

J.S.: Pero, de nuevo, y perdone que insista, hay una ansiedad de abarcar un todo, que es imposible de abarcar. Entonces, la enumeración caótica ayuda...

O.O.: No es caótica, es acumulativa. Caótica no, porque cada una representa una clase distinta de poesía, bien determinada.

J.S.: ¿Hay alguna relación de su obra con la música?

O.O.: Sí, la hay. Además soy una violinista frustrada. Estudié violín unos años, pero evidentemente no tenía ningún talento para eso.

J.S.: La música funciona más como ritmo.

O.O.: Eso es evidente. No puedo pretender otra cosa.

J.S.: También la pintura tiene su importancia.

O.O.: Bueno, tú ves que mi poesía está llena de imágenes visuales. La pintura me interesa fundamentalmente. Lo que lamento es no poder dar simultaneidades en la poesía, como las que se pueden conseguir en un cuadro. Yo querría poner los 100 personajes que pone Magritte en una ventana, y el asesinado en el centro, y el otro al que están buscando para condenarlo, en un costado. Hay una imaginación pictórica; creo que salta a la vista. La mayor parte de las imágenes son visuales, repito.

J.S.: ¿Se relee?

O.O.: No, nunca. Ni me releo, ni sé nada mío de memoria.

J.S.: ¿Por qué?

O.O.: Y si son frustraciones, para qué las voy a volver a pasar.

J.S.: Ya hemos hablado del tiempo y su ensayo «Tiempo y memoria» es bastante bueno para ilustrar sus conceptos. ¿Se podría asumir que la poesía es una forma de capturar el pasado, el presente y el futuro, todo en uno?, ¿la poesía sería la exaltación del instante?

O.O.: Sería el instante en el que todo es posible; el instante en el que es posible el pasado, el presente, el futuro y las combinaciones y variaciones posibles e imposibles.

J.S.: Todo está concentrado en esa palabra.

O.O.: Sí, sí, sí, es como si fuera un instante privilegiado, ¿no?

J.S.: Además, se trata de abarcar todas las cosas a la vez...

O.O.: Sí, es la simultaneidad, también. Es como una convocatoria múltiple.

J.S.: ¿Usted ve una epifanía, un encuentro místico, total?

O.O.: Así lo siento, pero no siempre es transmisible. Siempre quedamos en eso, en que es y no es, siempre hay que hacer esa salvedad. Porque internamente ese encuentro se produce, pero no siempre se plasma en la palabra.

J.S.: ¿Ha tenido experiencias de encuentros absolutos, sobrecogedores?

O.O.: Sí, he tenido muchas. A veces es algo que no se puede transmitir porque corresponde a un estado interno que se conjuga con una situación exterior que puede parecer cotidiana, pero en la que todo ha tomado un carácter de cosa única, como si fuera una escena embalsamada como para siempre, arrancada de la eternidad. Me ha pasado, por ejemplo, en un parque, un día de lluvia, estar sentada en un banco y sentir que ese instante era de siempre, que había sucedido, que estaba sucediendo y que iba a seguir sucediendo como para siempre. Y yo sentada allí en ese parque como si todo estuviera dentro de una gran burbuja que se había iluminado o coloreado en medio de la oscuridad. Sentía un estado de comunicación increíble con todo lo que estaba viendo a la vez. Pero eso es intransferible. Octavio Paz cuenta también que en Grecia le pasó algo parecido.

J.S.: ¿La muerte sería una experiencia similar?

O.O.: Supongo que sí; la muerte tiene que ser una experiencia similar. Hay gente que quiere morirse dormida; yo no quiero morirme dormida. Me aterra la muerte por la metamorfosis que presupone, y que para mí es impensable. Por más que tenga fe, eso me produce resquemor, angustia. Pero no quiero perderme la muerte, no quiero perderme ese tránsito, quiero ver bien cómo sucede: cada momento, cada cambio; quiero sentirlo palpablemente. He vivido toda mi vida para eso, ¿no?

J.S.: La muerte es la revelación final.

O.O.: Seguro. Hasta este momento tu cuerpo, tu propia vida, te está taponando la posible visión de todo lo creado, de todo lo misterioso de lo creado. Creo que la muerte es como si te echara a un costado y te mostrara la revelación, por la propia fisura que dejas. Pero entendámonos bien: no deseo la muerte, para nada. Tengo un profundo, indeclinable apego a la vida. Y no tengo la menor prisa por traspasarla.

J.S.: Sería pasar al otro lado del espejo para acceder a uno mismo.

O.O.: Asomarte totalmente a la clave de toda la creación. Pero cada día me digo: «Que no sea aún».

J.S.: ¿Acceder a esa otra orilla a través del suicidio, por ejemplo, no será un acceder forzoso? Pienso en la contradicción compleja que hay en Alejandra Pizarnik. Su poesía va encaminada hacia la muerte, hacia el silencio absoluto. Pero el suicidio, el llegar al otro mundo, es forzoso.

O.O.: Te entiendo. Habría que tener una libertad demasiado absoluta para poder elegir, sin causa, o sin otra causa que el conocimiento, entre la vida y la muerte, y llegar al suicidio para saber. Nunca o casi nunca se presentan las cosas de esa manera. Siempre te lleva al suicidio otro tipo de carencia, de dificultad. No conozco el caso de alguien tan libre como para que las dos cosas hayan pesado lo mismo; o más la curiosidad de la muerte, que la necesidad de vivir. En Alejandra fue la falta de vida lo que la llevó a la muerte, porque Alejandra había hecho un refugio en la palabra, no en la vida. Su biografía personal se acababa, no contaba ya; era la palabra. Ves que la palabra se convierte en el sujeto de sus poemas. El lenguaje termina por ser de una manera absorbente el único motivo del poema. Es decir, ya no hay más que la palabra. Y la palabra no te sirve de techo, tampoco. La palabra, si no transmite otra cosa, se vuela.

J.S.: ¿Cómo ve la función de la poesía en nuestros días?

O.O.: Bueno, la veo con los mismos valores eternos que ha tenido siempre. La poesía sirve de una manera especial, para ayudar al otro a ver en el fondo de sí mismo, para hacerlo sentir que no está solo en una contingencia de lo inacabado de su propio ser, de lo transitorio de todos los elementos que cree muy sólidos, para hacerle ver el fondo de los abismos, para hacerle sentir otras realidades que amplían y prolongan lo que está palpando. Podría hacerte una enumeración infinita de esas cosas.

J.S.: Su poesía toca muy poco los episodios de nuestra época. Casi siempre se trata de introspecciones personales.

O.O.: De alguna manera los asuntos del mundo son episódicos. En última instancia, tanto los hechos de la historia personal como del mundo, son hechos muy circunstanciales. El destino se reduce al nacimiento, a la muerte, al amor, a la pena, a la salvación o la no salvación, y todo lo que tenga relación con esos elementos. Lo demás son circunstancias, intercambiables casi. Pero creo, justamente, que los mundos que visito pertenecen a todos y que los acontecimientos actuales, aunque no sean explícitos, se cuelan con sus resonancias por todos los rincones. Sucede con todos los escritores.

LA LOCURA

J.S.: Hay algunos motivos surrealistas que están presentes en la obra suya: la infancia y el amor, por ejemplo. ¿La locura está presente?

O.O.: Tal vez en el libro de relatos haya algo que la roce, porque he pasado por angustias extremas, pero yo soy muy saludable y siempre tiendo a caer del lado bueno. De modo que yo la he sorteado, pero con habilidad. Me ha causado siempre una gran indignación, te diría, el hecho de ver la locura o el suicidio como elementos prestigiosos. El que exhibe la bala con la que se quiso suicidar, el que exhibe el carnet del psiquiátrico donde estuvo internado varios meses, esos émulos falsos de Artaud o de Nerval, que creen que pueden fraguar una aproximación con esos elementos casuales, que los muestran y los subrayan con colorado, me producen asco.

Para la sociedad corriente, el mundo se divide entre los que están dentro del reglamento y los que están fuera, los transgresores. Los transgresores son siempre los criminales, los locos, los leprosos y, en fin, los tipos que han transgredido, de uno u otro modo, por pasiones o desarreglos extremos, las reglas establecidas. Foucault los enumera. Esos son los que conforman la jaula hacia afuera adonde los arroja la sociedad. Y ellos, los otros, los exhibicionistas, se colocan en esa jaula para formar parte de esa selecta minoría. Eso es lo que me indigna, que se coloquen allí; es decir, que se cuelen. Porque los poetas forman parte de todo ese regimiento; los poetas auténticos, como Artaud, que lo era; o el verdadero artista como Van Gogh. Yo tengo un poema a ellos, que los exalta no por haber sido locos, porque eso me parece una desdicha, me parece que hubieran hecho mucho más si hubieran estado sanos. Pero exalta el momento en que tocaron la eternidad, el momento en que tocaron la revelación y tal vez eso los trastornó. Me refiero a un poema que se llama «Rehenes de otro mundo».

J.S.: Tal vez la locura les hizo crear su obra como es...

O.O.: Sí, tal vez les trajo una visión especial, tal vez agudizó determinadas sensaciones como para que pudieran captar elementos más intensos, hasta lo insoportable; no dejo de reconocer eso. Pero también me parece que la realidad, la así llamada, los acosó de tal manera que terminó por asfixiarlos. No hubo otra salida. Si tomamos por ejemplo a Van Gogh, encuentras que hay una noche estrellada. ¿Eso es una noche estrellada? Es una noche de unas turbulencias amenazadoras que te envuelven, que te marean, que te hacen girar el universo entero, que te lo trastuecan. Y lo mismo pasa con algunos elementos de Artaud, como la sociedad y los otros, y de Fijman, que empieza a delirar en cuanto aborda el tema de Dios. Se mantiene tranquilo mientras toca otros asuntos. Lo de Dios lo perturba al máximo, porque es un pensamiento que lo sobrepasa de tal manera que tiene que sentirse identificado con Dios para poder sobrellevarlo.

J.S.: El poeta es transgresor también ¿no?

O.O.: Ya lo dije: el poeta es siempre un transgresor de las reglas. Inclusive por vivir de una manera distinta, por darle un valor distinto a las cosas. La reprobación no terminó con la *República* de Platón. Aunque nadie espere ya que seamos un ejemplo de virtudes edificantes, ni que hagamos la exaltación de las perfecciones de los dioses, y no nos equivoquemos al escribir sus muertes, como quería Platón; bueno, aunque nadie espere eso de nosotros, creo que nunca constituimos un modelo para nadie. A los más indulgentes les parece que la poesía es trabajo de ociosos; a los demás les resulta una ocupación propia de enajenados, justamente.

J.S.: Y a pesar de eso sigue funcionando la poesía. En Chile, la gente escribe los poemas de Neruda en los muros de la calle.

O.O.: Claro. Además, en momentos desesperados de sus propias vidas, la gente común recurre a la poesía como compañía. Hay una actitud dual. Una sola vez vi una línea mía escrita al lado de una iglesia, en Buenos Aires: «*El alma que te habita es también la mirada del cielo que te incluye*» («Al pájaro se lo interroga con su canto», de *En el revés del cielo*). También, un sacerdote lo puso en un libro como epígrafe de sus reflexiones.

DIOS

J.S.: En *Los hijos del limo*, Paz habla de la muerte de Dios.

O.O.: Yo no creo en la muerte de Dios. Creo en una especie de desmembramiento de Dios, al que entre todos tenemos que volver a unir. De eso era de lo que te hablaba, al referirme a la unión primordial: la unión a través de cada pedazo que cada uno lleva de Dios. Tengo un poema que termina así: «*Es víspera de Dios./Está uniendo en nosotros sus pedazos*». [«Desdoblamiento en máscara de todos» de *Los juegos peligrosos*.]

J.S.: Eso es muy interesante, porque presupone la idea de que una sola persona no puede encontrar a Dios.

O.O.: Y mientras no lo encontremos todos, Dios no estará de nuevo unido.

J.S.: ¿Por qué está fragmentado?

O.O.: Porque el mismo se ha fragmentado en nosotros, tal vez porque no se sentiría perfecto y quiso que lo perfeccionáramos. Aunque esto parezca una blasfemia, no lo es, puesto que no seríamos ajenos a Dios mismo. Y Dios sigue. Nunca hablo de este tipo de cosas. Hablar de Dios así, en cualquier momento, adquiere una resonancia mesiánica o fanática.

J.S.: En este mundo actual también hay un gran fanatismo religioso.

O.O.: Inclusive como péndulo, como oscilación para tener algo a qué asirse desde el otro costado. Se han multiplicado las sectas. El otro día alguien llamó a la puerta, de mi casa, alguien que pertenecía a una secta innominada, y dijo: «Abra. Dios está a sus puertas». Tuve que contestar: «Que pase, pero que pase solo».

J.S.: [Risas]

O.O.: Es decir, no acompañado por esos exégetas con los que venía.

LA OSCURIDAD ES OTRO SOL (1967)

J.S.: ¿Cómo surgió la idea de escribir un libro de relatos?

O.O.: Ese libro salió de una terapia con un psiquiatra. Están quitadas la mayoría de las partes en que hablaba bordeando los temas de la locura o de los fenómenos más peligrosos. Con las partes más anecdóticas hice los relatos. De todos modos hay elementos tremendos, ¿no? Quedan elementos aislados de todo eso, quedan sensaciones de las cosas relatadas en esas sesiones, porque esas sesiones eran escritas...

J.S.: ...¿escritas?...

O.O.: Sí, me hacía escribir tres o cuatro horas. Después llegaba la enfermera, recogía los papeles; y cuando volvía me decía que era poco, que había que seguir escribiendo. Conversábamos muy poco; era un médico muy particular. Cada quince días teníamos una conversación. Después, cuando me dio de alta, sacó un carpetón y me lo entregó. Y yo le dije: Yo creí que usted hacía con mis papeles lo que dice Gómez de la Serna que se suponía que hacía Dios en el canto III de «Los cantos de Maldoror» de Lautréamont, cuando el alma de éste fue juzgada. Lo rompía y lo mandaba a escribir de nuevo; entonces, Lautréamont lo escribía otra vez, se lo llevaba, y volvía a suceder lo mismo, invariablemente. Eso fue lo que yo le dije al médico. Pero él me dijo: «¿Usted sabe lo que tiene aquí?» «No», le contesté. «¿No?, acá tiene un libro; saque, ponga, utilice lo que le sirva». Era un tipo genial.

J.S.: Después de esto, ¿ya no volvió a escribir relatos?

O.O.: Sí, los sigo escribiendo. Ahora sigo con otros episodios que me quedaron anotados.

J.S.: ¿También de la época de la infancia?

O.O.: Sí, sí, es lo mismo, cosas que pudieron haber entrado en *La oscuridad es otro sol*. Este nuevo tomo llevará el título de *También la luz es un abismo*. Tengo cinco o seis. Era lo que estaba escribiendo cuando enfermó mi marido. Ahora, cuando vuelva a Buenos Aires, lo voy a retomar.

J.S.: ¿Hay algo inventado en ellos?, ¿en qué medida se agregan o se quitan cosas?

O.O.: No podría decir en qué medida. Evidentemente hay una base, que es real. Los personajes existen; esos locos protegidos por mi abuela son realísimos.

J.S.: Los collages del libro son de Enrique Molina, ¿verdad?

O.O.: Sí, él quería hacer algo parecido a lo de Max Ernst. Yo le pedí que usara fotografías. Le di la mía y la de mi abuela materna. El resto es de su invención. Es una pena porque en la editorial destruyeron los logotipos y ahora el libro sale en Valencia, en las ediciones Pre-Textos, pero los collages ya no figuran. Este es un libro que corrió con mala suerte. A los dos meses de aparecer, los corredores de Losada empezaron a decir que estaba agotado, y eso siguió y siguió. El libro es de lectura obligatoria en la universidad y los estudiantes lo fotocopian como si no existiera ningún ejemplar, y los sótanos de Losada están colmados de este libro. Es absurdo. Hace tres o cuatro años Losada quiso hacer una reparación especial y entonces celebró no sé cuántos años de la aparición de este libro con un acto en la Librería Española, en Buenos Aires, en el que hablaron siete u ocho personas. Y con todo, no pasó nada. Allí terminó la cosa. Los libreros continúan diciendo que está agotado.

J.S.: ¿Qué criterio tomó para armar el libro?

O.O.: Eso fue dictado por la inspiración del momento, por el episodio que más me atraía. Las secuencias tienen un orden en cuanto al tiempo, quitando obviamente el primer texto, que es una cabalgata por todos los tiempos.

J.S.: Hay muchas cosas que me hicieron pensar que este libro es, de nuevo, una manera de expresar las mismas obsesiones de la poesía.

O.O.: Sólo que mi sentido de siempre es que si la poesía cuenta, se muere de alguna manera. Yo necesité contar cosas de una manera sucesiva, lineal; reproducir diálogos, paralelos, similares a los que tuvieron lugar; contar episodios concretos, uno tras otro, aunque se alternen, aunque se produzcan tiempos que no sean sucesivos. Entonces, naturalmente, recurrí a la prosa. Por supuesto, está llena de imágenes, porque ésa es mi manera de contar.

J.S.: Hay mucho trabajo con el lenguaje...

O.O.: No es un lenguaje desnudo, ¿no? No es la acción urgente, no están hechos simplemente para contar; están hechos para sugerir también, para suscitar, para hacer señales.

J.S.: Es un lenguaje muy lírico.

O.O.: Es el mío.

J.S.: En «Y todavía la rueda» hay imágenes que pertenecen a la poesía, obviamente. Por ejemplo: «*Al galope, en un caballo blanco, desde Telén hasta Toay. Para mí es igual que ir en la grupa del viento tormentoso, y aunque el caballo no pueda salir del círculo de la rueda, me aferro des-*

esperadamente al poncho del abuelo Damián». Allí hay una anécdota, pero a la vez, las imágenes la sobrepasan, se superimponen y constituyen un elemento fundamental del texto.

O.O.: Sí, claro; insisto en que no es un relato paso a paso, económico, escueto, descarnado. Es un relato emocionado, hecho con pasión, con sentimientos, con imaginación, con experiencias singulares.

J.S.: El libro comienza con una especie de prólogo o manifiesto de lo que va a ser el libro; un poco la postura con que se visualiza todo el fenómeno creativo, aunque de una manera diferente, porque hay un fragmento largo en este texto que no tiene signos de puntuación.

O.O.: El comienzo es un retorno, como si alguien regresara del porvenir para empezar a contar. Después hay una visión casi sin respiro, como a vuelo de pájaro, de un reciclaje de toda una vida, con distintos episodios, y en los relatos que van a llegar después, a veces hay alusión a algunos de los elementos mencionados allí, otras veces no existen alusiones tampoco.

J.S.: ¿Por qué fue necesario eso?

O.O.: Es el día en que retorno del porvenir y hablo un poco como si fuera una especie de caída, como si entrara en una tromba, en algo que me aspirara desde acá a través del tiempo, como si pasara rápidamente por todo eso que una vez fue.

J.S.: Bueno, después de ese viaje hacia atrás, el primer relato propiamente dicho es «Y todavía la rueda».

O.O.: Sí, porque el primer texto no puede llamarse relato; es más bien un prólogo.

J.S.: «Y todavía la rueda» es la muerte del hermano, donde hay un viaje muy angustiante por la noche.

O.O.: Con sensaciones muy extremas. Cuando murió mi hermano Emilio (en el texto se llama Alejandro), me llevaron a Telén, para que no tuviera el espectáculo de todo el aparato fúnebre, ya que yo era una niña pequeña. El tenía en ese entonces diecinueve años y yo seis. Fue mi primer encuentro con la muerte. El relato cuenta el viaje de regreso, después de tres días, de Telén a Toay. Yo sentía que no me habían dejado vivir con los demás, algo que yo tenía que haber vivido en casa. Además, mi parecido con mi hermano era muy notable; la sola vista de mi cara acrecentaba el dolor de mi madre. Mucho tiempo después, he soñado como si yo le hubiera robado algo a él, como si le hubiera robado la vida. Siempre hay sueños de robo, en los que nosotros somos los protagonistas. El murió de tuberculosis; era fatal en esa época, porque no había absolutamente ninguna medicación, más que el recurso milagroso de un cambio de clima. Los médicos cometieron el enorme error de recetar un clima tan fuerte como el de la pampa que, en lugar de atenuar el mal, lo agudizó.

J.S.: El texto ilustra muy bien este viaje y esta sensación de exilio y de destierro...

O.O.: ...y sensaciones tiernas mías, de gran angustia, que después van a ser bastante recurrentes.

LOS LOCOS

J.S.: Después de este cuento, con «Nanni suele volar» aparece uno de los tres personajes en los que se insiste en el libro. Los otros dos son la Lora y la Reina Genoveva. Ellos tres son los habitantes desterrados, los solitarios. Antes, al hablar de la locura y del suicidio, había cierta recriminación; sin embargo, estos personajes...

O.O.: Como te dije antes, no justifico el territorio de la locura invadido por los que no están locos, por la gente que hace un prestigio de la locura. Estos eran auténticamente locos; éstos no hacían un lujo de su locura. Su locura era su vestido de todos los días: miserable, rotoso, con toda su tristeza, sus harapos. Era su vestido verdadero: no había ningún adorno simulado en ninguno de los tres. A mí me choca la utilización de la locura y del suicidio como elementos prestigiosos; eso es muy habitual en algunos artistas. Es decir, «yo intenté suicidarme en tal época; yo estuve loco; o yo estoy loco». Y en realidad no lo están. Hay una usurpación de actitudes, de gestos, de manierismos, de extravagancias, como para ser incluidos dentro de la locura aunque no sólo la fragüen.

J.S.: «¡Despertad y cantad, moradores del polvo!» se dedica a la Lora y a la relación que tiene con la muerte de su marido o su cuñado, y al vínculo que hay entre este episodio y la historia de Caín y Abel.

O.O.: Mi abuela es la que se empeña en llevarla a la realidad. Todo eso es un delirio. La lora cree ser la Virgen María, y su hijo, entonces, sería el Niño Jesús. Me dejaban perpleja esas historias. Mi abuela protegía a esa gente y la cocina de mi casa estaba llena de visitantes de esa naturaleza. Mi abuela era muy especial; había una cocina muy grande en la casa, como se acostumbra en las casas de campo, y ella tenía siempre listo a un muchacho con un caballo ensillado. Desde la ventana, mi abuela veía quién pasaba por allá lejos, por el camino, y en cuanto divisaba la sombra de alguien, le decía al muchacho: «Ve a buscar a aquel hombre que va por allá; tal vez no haya comido». Entonces había otro comensal para ese día. De pronto, doce o trece personas desconocidas estaban comiendo dentro de esa cocina. Todo eso me parecía de una generosidad admirable. A mí me criaron en ese ambiente. Tanto mi abuela, como mi madre, como mi padre, me criaron así. Mi padre, en ese entonces, era un hombre que tenía bastante fortuna (campos y una gran explotación de bosques y aserraderos). Los preferidos de mi abuela eran esos tres visitantes. Esos a los que en general la gente les arrojaba cascotes, barro, pedruscos; la gente es cruel con los locos. Mi abuela era generosísima con ellos; los vestía, les daba alojamiento. Nanni vivía en la casa, por ejemplo. La Reina Genoveva era una loca viajera; ésa casi no paraba. Se detenía para hablar cuatro palabras con mi abuela y seguir andando, tanto que murió de frío.

J.S.: En el cuento «La Reina Genoveva y el ojo de alcanfor» aparece la historia de la Reina Genoveva, que le da un ojo en un pañuelo, un ojo que llora...

O.O.: En realidad es un trozo de alcanfor. Ella le llama «el ojo que llora». Lo debo de haber enterrado debajo de un roble.

J.S.: Sí. Además aparece una asamblea de cosas.

O.O.: De cosas que para mí eran mágicas, misteriosas y aterradoras.

J.S.: Dice, por ejemplo, «*un trozo de esponja, una llave herrumbrada, una muela amarilla, el ladrón de niños, el retrato de la muerte y el ojo que no llora*». ¿Por qué se revierte la imagen, de llorar a no llorar?

O.O.: Porque ella dijo que soplaba sobre mis ojos para que no llorara y que el ojo lo haría por mí; cosa que no sucedió, porque como buena pisciana soy una persona que llora mucho y, a veces, he tenido que poner el despertador para no pasarme del límite, para llorar media hora, por ejemplo, más ¡no!

J.S.: [Risas] Pero de alguna manera tener un ojo significa también ser vigilada por ese ojo.

O.O.: Naturalmente; de ahí todo lo que digo acerca del ojo de Dios, todas las connotaciones que trae ese ojo.

J.S.: Hay como tres páginas dedicadas a ese ojo. ¿En qué sentido opera la vigilancia?

O.O.: Como ves, es una cosa que se repite. Para mí, no hay mayor persecución y al mismo tiempo mayor protección que un ojo, depende de la intención de ese ojo; no de la que tenga naturalmente, sino de la que yo le adjudique.

J.S.: También se utiliza el ojo en algunas culturas como objeto de superstición.

O.O.: El ojo de Krisna, en la India. Y también en México, el ojo de Cristo, que es una protección, como el de Krisna. El ojo de Dios tiene que ser simplemente una amenaza para el que se sienta culpable.

J.S.:

> ¿Es también un ojo sin nadie que amenaza alejarme de la vida con la sabiduría de mi ignorancia, una mirada que de pronto empieza a saber en mí por sí sola, una vigilancia impersonal que me adelanta inhumanas transformaciones, esto que hace temblar mis piernas y me impulsa a correr despavorida, llevándolo conmigo, ansiando que el porvenir se precipite en un relámpago aunque deje de ser yo, aunque me convierta en helecho, en óxido de cinc, en la periodicidad de las fases de la luna, o, en fin, en algo ya completamente extraño a todo?

El ojo, como amenaza, puede provocar toda esa desintegración.

O.O.: Sí, está dicho allí mismo.

J.S.: En «Comida para pájaros»...

O.O.: Hay un diálogo de tres locos...

J.S.: ...se discute allí la numerología: la idea del tres.

O.O.: Sí, Nanni tenía la idea de la trilogía permanentemente.

J.S.: Y hay un momento en que se dice:

> La trilogía, la trilogía es lo principal... Todo es tres, tres, tres, hacia adelante o hacia atrás. Pueden ir a contar la Santísima Trinidad; que venga la Sagrada Familia; que se ordenen las clases sociales; infierno, purgatorio y cielo; escenario, orquesta y sala; las tres Parcas; los tres reinos de la naturaleza, con el perdón de sus majestades; los tres mosqueteros... Probado: trilogía. Se puede someter a cualquier procedimiento químico o manual, porque la descomposición es humana, y está en el orden de la naturaleza y de las buenas costumbres que nos rigen..., etc.

No sé si hay intención de hacer eso, pero yo pensé que estos personajes son también tres y ellos representan una trilogía, una nueva trinidad.

O.O.: Bueno, eso es absolutamente casual.

J.S.: El texto culmina con la palabra «¡*Santo!*» repetida tres veces, como una especie de milagro, de alcance de esa luz. Estos personajes parecen tener la capacidad de traspasar esas puertas secretas que le han estado vedadas al ser poético.

O.O.: Sí, está bien. Yo los oigo, los espío, los sigo, porque es tan enigmático lo que dicen que yo espero de ellos una revelación.

J.S.: Ellos enseñan, en ese sentido.

O.O.: A veces ni alcanzo a dilucidar aquello que dicen, porque es muy misterioso, pero por allí espero que me digan algo que me abra el universo. Siempre estuve tratando de encontrar la clave de la gran charada del mundo, desde muy chica. Si me ponías un platito con la mermelada, un platito con la manteca y un platito con la taza de café con leche, yo iba a empezar a mover todo esto, para ver si la combinación producía algo. Y lo mismo con cualquier cosa: con las palabras, con los lápices, con los papeles que tenía sobre la mesa. Ahora, con cuánta más razón con eso que estaba oyendo. Cómo no iba a poder esperar de eso una combinación misteriosa y mágica que de repente produjera como una chispa y a mí se me abriera una gran puerta.

J.S.: Y luego viene «Bazar de luces rotas». De nuevo, están los tres visitantes, la Lora, Nanni y Genoveva, y se habla de una región verde, de una región donde comienza lo sagrado. Es como una continuación del relato anterior.

O.O.: Sí. Es una disquisición acerca de las zonas de la locura y de la sabiduría posibles.

LAS HERMANAS

J.S.: Después, continuando con el libro, hay dos hermanas: Laura y María de las Nieves. Laura es muy cercana en edad y María de las Nieves es mucho mayor, ¿no?

O.O.: Laura me llevaba un año y unos meses. María de las Nieves ni siquiera juega con nosotras; nos asusta, nada más.

J.S.: ¿Y «Misión cumplida»?

O.O.: Ese es el de las dos chicas que encuentran al muerto; aparece Mariana, una pequeña amiga, que es más chica que yo. Allí sucede mi primer recuerdo. ¿Te acuerdas que tú me preguntabas cuál había sido mi primer recuerdo? Junto con el descubrimiento de ese hombre que está arrojado en un charco de sangre, está mezclado el primer recuerdo, que es una huida con mi hermana mayor, que me lleva a cuestas entre los girasoles.

J.S.: En el cuento de «Las enanas» hay ese juego de que dos niñas han nacido de los huevos empollados por los enanos.

O.O.: Mi hermana mayor nos sometía a esas perversidades. Nos hizo creer durante mucho tiempo que éramos enanas. Eso prendió de tal modo que cada vez que hago algo que resulta defectuoso, deficientemente hecho, mi primer pensamiento es «cómo me va a salir bien esto si yo soy enana». Ser enana abarcaba todas las dimensiones, inclusive la mental.

LA OSCURIDAD DE LO ABSOLUTO

J.S.: A mí me parece fundamental el texto «DTG 4», sobre todo, cuando se refiere al episodio de meterse en la bolsa y situarse en la oscuridad absoluta. Ese fragmento de «DTG 4» se compara con la historia bíblica de Jonás y la ballena.

O.O.: Y eso es algo bastante recurrente en mi poesía. Toda situación de oscuridad trae aparejada una sensación de ahogo para mí. Una vez le pregunté a un gran maestro de una orden esotérica por qué sucedía eso conmigo, por qué esa sensación de ahogo acompañaba a la oscuridad. Y entonces me dijo que sin duda yo había sido bruja y que con toda seguridad había sido emparedada en otras vidas. Es bastante terrible, ¿no?

J.S.: Al leer el fragmento tuve que volver a leer el pasaje bíblico. Me parece que este episodio en particular es una clave para comprender toda la obra de Olga Orozco.

O.O.: Sí, creo que sí.

J.S.: El pasaje más idóneo para descubrir el trasfondo esencial de su obra.

O.O.: Si vuelves a *Museo salvaje*, donde hay una génesis y donde se hacen vivir con todos sus posibles trasfondos y sugerencias las distintas partes del cuerpo, hay un poema que se llama «Lamento de Jonás», que soy yo dentro de mi propio cuerpo.

J.S.: Leamos la oración bíblica que hace Jonás desde dentro de la ballena:

Echásteme a lo profundo, al seno de los mares; envolviéronme las corrientes; todas tus olas y tus ondas pasaron sobre mí. Y dije: Arrojado soy de delante de tus ojos. ¿Cómo volveré a contemplar tu santo templo? Las aguas me estrecharon hasta el alma, el abismo me envolvió, las algas se enredaron a mi cabeza. Había bajado ya a las bocas del Hades, la región cuyos cerrojos (se echaron) sobre mí para siempre; pero tú, Yavé, mi Dios, salvaste mi día del sepulcro. Cuando desfallecía mi ánimo, me acordé de Yavé, y mi súplica llegó a ti, a tu santo templo. Los servidores de fútiles vanidades abandonan su benevolencia. Pero yo te ofreceré víctimas acompañadas de alabanzas, te cumpliré mis votos. De Yavé es la salvación.

[Jonás 2,4-10]

Recurrí a este fragmento, porque en esa relación encontré casi todos los temas frecuentes en su obra, empezando justamente con la oscuridad, pero sobre todo con la oscuridad que tiene ojos. Esos ojos permiten convertir cualquier cosa, desde el encierro, en otra cosa: transmutar la realidad, por ejemplo, se puede hacer desde la oscuridad.

O.O.: Y de eso hablábamos cuando hablábamos del insomnio: de los ojos de la oscuridad.

J.S: Y además de la oscuridad, ese fragmento es el encierro, el ahogo, el sentirse en un abismo. La oscuridad puede ser iluminadora, pero también puede ahogar y sofocar.

O.O.: La sola aproximación a tocar fondo enseña muchas cosas. De allí que pueda ser iluminadora. Te ayuda a llegar al máximo de tus sensaciones, a sentir de una manera extrema inclusive tu propio ser, tu propio desamparo, tus propios asilos.

J.S.: Y la oscuridad ayuda también a confundir los tiempos.

O.O.: Claro. Me parece muy bien interpretado.

J.S.: La oscuridad trae el pasado y el porvenir al presente. Para vivir ese instante, que puede ser eterno. Se pierde la relatividad del tiempo.

O.O.: Una tensión tan insufrible hace perder la idea del tiempo, naturalmente.

J.S.: Ahora, otra idea del fragmento es —como decía antes— la del organismo dentro del organismo. ¿Cuál es la idea de estar dentro de otro organismo?, ¿se puede referir también al mundo como otro organismo, del que uno no puede salir?

O.O.: Y este mundo es otro organismo, que funciona con determinados sistemas que ignoro cuáles son. No me es totalmente revelado. Sólo fuera de este organismo es una la verdadera vida.

J.S.: Y de acuerdo con el pasaje bíblico, se puede salir expulsado de la ballena hacia la salvación.

O.O.: Así es. Hacia la salvación o hacia el conocimiento pleno. No creo que nos hayan traído aquí, para dejarnos en esta ignorancia. Supongo que debe de haber alguna explicación.

J.S.: Y en ese sentido se habla de «ser prisionera del propio organismo», de «la caída hacia dentro de sí misma», de «la pérdida de la cohesión de la realidad». ¿Esa realidad, ese caos, esa desmembración de la realidad a través de la oscuridad, se vuelve a recomponer en la mente de este hablante poético?

O.O.: Se vuelve a recomponer casi a cada paso. Hay una alteración y una recomposición. De lo contrario sería una sensación de pérdida tan permanente que hasta el lenguaje sería imposible. Hay una recomposición inclusive desde la palabra. Veo la palabra como una ordenación para ese caos.

J.S.: Finalmente aparece el jardín.

O.O.: Sí, es el jardín que está en el fondo de todo. Es el fruto de la esperanza.

J.S.: Ahora volvamos al episodio mismo. Hay una obsesión que persiste hasta hoy...

O.O.: ...seguro...

J.S.: Fue un juego de niños que a la vez se convierte en una cosa trascendente...

O.O.: ...en una amenaza permanente.

J.S.: En todo el libro hay muchos juegos. Todos los libros de poemas de Olga Orozco parecen tener resonancias de estos episodios.

O.O.: Absolutamente. Un simple juego queda marcado como para repetirse en otras circunstancias de oscuridad, de una u otra manera.

J.S.: ¿Por qué hay insistencia en el «DTG»: «Dios te guarde»?

O.O.: Me parece que fue una palabra talismán, que inventé para salvarme. Es como un salvoconducto frente a todas las situaciones.

EL AMOR

J.S.: «¿Por qué estarán tan rojas las begonias?» es una exploración de una casa abandonada, con el descubrimiento del amor. Hay una frase disyuntiva allí, bastante interesante: «*Frente al amor, se establecen dos opciones: besar la propia imagen en la imagen del otro, o buscar ansiosamente al otro y encontrarse al final solo consigo mismo*». Son dos posiciones fracasadas frente al amor. ¿Cuál es su visión del amor?

O.O.: No, no creo más en esa idea de que uno se encuentra con uno mismo. Más bien creo en la idea platónica de hallar la otra mitad. El asunto de seguir sintiendo el amor como un misterio ha seguido, sí, toda mi vida. Esa fue la primera vez que me enamoré; tenía seis o siete años [risas]. Ya es de una precocidad total. A mí me tocaron tipos muy ególatras, salvo mi último marido. Naturalmente, siempre viví esa situación de alguien que se encontraba consigo mismo y no veía demasiado al otro.

Los poemas que tengo sobre el amor son sobre el amor que ya pasó, porque creo en el dicho español: «boca que besa no canta». Entonces, el amor se cumple por sí mismo en momentos felices o desdichados, pero tan intensos que no necesita de palabra escrita. Mientras estuvo, nunca escribí el poema indicado; siempre lo escribí cuando ya había pasado.

UNA ORACION POR OLGA OROZCO

J.S.: Y después viene «Por amigos y enemigos», que son una serie de oraciones...

O.O.: Sí, son los rezos de mi abuela. Yo estoy en el cuarto al lado y la oigo. Es un pueblo donde la luz se apaga a la una de la mañana. La luz la instaura mi padre, que es el intendente del pueblo. Pero como hay que economizar energía, entonces, a la una de la mañana cortaban la luz; había que manejarse con velas, con faroles. Estas son las oraciones de mi abuela, que le pedía cuentas a Dios, le hablaba mano a mano.

J.S.: A mí me interesa la oración «Por mi nieta Lía».

O.O.: Esa soy yo.

J.S.: Por eso me interesa. Dice: «*Por mi nieta Lía, tímida y propensa a la melancolía y al encierro*». Esa melancolía y encierro parecen marcar su personalidad poética, también.

O.O.: Bueno, cuando era chica, era bastante encerrada en mí misma. Era muy poco comunicativa, muy ajena, muy extraña. Tenían que insistirme para que jugara con los otros chicos. Más bien prefería estar pensando, en un rincón, o haciendo mis propios juegos.

J.S.: Pero en *La oscuridad es otro sol* aparece un grupo de niños con los que juega.

O.O.: Sí, ves que voy. Pero mi hermana es la que me arrastra y me protege. Es Laura quien me lleva.

J.S.: Luego dice: «*Haz que pueda retener algo entre sus manos que son las manos de los despojados*».

O.O.: Mira, no es que me sienta despojada, pero curiosamente todo me ha costado mucho a mí. En general, eso que digo de la distancia de los objetos hasta mis propias manos es real y lo es también de manera simbólica: cada vez que he estado a punto de tomar una cosa, llega otra mano antes que la mía y se la lleva.

J.S.: Continúa: «*Haz una fuerza de sus debilidades*. [Y sobre eso podría pensar que la fuerza de sus debilidades es la poesía] *Recuerda que estuvo agonizando cuando tenía un año...*» ¿Cómo es esto?

O.O.: Cuando yo tenía un año, se supone que tuve meningitis. En esa época no se salvaba nadie de una enfermedad semejante. No había medicación para eso. Lo único que se hacía era una punción en la médula. Mi abuela se opuso tenazmente a ello, porque se suponía que la punción en la médula dejaba idiota al chico. Mamá también se negó. Los médicos se despidieron; no había nada que hacer. Yo ya tenía los ojos en blanco, vueltos hacia atrás, y entonces mi abuela le dijo a mi madre: «Ahora me la confías a mí». Mamá aceptó. Ella llamó a Encarnación, que era la curandera del pueblo, y durante toda la noche me pasaron de un fuentón de agua hirviendo a un fuentón de hielo. Y era como pasar del infierno al cielo, todo con una plegaria de esas mágicas que Encarnación le enseñaba a mi abuela y mi abuela repetía junto con ella. Y al amanecer mis ojos habían vuelto a su lugar; la fiebre altísima —para la que no alcanzaba el termómetro— había descendido, dormí tres días y desperté. Lo único que me quedó de aquella experiencia son los dedos así, como los ves, que se supone que son raros. Toca, toca, porque parece un hueso de pájaro.

J.S.: Es el dedo anular. La primera falange no tiene flexión y el hueso de la segunda falange es un hueso muy delgadito.

O.O.: Ahora, yo supongo que no fue meningitis lo que tuve. Supongo que fue un principio de poliomielitis. No quedó ninguna otra manifestación, más que lo que te muestro en estos dedos. Curiosamente, tengo actualmente una mucama, de la provincia de Jujuy, que tiene los dedos igual que yo. Y ella tuvo algo parecido cuando era chica. La mantuvieron en la oscuridad y no sabe exactamente qué le hicieron.

J.S.: Bueno, sigamos con la oración: «*y tal vez se haya olvidado mucha vida en otra parte, fuera de este mundo*». ¿Cómo?

O.O.: Y es textualmente eso. Tal vez yo me haya dejado una parte de vida en otro lado que no es éste. No sé qué se habrá dicho con respecto a esa enfermedad que tuve. Cada siete años, hasta que pasé los veintiuno, se me protegía muy especialmente; se me llenaba de mimos y atenciones, como si fuera la princesa encontrada. Se suponía que era algo que podía repetirse cada siete años. Había un cuidado excesivo y se me daba el gusto en todos mis caprichos, ¿no? Por ejemplo, a mí me encantaba el ruido que hacían unas copas de cristal de color verde. Parece que cuando era muy pequeña, yo tenía arranques de cólera y rompía algunas de esas copas. Naturalmente, mi madre prohibió que me las pusieran cerca. Entonces mi abuela compró un juego de esas copas y cuando yo estaba colérica me las alcanzaba. [Risas] Tenían que ser esas copas de cristal verde, no podían ser otras.

J.S.: Continuemos con la oración: «*Devuélvésela* [la vida] *por lo menos en inteligencia, en fe y en caridad, porque mucho me temo que no tenga nada que hacer con la esperanza*». Es curioso, porque la abuela misma le ha dicho: «En el fondo está el jardín» y ésa es la esperanza. Ahora, desde su perspectiva, ella no ve esperanza. ¿En qué medida no actúa la esperanza y sí la inteligencia, la fe y la caridad?

O.O.: Creo que fue un error suyo. Creo que la esperanza actuó y mucho. Ahora, creo que la fe y la caridad actuaron también.

J.S.: «*Y no te pido para ella la belleza, porque tampoco le serviría de nada*».

O.O.: Creo que se refiere exclusivamente a la belleza física, ¿no?

J.S.: Y el texto termina con una oración a ella misma: «*Por mí, que soy nada, pero que debo ser la última en morir para que no me llore nadie*».

O.O.: Ella siempre hablaba de querer enterrar a todos, cosa que resultaba muy rara a todo el mundo.

J.S.: Y por lo que me ha dicho antes, usted estaría reemplazando a la abuela...

O.O.: Parecería, ¿no? Pero no porque yo lo haya elegido. Parece que ella lo delegó en mí.

J.S.: El tema espiritual en su obra es fundamental. ¿Le gustaría hacer un comentario acerca de la religión?

O.O.: Como ves, en casa eran muy religiosos, salvo mi padre. El era masón y naturalmente librepensador. Mi madre y mi abuela eran muy religiosas; yo poco a poco me fui alejando del dogma. Mantuve la fe, así, inconmovible en muchas cosas, aunque me haya alejado del dogma. Pero yo misma te decía que hablar de religión o de mística más bien, suena a cierto fanatismo siempre.

J.S.: Pero usted siguió yendo a la misa de la iglesia, etc.

O.O.: No. Volví a hacerlo ahora, después que murió mi marido. Extrañamente lo necesité. Dejé de hacerlo durante cuarenta y cinco años.

J.S.: ¿Cómo fue ese regreso? Ocurrió después de escribir *En el revés del cielo*, ¿no?

O.O.: Tuve la necesidad de hacerlo. Fue tan extraña mi confesión. Me confesé llorando todo el tiempo, pero a sollozos, de tal modo que el sacerdote me consolaba. Y luego me pidió una penitencia tan breve, tan escueta, que no sé si es que por el llanto no me entendió mis pecados, o el llanto le dio la impresión de que yo estaba tan arrepentida que para qué castigarme con más penitencia.

J.S.: En ese texto, «Por amigos y enemigos», hay una frase que dice: «*El resplandor se sumerge en forma de pez adentro de mis ojos*». Es como si aquella gran ballena entrara en los ojos y se produjera el fenómeno inverso al anterior.

O.O.: No exageremos. Debe de ser el resplandor que había antes de que se apagaran las luces.

LA MADRE

J.S.: Pasemos, ahora, a los dos últimos cuentos. «Unas tijeras para unir» habla de Encarnación...

O.O.: ...y de María Teo. En los cuentos que siguen, trabajo más con María Teo, que es la bruja del pueblo. Encarnación es una bruja blanca, una bruja para el bien; María Teo es una bruja negra, para el mal. Inclusive, María Teo está enamorada de mi padre, entonces detesta a mi madre. Y nos

146

manda dulces que terminan siempre en la basura, naturalmente. Estos son adelantos que te doy de los relatos que van a conformar *También la luz es un abismo*.

J.S.: Como en las películas...

O.O.: [Risas] Como en las novelas por entregas, para que tomes interés en los próximos capítulos.

J.S.: Dice en ese penúltimo texto: «*Asesinato y sacrificio, mártir y ejecutor seguirán proyectándose en la cárcel de espejos, mientras no hayamos reducido todos los actos a uno solo y todos los personajes a uno solo, por los siglos de los siglos, hasta cumplir la condena de ser por lo que no es, hasta pagar la culpa de no ser Dios*». Allí está de nuevo la idea de la unidad. ¿Quién está buscando esa unidad, Encarnación o María Teo?

O.O.: Encarnación, supongo.

J.S.: Y hacia el final del cuento, se le habla a la madre y se le dice: «*Tú* [madre] *eres la única que puede volver a unir todos los tejidos cortando con las tijeras hacia atrás*».

O.O.: Claro: las tijeras, para unir, corren hacia atrás.

J.S.: ¿Por qué es la madre la única que puede realizar esa tarea?

O.O.: Porque para mí, mi madre es fundamental. Es la que creó mi vida. La necesito. Es un cuento sin época. Cuando muere mi madre, yo ya tengo 32 años.

J.S.: Sí, es la visión de la muerte de la madre, pero de una manera atemporal. ¿Por qué era necesario colocar, en este libro, la muerte de la madre si no pertenece a la época?

O.O.: Lloré siempre la muerte de mi madre, desde que yo era muy chica. Inclusive, cuando tenía esa edad, la internaron a mi madre para operarla de una hernia y yo dormía con un camisón de mamá, para poder sentir su perfume. Y lloraba todas las noches como si se fuera a morir, y durante mucho tiempo yo me despertaba llorando por la posible muerte de mamá. Murió tantísimo después. Es como si toda la vida hubiera estado llorando la muerte de ella. No es porque mi madre no fuera un ser vital. Fue una muerte que no asimilé nunca.

J.S.: En ese sentido, tiene lógica poner la muerte de la madre aquí, ya que desde la infancia es un fantasma que recurre en las evocaciones de la niña.

O.O.: Sí, pero no era un fantasma. Era un ser denso y muy fuerte, como una torre o una muralla muy bella. El fantasma era el terror.

J.S.: Y, finalmente, están los «Juegos a cara y cruz». Hay cuatro. El primero es el juego de miradas con la madre y, a la vez, es un juego de soledad.

O.O.: Es un juego como berkeliano; es un juego acerca de si el mundo existe exclusivamente para uno, porque es uno el que lo ve y el que lo vive, y todos los personajes son creados, o si realmente están y te ven, aunque no los vieras. Supongo que es una especie de terror que a todo el mundo le ha acometido en algún momento.

J.S.: Por eso, también aparece la confusión de los pronombres. «*Entonces me refería a mí hablándote de 'ella', puesto que el 'tú' con que me respondías no bastaba para partir del mundo en dos mundos iguales, por lo menos. Pero tú asumías el 'ella' refiriéndolo a ti, y volvías a dejarme completamente sola*». Después viene el segundo juego, que es el juego de «la invisible». ¿Es un juego de tipo respiratorio? ¿Aspirar, contener, para poder transmutarse en otros?

O.O.: Tenía que ver con la respiración, sí. Para poder hacerme visible o invisible a los demás.

J.S.: «*Aspiraba muy hondo con los ojos cerrados. Hacía de esa vibrante transparencia un depósito central y le impelía en todas direcciones hacia afuera, hasta traspasar la piel*».

O.O.: Son juegos totalmente solitarios e ilusorios. A esas cosas me dedicaba con denodado entusiasmo y perfeccionamiento. [Risas] No llegaba a ser una especie de estoica. Mi sensación era la de que nadie me veía a mí. Yo *conseguía* hacerme invisible.

J.S.: El otro juego es jugar a «ser otra».

O.O.: Ese juego aparece como poema en *Los juegos peligrosos* y se llama «Para ser otra».

J.S.: El juego consiste en hacer trizas el yo con un martillo y, después, ese yo que ya no existe, que es nadie, se pone frente a un espejo y se descubre con otro nombre: inventa otra persona. Después, vuelve a hacer lo mismo e inventar a otro y así sucesivamente...

O.O.: Son sólo tres veces.

J.S.: Parece un poco sadomasoquista eso de darle con el martillo.

O.O.: [Risas] Es un modo de decirlo. Es simplemente disgregar el yo.

J.S.: Me interesa el fenómeno de la desaparición del yo y la conformación de ese nadie en otro.

O.O.: Creo que de alguna manera, sin que estuviera explícito, yo tenía la sensación de estar convocando a gentes que yo había sido alguna vez. Era como si de esas arenillas de ese yo surgieran personas del pasado. Esto tiene que ver con reencarnaciones.

J.S.: Y el último juego es el juego de los antípodas, los seres que se atraen desde polos y sexos distintos y que no se encuentran nunca, o no pueden encontrarse. Así termina el libro. El final dice que hay dos soluciones para la reunión de los antípodas: una es «*conseguir un ángulo de 180 grados* [una línea recta] *que empezara a cerrarse, irrevocablemente, pero cuyos lados nos permitieran apoyarnos a medida que nos acercáramos, hasta encerrarnos un buen día, sin ninguna salida, entre sus resistentes paredes*»... «*La otra solución... y que es la que prefiero, la que preferimos, sería excavar hasta encontrarnos en esa masa ígnea, en esa pepita de fuego que está sepultada en el interior del globo, y arder, arder en un fuego mutuo hasta consumirnos en la misma llama*».

O.O.: Nos encontramos en el centro de la Tierra.

J.S.: Me pareció interesante que el libro terminara con esa nota amorosa.

O.O.: ¡Es un libro que tiene tantas referencias de infancia!

J.S.: Confronta muchos de los aspectos abismales, de soledad, de caída, que hay en todo el libro.

O.O.: Además da una nota de amor complementario. No sé si te acuerdas de las cosas que dice Rilke acerca del que ama y del que es amado: el que ama arde con luz inextinguible; ser amado sin amar es consumirse siempre en su propia llama, es decir, algo que no se conjuga con el otro (en los *Cuadernos de Malte*).

J.S.: Bueno, eso es todo por ahora. Le agradezco mucho su tiempo y su paciencia.

O.O.: ¿Te servirá esto para algo?

EN EL FINAL ERA EL VERBO

Como si fuera sombra de sombras que se alejan las palabras,
humaredas errantes exhaladas por la boca del viento,
así se me dispersan, se me pierden de vista contra las puertas del
    silencio.
Son menos que las últimas borras de un color, que un suspiro en la
    hierba:
fantasmas que ni siquiera se asemejan al reflejo que fueron.
Entonces ¿no habrá nada que se mantenga en su lugar,
    nada que se confunda con su nombre desde la piel hasta los
    huesos?
Y yo que me cobijaba en las palabras como en los pliegues de la
    revelación
o que fundaba mundos de visiones sin fondo para sustituir los
    jardines del edén
sobre las piedras del vocablo.
¿Y no he intentado acaso pronunciar hacia atrás todos los alfabetos
    de la muerte?
¿No era ese tu triunfo en las tinieblas, poesía?
Cada palabra a imagen de otra luz, a semejanza de otro abismo,
cada una con su cortejo de constelaciones, con su nido de víboras,
pero dispuesta a tejer y a destejer desde su propio costado el universo
y a prescindir de mí hasta el último nudo.
Extensiones sin límites plegadas bajo el signo de un ala,
urdimbres como andrajos para dejar pasar el soplo alucinante de los
    dioses,
reversos donde el misterio se desnuda,
donde arroja uno a uno los sucesivos velos, los sucesivos nombres,
sin alcanzar jamás el corazón cerrado de la rosa.
Yo velaba incrustada en el ardiente hielo, en la hoguera escarchada,
traduciendo relámpagos, desenhebrando dinastías de voces,
bajo un código tan indescifrable como el de las estrellas o el de las
    hormigas.
Miraba las palabras al trasluz.

Veía desfilar sus oscuras progenies hasta el final del verbo.
Quería descubrir a Dios por transparencia.

de *En el revés del cielo*

OLGA OROZCO

Yo, Olga Orozco, desde tu corazón digo a todos que muero.
Amé la soledad, la heroica perduración de toda fe,
el ocio donde crecen animales extraños y plantas fabulosas,
la sombra de un gran tiempo que pasó entre misterios y entre
    alucinaciones,
y también el pequeño temblor de las bujías en el anochecer.
Mi historia está en mis manos y en las manos con que otros
    las tatuaron.
De mi estadía quedan las magias y los ritos,
unas fechas gastadas por el soplo de un despiadado amor,
la humareda distante de la casa donde nunca estuvimos,
y unos gestos dispersos entre los gestos de otros que no me
    conocieron.
Lo demás aún se cumple en el olvido,
aún labra la desdicha en el rostro de aquella que se buscaba
    en mí igual que en un espejo de sonrientes praderas,
y a la que tú verás extrañamente ajena:
mi propia aparecida condena a mi forma de este mundo.
Ella hubiera querido guardarme en el desdén o en el orgullo,
en un último instante fulmíneo como el rayo,
no en el túmulo incierto donde alzó todavía la voz ronca y
    llorada
entre los remolinos de tu corazón.
No. Esta muerte no tiene descanso ni grandeza.
No puedo estar mirándola por primera vez durante tanto tiempo.
Pero debo seguir muriendo hasta tu muerte
porque soy tu testigo ante una ley más honda y más oscura
    que los cambiantes sueños,
allá, donde escribimos la sentencia:
«Ellos han muerto ya.
Se habían elegido por castigo y perdón, por cielo y por infierno.

Son ahora una mancha de humedad en las paredes del primer aposento».

de *Las muertes*

ANIMAL QUE RESPIRA

Aspirar y exhalar. Tal es la estratagema en esta mutua transfusión con todo el universo.

Día y noche, como dos organismos esponjosos fijados a la pared de lo visible por este doble soplo de vaivén que sostiene en el aire las cosmogonías, nos expandemos y nos contraemos, sin sentido aparente, el universo y yo. Lo absorbo hacia mi lado en el azul, lo exhalo en un depósito de brumas y lo vuelvo a aspirar. Me incorpora a su vez a la asamblea general, me expulsa luego a la intemperie ajena que es la mía, al filo del umbral, y me inhala de nuevo. Sobrevivimos juntos a la misma distancia, cuerpo a cuerpo, uno en favor del otro, uno a expensas del otro —algo más que testigos—, igual que en el asedio, igual que en ciertas plantas, igual que en el secreto, como en Adán y Dios.

¿Quién pretende vencer? Bastaría un error para trocar las suertes por el planeo de una pluma en la vacía inmensidad. Mi orgullo está tan sólo en la evidencia del apego feroz, en mi costado impar —tan ínfimo y sin duda necesario— que crece en la medida de su pequeñez.

Cumplo con mi papel. Conservo mi modesto lugar a manera de pólipo cautivo. Me empino a duras penas en alguna saliente para hallar un nivel de intercambio a ras del bajo vuelo, un punto donde ceda dignamente mi propia construcción.

Más corta que mis ojos, más veloz que mis manos, más remota que el gesto de otra cara esta errónea nariz que me arranca de pronto de la lisa paciencia de la piel y me estampa en el mundo de los otros, siempre desconocida y extranjera.

Y sin embargo me precede. Me encubre con aparente solidez, con intención de roca, y me expone a los vientos invasores a través de unas fosas precarias, vulnerables, apenas defendidas por la sospecha o el temblor.

Y así, sin más, olfateando costumbres y peligros, pegada como un perro a los talones del futuro, almaceno fantasmas como nubes, halos en vez de bienes, borras que se combinan en nostálgicos puertos, en ciudades flotantes que amenazan volver, en jardines que huelen a la loca memoria del paraíso prometido.

¡Ah, perfumes letárgicos, emanaciones de lluvias y de cuerpos, vahos que se deslizan como un lazo de asfixia en torno a la garganta de mi porvenir!

Una alquimia volátil se hacina poco a poco en los resquicios, evapora las duras condensaciones de los años, y me excava y me sofoca y me respira en grandes transparencias que son la forma exangüe de mi última armazón.

Y aunque aún continúe la mutua transfusión con todo el universo, sé que «allí, en ese sitio, en el oscuro musgo soy mortal, y en mis sueños husmea interminablemente un hocico de bestia», un hocico implacable que me extrae el aliento hasta el olor final.

de *Museo salvaje*

LAMENTO DE JONAS

Este cuerpo tan denso con que clausuro todas las salidas,
este saco de sombras cosido a mis dos alas
no me impide pasar hasta el fondo de mí:
una noche cerrada donde vienen a dar todos los espejismos
    de la noche,
unas aguas absortas donde moja sus pies la esfinge de otro
    mundo.

Aquí suelo encontrar vestigios de otra edad,
fragmentos de panteones no disueltos por la sal de mi sangre,
oráculos y faunas aspirados por las cenizas de mi porvenir.
A veces aparecen continentes en vuelo, plumas de otros
    ropajes sumergidos;
a veces permanecen casi como el anuncio de la resurrección.

Pero es mejor no estar.
Porque hay trampas aquí.
Alguien juega a no estar cuando yo estoy
o me observa conmigo desde las madrigueras de cada soledad.
Alguien simula un foso entre el sueño y la piel para que
    me deslice hasta el último abismo de los otros

o me induce a escarbar debajo de mi sombra.

Es difícil salir.
Me tapian con un muro que solamente corre hacia nunca
    jamás;
me eligen para morir la duración;
me anudan a las venas de un organismo ciego que me exhala
    y me aspira sin cesar.

Y el corazón, en tanto,
¿en dónde el corazón,
el tambor de nostalgias que convoca en tinieblas a todos los
    relevos?
Por no hablar de este cuerpo,
de este guardián opaco que me transporta y me retiene
y me arroja consigo en una náusea desde los pies a la cabeza.

Soy mi propio rehén,
el pausado veneno del verdugo,
el pacto con la muerte.

¿Y quién ha dicho acaso que éste fuera un lugar para mí?

de *Museo salvaje*

MUTACIONES DE LA REALIDAD

> *Rosa, oh pura contradicción, voluptuosidad de no ser*
> *el sueño de nadie bajo tantos párpados*
> **Rainer María Rilke**

¿De modo que la piedra húmeda no contiene agua
y el reflejo en el vidrio no traslada la escena al medio del
    jardín?
¿que mi sombra no me precede ni me sigue sino que testimonia
    por la luz
y un hueso fosforescente no anda en busca de cenizas dis-
    persas para la fiesta de la resurrección?

Es posible, como todo prodigio al que deshojan las manos
    de la ley.

No niego la realidad sin más alcances y con menos fisuras
que una coraza férrea ciñendo las evaporaciones del sueño y
    de la noche
o una gota de lacre sellando la visión de abismos y paraísos
    que se entreabren
como un panel secreto
por obra de un error o de un conjuro.

Pero es sólo un deseo sedentario, como fijar la luna en cada
    puerta;
nada más que un intento de hacer retroceder esas vagas
    fronteras que cambian de lugar
—¿hacia dónde? ¿hacia cuándo?—
o emigran para siempre aspiradas de pronto por la fuga de
    la revelación impenetrable.

Sé que de todos modos la realidad es errante,
tan sospechosa y tan ambigua como mi propia anatomía.

Digo que también ella ha llegado hasta aquí a través de otro
    salto feroz en las tinieblas,
y guarda, como yo,
nostalgias y temores de faunas y de floras
como aquellas que trasplantó Hieronymus Bosch desde los
    depósitos del caos,
adherencias de nubes sobre las cicatrices de las mutilaciones,
vértigos semejantes a un éxodo de estrellas
y raíces tan hondas que sacuden a veces los pilares de este
    aparente suelo
y atruenan, con su ronco reclamo de otro mundo.

Cautiva, como yo, con las constelaciones y la hormiga,
quizás en una esfera de cristal que atraviesan las almas,
la he visto reducirse hasta tomar la forma del ínfimo Jonás

dentro de la ballena

o expandirse sin fin hacia la piel exhalando en un chorro de
vapor todo el cielo:

el insoluble polizón a tientas en la sentina de lo desconocido

o la envolvente bestia a punto de estallar contra las alambradas
de los limbos.

Y ni en la puerta exigua ni en la desmesurada estaba la salida.

Guardiana, como yo, de una máscara indescifrable del
destino,

se viste de hechicera y transforma de un soplo las aves
centellantes en legiones de ratas,

y pone a evaporar en sus marmitas todo el vino de ayer y el
de mañana

hasta que sólo quedan en el fondo esas ásperas borras que
acrecientan la sed

con su sabor de nunca o de nostalgia;

o se convierte en reina y se prueba los trajes de la belleza
inalcanzable,

las felpas tachonadas de la lejanía,

que son vendas de olvido,

jirones de mendiga cuando pega su frente a mi ventana,

o desnudez de avara cuando vuelca en mis arcas sus tesoros
roídos por la lepra.

Y nunca entenderemos cuál es nuestro verdadero papel en
esta historia.

Ajena, como yo, a los desordenados lazos que nos unen

y que ciñen mi cuello con los nudos de la rebeldía, la
desconfianza y la extrañeza,

a veces me contempla tan absorta como si no nos
conociéramos

y desplaza su alfombra debajo de mis pies hasta que pierdo
de vista su aleteo,

cuando no se me acerca con un aire asesino y me acorrala
contra mis precipicios

para desvalijarme con sus manos de asfixia y de insania;

¿y acaso no simula de repente distintas apariencias entre dos
   parpadeos?,
¿no me tiñe de luto las paredes?,
¿no cambia de lugar objetos y tormentas y arboledas, sólo
   para perderme?
Y apenas si hay momentos de paz entre nosotras.

Precaria, como yo,
aquí, donde somos apenas unos pálidos calcos de la
   ausencia,
se desdobla en regiones que copian los incendios del recuerdo
perdido,
abre fisuras en las superficies como tajos de ciega para extraer
el porvenir,
olfatea con sus perros hambrientos cada presagio que huye
   con la muerte
y persigue de mutación en mutación vislumbres que se trizan
   en alucinaciones.
Y no consigue asir más que fantasmas de la desconocida
   imagen que refleja.
No, tampoco tú,
aunque niegues tu empeño entre fulgores y lo sepultes entre
   escombros;
aunque traces tus límites acatando el cuchillo de la pequeña
   ley;
por más que te deshojes para demostrar
que la rosa de Rilke no encierra ningún sueño bajo tantos
   párpados.

de *Mutaciones de la realidad*

LAS PUERTAS

Semejante a los vientos,
que pasan coronando los pacientes senderos con flores,
con el polvo que alguna vez ardiera dentro del corazón,
con el eco doliente de sepultados muros,

con destellos y músicas,
con tanta triste ruina que desterrada emigra,
he penetrado junto con mis días a través de las puertas.

Largamente guardaban, al abrigo de duras estaciones,
un mundo que alentaba distraído,
como el aire y la luz sobre las tumbas,
entre la inmemorial paciencia de las cosas;
pero había, al pasar, tan cercano y profundo cual la sangre,
—melodiosa sin duda—
un rápido murmullo, un vago respirar de secretas imágenes,
apagados de pronto bajo el velo con que la soledad defiende
    sus comarcas.

Innumerables puertas:
os contemplo otra vez desde las grietas piadosas de los
    tiempos,
lo mismo que a esas piedras borrosas, desgastadas,
donde acaso reposa irrecobrable la sagrada leyenda de algún
    dios olvidado.

Y ante mí, como entonces, aparecen aquellas,
inútiles, humildes,
demasiado confiadas en la débil custodia del silencio,
aquellas, las que nunca pudieron contener ni el fulgor de
    las lágrimas,
ni siquiera las voces precarias de la dicha que invadieron,
    así,
rincones y aposentos reservados al color de otra muerte.

También te reconozco, guardiana insobornable de mi
    melancolía.
Quizás detrás de ti,
se levantan aún mis propias sombras huyendo todavía de
    las graves tormentas,
alcanzando en las noches el recuerdo apacible de algún
    semblante amado,

envolviendo en sus manos, tiernamente, la misma claridad
    vacía y amarilla,
donde antaño vivieron confundidas las mágicas ofrendas
    que los días dejaron en la tierra.
Tú seguirás allí
defendiendo un sagrario de sueños y de polvo,
asediada tal vez por las ávidas jaurías.

Mientras tanto:
¡Cuántos mudos testigos de paz y desamparo
pasarán por las puertas entreabiertas!
¡Cuánto mensaje oculto entre sus huellas recogerán los vientos!
Ellas sabían ya que la mirada del sol bajo las piedras era,
lo mismo que mis días en sus vanos albergues,
el saludo del huésped que habitará otras piedras,
no más tiempo que aquéllas.

Y eres tú, condenada a no abrirte para siempre,
quien conoció, más cerca que ninguna,
la escondida piedad con que alguien cierra los reinos de otra
    vida.
Sin embargo, sería necesario un destino cualquiera tras de ti,
ser el ruido de un paso, o el largo empañamiento de un
    espejo vacío,
para saber si puede su deseo, sumido en tu memoria,
volver a lo que amó.

Puertas que no recuerdo ni recuerdan,
perdidas con los años bajo tristes sudarios de nombres y
    de climas,
regresan, convocadas quién sabe por qué ráfagas fieles,
como esos remolinos que castigan el desdén de los árboles
con el verdor antiguo de unas manos gastadas en soledad
    y olvido.

No. Ninguna más llorada que tú, puerta primera.
Si crecerá la hierba en tus umbrales;

si el murmullo incesante de las ramas, confiadas a los
    pájaros guardianes,
velará tu sopor, que la crueldad del médano acechaba;
si un cerrojo de lianas y de hiedra me apartaría hoy de tus
claros misterios
como de un paisaje abismado debajo de los
    párpados,
lejos de toda luz, negado a toda sombra.

Estas fueron mis puertas.
Detrás de cada una he visto levantarse una vez más
una misma señal que por los cielos y cielos repitieron los años
    en mi sangre:
no de paz, ni tampoco de cruel remordimiento;
pero sí de pasión por todo lo imposible,
por cada soledad,
por cada tierno brillo destinado a morir,
por cada frágil brizna movida por un soplo de belleza
    inmortal.

de *Desde lejos*

PARA EMILIO EN SU CIELO

Aquí están tus recuerdos:
este leve polvillo de violetas
cayendo inútilmente sobre las olvidadas fechas;
tu nombre,
el persistente nombre que abandonó tu mano entre las
    piedras;
el árbol familiar, su rumor siempre verde contra el vidrio;
mi infancia, tan cercana,
en el mismo jardín donde la hierba canta todavía
y donde tantas veces tu cabeza reposaba de pronto junto
    a mí,
entre los matorrales de la sombra.

Todo siempre es igual.

Cuando otra vez llamamos como ahora en el lejano muro:
todo siempre es igual.
Aquí están tus dominios, pálido adolescente:
la húmeda llanura para tus pies furtivos,
la aspereza del cardo, la recordada escarcha del amanecer,
las antiguas leyendas,
la tierra en que nacimos con idéntica niebla sobre el llanto.

—¿Recuerdas la nevada? ¡Hace ya tanto tiempo!
¡Cómo han crecido desde entonces tus cabellos!
Sin embargo, llevas aún sus efímeras flores sobre el pecho
y tu frente se inclina bajo ese mismo cielo
tan deslumbrante y claro.

¿Por qué habrás de volver acompañado, como un dios a su
    mundo,
por algún paisaje que he querido?
¿Recuerdas todavía la nevada?
¡Qué sola estará hoy, detrás de las inútiles paredes,
tu morada de hierros y de flores!

Abandonada, su juventud que tiene la forma de tu cuerpo,
extrañará ahora tus silencios demasiado obstinados,
tu piel, tan desolada como un país al que sólo visitaran
    cenicientos pétalos
después de haber mirado pasar, ¡tanto tiempo!,
la paciencia inacabable de la hormiga entre sus solitarias
    ruinas.

Espera, espera, corazón mío:
no es el semblante frío de la temida nieve ni el del sueño
    reciente.
Otra vez, otra vez, corazón mío:
el roce inconfundible de la arena en la verja,
el grito de la abuela,
la misma soledad, la no mentida,
y este largo destino de mirarse las manos hasta envejecer.

de *Desde lejos*

MALDOROR

Tú, para quien la sed cabe en el cuenco exacto de la mano,
no mires hacia aquí.
No te detengas.
Porque hay alguien cuyo poder corromperá tu dicha,
ese trozo de espejo en que te encierras envuelto en un
    harapo deslumbrante del cielo.
Se llamó Maldoror
y desertó de Dios y de los hombres.
Entre todos los hombres fue elegido para infierno de Dios
y entre todos los dioses para condenación de cada hombre.
El estuvo más solo que alguien a quien devuelven de la
    muerte para ser inmortal entre los vivos.
¿Qué fue de aquel a cuyo corazón se enlazaron las furias
    con brazos de serpiente,
del que saltó los muros para acatar las leyes de las bestias;
del que bebió en la sangre un veneno sediento,
del que no durmió nunca para impedir que un prado
    celeste le invadiera la mirada maldita,
del que quiso aspirar el universo como una bocanada de
    cenizas ardiendo?
No es castigo,
ni es sueño,
ni puñado de polvo arrepentido.
Del vaho de mi sombra se alza a veces la centelleante
    máscara de un ángel que vuelve en su caballo alucinado

a disputar un reino.
El sacude mi casa,
me desgarra la luz como antaño la piel de los adolescentes,
y roe con su lepra la tela de mis sueños.
Es Maldoror que pasa.
Hasta el fin de los siglos levantará su canto rebelde contra
    el mundo.
Su paso es una llaga sobre el rostro del tiempo.

                              de *Los muertos*

DESDOBLAMIENTO EN MASCARA DE TODOS

Lejos,
de corazón en corazón,
más allá de la copa de niebla que me aspira desde el fondo
    del vértigo,
siento el redoble con que me convocan a la tierra de nadie.
(¿Quién se levanta en mí?
¿Quién se alza del sitial de su agonía, de su estera de zarzas,
y camina con la memoria de mi pie?)
Dejo mi cuerpo a solas igual que una armadura de intemperie
    hacia adentro
y depongo mi nombre como un arma que solamente hiere.
(¿Dónde salgo a mi encuentro
con el arrobamiento de la luna contra el cristal de todos
    los albergues?)
Abro con otras manos la entrada del sendero que no sé adónde
    da
y avanzo con la noche de los desconocidos.
(¿Dónde llevaba el día mi señal,
pálida en su aislamiento,
la huella de una insignia que mi pobre victoria arrebataba
    al tiempo?)
Miro desde otros ojos esta pared de brumas
en donde cada uno ha marcado con sangre el jeroglífico
    de su soledad.

y sueltan sus amarras y se va en un adiós de velero fantasma
    hacia el naufragio.
(¿No había en otra parte, lejos, en otro tiempo,
una tierra extranjera,
una raza de todos menos uno, que se llamó la raza de los otros,
un lenguaje de ciegos que ascendía en zumbidos y en burbujas
    hasta la sorda noche?)
Desde adentro de todos no hay más que una morada bajo un
    friso de máscaras;
desde adentro de todos hay una sola efigie que fue inscripta
    en el revés del alma;
desde adentro de todos cada historia sucede en todas partes:
no hay muerte que no mate,
no hay nacimiento ajeno ni amor deshabitado.
(¿No éramos el rehén de una caída,
una lluvia de piedras desprendida del cielo,
un reguero de insectos tratando de cruzar la hoguera del
    castigo?)
Cualquier hombre es la versión en sombras de un Gran Rey
    herido en su costado.

Despierto en cada sueño con el sueño con que Alguien sueña
    el mundo.
Es víspera de Dios.
Está uniendo en nosotros sus pedazos.

de Los juegos peligrosos

CANTOS A BERENICE
[V]

Tú reinaste en Bubastis
con los pies en la tierra, como el Nilo,
y una constelación por cabellera en tu doble del cielo.
Eras hija del Sol y combatías al malhechor nocturno
—fango, traición o topo, roedores del muro del hogar, del
    lecho del amor—,

multiplicándote desde las enjoyadas dinastías de piedra
hasta las cenicientas especies de cocina,
desde el halo del templo, hasta el vapor de las marmitas.
Esfinge solitaria o sibila doméstica,
eras la diosa Lar y alojabas un dios, como una pulga insomne,
en cada pliegue, en cada matorral de tu inefable anatomía.
Aprendiste por las orejas de Isis o de Osiris
que tus nombres eran Bastet y Bast y aquel otro que sabes
(¿o es que acaso una gata no ha de tener tres nombres?);
pero cuando las furias mordían tu corazón como un panal
    de plagas
te inflabas hasta alcanzar la estirpe de los leones
y entonces te llamabas Sekhet, la vengadora.
Pero también, también los dioses mueren para ser inmortales
y volver a encender, en un día cualquiera, el polvo y los
    escombros.
Rodó tu cascabel, su música amordazada por el viento.
Se dispersó tu bolsa en las innumerables bocas de la arena.
Y tu escudo fue un ídolo confuso para la lagartija y el
    ciempiés.
Te arroparon los siglos en tu necrópolis baldía
—la ciudad envuelta en vendas que anda en las pesadillas
    infantiles—,
y porque cada cuerpo es tan sólo una parte del inmenso
    sarcófago de un dios,
eras apenas tú y eras legión sentada en el suspenso,
simplemente sentada,
con tu aspecto de estar siempre sentada vigilando el umbral.

de *Cantos a Berenice*

AL PAJARO SE LO INTERROGA CON SU CANTO

Hay en algunos ojos esas borras de añil que dejan los crepúsculos
    al evaporarse
—un ala que perdura, una sombra de ausencia—.
Son ojos hechos para distinguir hasta el último rastro de la

melancolía,
para ver en la lluvia el inventario de los bienes perdidos
así como hace falta un invierno interior
«para observar la escarcha y los enebros erizados de hielo»
dijo Wallace Stevens congelando el oído y la pupila,
convertido tal vez en el hombre de nieve que contempla la nada
      con la nada
y que oye sólo el viento,
sin ningún evangelio que no sea ese sonido único del viento
(aunque tal vez hablara de la más extremada desnudez;
no de la transparencia).
Pero yo sé que cada tiniebla se indaga solamente con la noche
      que llevo,
que la piedra se entreabre ante la piedra
de la misma manera que se tantea el corazón con el abismo.
¿Hay alguna otra forma de asomarse hasta el fondo del subsuelo,
el fondo de otra herida, el fondo de otro infierno?
No hay ninguna otra lámpara para reconocer lo próximo, lo ajeno,
      lo distante.
Lo atestigua la esquiva intención de la rata chillando entre los
      vidrios,
resbalando en la rampa de una impensable luz;
lo proclama la estrella con su remoto código adherido a un temblor,
tal vez a una agonía que ya fue;
lo confirma ese yo que camina contigo y es memoria dondequiera
      que olvides,
y ese otro, inabarcable, centelleante,
que le sale al encuentro bajo el agua de las transformaciones,
y a veces ni es persona, ni color, ni perfume, ni huella de este
      mundo.
Ambos están tejidos con la sustancia misma del silencio.
Se parecen a Dios en su versión de huésped reversible:
el alma que te habita es también la mirada del cielo que te incluye.

de *En el revés del cielo*

OBRAS DE OLGA OROZCO

Desde lejos, Losada, Buenos Aires, 1946.
La muerte, Losada, Buenos Aires, 1952.
Los juegos peligrosos, Losada, Buenos Aires, 1962.
La oscuridad es otro sol, Losada, Buenos Aires, 1967.[Relatos.]
Las muertes. Los juegos peligrosos, Losada, Buenos Aires, 1972.
Museo salvaje, Losada, Buenos Aires, 1974.
Veintinueve poemas (prólogo de Juan Liscano), Monte Avila Editores,
    Caracas, 1975.
Cantos a Berenice, Sudamericana, Buenos Aires, 1977.
Obra poética, Corregidor, Buenos Aires, 1979.
Mutaciones de la realidad, Sudamericana, Buenos Aires, 1979.
Poesía. Antología, Prólogo de Telma Luzzani. Centro Editor de América
    Latina, Buenos Aires, 1982.
Páginas de Olga Orozco seleccionadas por la autora (estudio preliminar
    de Cristina Piña), Celtia, Buenos Aires, 1984.
Poemas, Universidad de Antioquia, Departamento de Bibliotecas,
    Medellín, Colombia, 1984.
La noche a la deriva, Fondo de Cultura Económica, México, 1984.
Antología poética, Ediciones de Cultura Hispánica, Madrid, 1985.
En el revés del cielo, Sudamericana, Buenos Aires, 1987.

ALVARO MUTIS

MAQROLL, LA VIGILANCIA DEL ORDEN

EN 1988 estuve en la casa del escritor colombiano Alvaro Mutis, en la ciudad de México. A pesar de las inclemencias del tráfico, me desplacé en tres ocasiones para conversar con el poeta. El contacto fue muy grato. Hace algún tiempo, él había puesto en evidencia nuestra común identidad étnica: el pasado sefardita que nos une, a pesar de los 500 o más años de diáspora. Su calor humano, su simpatía, su carisma, fueron cualidades de la conversación imposibles de transcribir.

El estudio de Mutis es su propio Aleph. En una de las paredes tiene una fotografía de la hacienda cafetalera (ya desaparecida) de su familia. El poeta comenzó por describir con gran avidez los pormenores de ese sitio fundador de su poesía. La hacienda Coello se situaba entre dos ríos, al pie de la cordillera; Mutis iba descifrando el sitio como si fuera descubriéndose a sí mismo, como si en esa reconstrucción desmenuzara su propia poesía.

Después, hicimos un inventario (imposible) de la totalidad comprendida en ese pequeño espacio (el estudio medirá 7 x 7 m, aproximadamente). Una gran variedad de objetos adornan el lugar, indicando el continuo trajinar del poeta: militares del ejército napoleónico, placas de premiación, retratos históricos de la familia real de Felipe II, hechos por el pintor Sánchez Coello; diferentes tomas de Baudelaire, Conrad, Proust, etc.; gran cantidad de fotografías con amigos (por allí aparece Mutis con Borges, con García Márquez, con Rodríguez Monegal, y muchísimas más), grabados, un retrato autografiado del rey de España y, por supuesto, los volúmenes que componen su biblioteca. El escritor lanzó una carcajada cuando le comenté que lo único que le faltaba en ese pequeño estudio era la mezquita de Córdoba.

Desde la aparición de sus primeros libros, la obra de Mutis ha sido elogiada y admirada por críticos importantes de poesía hispanoamericana. A partir de 1981, el poeta colombiano comenzó a escribir y a publicar con un ritmo bastante vertiginoso. En esta década han aparecido dos colecciones de su obra completa, cuatro poemarios y cuatro novelas. También, se han elaborado dos volúmenes que recopilan crítica y entrevistas sobre su obra. Los premios y el reconocimiento internacional de los últimos años han celebrado una obra madura y versátil.

En esta entrevista, el lector encontrará opiniones de Mutis sobre temas no tratados anteriormente. En especial, en la última sección hay un énfasis por revisar los últimos tres relatos publicados por el autor [*La nieve del almirante, Ilona llega con la lluvia* y *Un bel morir*]. Algunas historias y anécdotas que se han reiterado en otras conversaciones aparecen aquí como elementos necesarios para presentar una configuración completa de Mutis y sus obsesiones.

GENEALOGIA

J.S.: ¿Me podría hablar de su herencia familiar, su historia genealógica? Leí en una entrevista con Cobo Borda que su apellido materno, Angel, tenía vínculos con judíos conversos.

A.M.: Creo que los dos apellidos. Vamos a comenzar por el paterno. Los Mutis vienen de Pisa y de allí pasaron a Mallorca con el apellido Mut; de Mallorca fueron a Cádiz. Van hacia el sur escapando de los centros. En Cádiz se establecen, son libreros, comerciantes y muchos entran a las órdenes religiosas. El sabio, José Celestino Mutis, que era botánico, después de mucho luchar con Carlos III, consiguió el permiso para hacer la expedición botánica que consistió en la catalogación de la flora, la fauna y la mineralogía de la zona tropical, ecuatorial. El se había carteado mucho con Linneo —el gran clasificador de la botánica, quien lo ayudó y lo empujó mucho en esto. Después fue amigo de Humboldt, quien hizo toda una gran vuelta para visitar en Santa Fé, Bogotá, a José Celestino Mutis y hablar ciertas cosas con él e impulsar sus descubrimientos de tipo científico. El sabio trajo a don Manuel Mutis, su hermano menor, que es mi tatarabuelo. Don Manuel tuvo dos hijos: Sinforoso y Domingo; este último es el abuelo de mi abuelo. Desde luego, el sabio y su hermano viajan a América con los famosos certificados de sangre que daban fe que no tenían ni sangre judía ni sangre árabe, pero es bien sabido que eso se conseguía con dinero. Lo que me hace pensar en un origen judío es, primero, la salida de Pisa, donde había una colonia muy grande y, luego, el establecimiento en Mallorca, que es uno de los grandes centros de la judería sefardí. Estos cambios de apellido también son muy raros: viajan como Muti; después Mutis, Mute, Mut, y vuelve Mutis en Cádiz.

El sabio, en sus cartas, siempre habla de su limpieza de sangre, pero creo que esto no quiere decir nada; no tengo ningún dato. Hay unas magníficas biografías del sabio que se han escrito últimamente. María Paz Martín Ferrero, una investigadora que vive en Cádiz, ha escrito un trabajo espléndido, muy completo. La expedición botánica significa, en América, la primera presencia del pensamiento científico del siglo XVIII. Ellos traen los derechos del hombre: son un poco una representación de la Ilustración (cosa que aquí, su descendiente, no aprecia muchísimo, pero en fin ése es otro problema).

Por el lado materno, mi nombre es Jaramillo, después es Angel. Este es evidentemente un nombre sefardí y hay otro nombre que se usó mucho entre los judíos conversos que es Vélez; mi abuela materna era Angel Vélez: su aspecto es evidente. Ahora, lo que pasa es que en España es tan común este tipo que nos confundimos, pero yo siempre he sostenido que España es un país tremendamente empapado del mundo judío, incluso mucho más de lo que ha dicho don Américo Castro. Entonces, éstos son mis orígenes.

Curiosamente, tanto de parte de padre como de madre han sido todos hacendados, terratenientes, gente de finca. Las únicas dos personas que nacimos en la ciudad fuimos mi padre y yo, todos los demás nacieron en el campo. Eran cafetaleros y sembradores de caña por parte de madre: café y caña van juntos en Colombia, son cultivos paralelos; y los Mutis, ganaderos, pero todos terratenientes y gente de campo, vinculados a la burguesía de la ciudad, con un arraigo muy grande en la finca. La vida de todos ellos y la vida mía de mi juventud era una vida de finca, no de ciudad; como referencias, como ámbito.

Hay otro apellido de mi padre que es Dávila, que es un apellido de la gran burguesía colombiana; también gente del campo. Curiosamente mi padre entró al servicio civil: fue secretario de dos presidentes y después entró al servicio diplomático; fue el primero de la familia que se sale de la tradición de gente de campo.

ITINERARIO BIOBIBLIOGRAFICO

J.S.: Usted se ha referido en varias entrevistas a la importancia que tuvo en su infancia la hacienda cafetalera de su familia en el Departamento del Tolima. ¿En qué sentido se podría hablar de paraíso perdido si las referencias al lugar están llenas de destrucción y muerte?

A.M.: Como recuerdo y como vivencia (para usar la palabreja que detesto), como experiencia de vida, sí fue una experiencia paradisíaca. La vida en una hacienda de café y caña es, realmente, una maravilla de contacto con la naturaleza, con la gente del campo; las primeras experiencias eróticas y sexuales, mezcladas siempre con esa vegetación, con esas flores, esos frutos, esos olores; los ríos donde se baña uno todo el tiempo, en fin, una maravilla. Ahora, lo que a mí me sorprendía viniendo de Bruselas, donde había pasado mi niñez, era la velocidad con que las cosas en el trópico se van deshaciendo, se van usando, se van gastando, las cosas y las personas; la rapidez con que se oxida, se destruye y vuelve a la tierra todo. Como dije en alguna entrevista, se deja una herramienta algunos días recostada en alguna parte, después se oxida y ya se funde con la tierra. Habían hecho un intento de ferrocarril por ahí (éste es un tema que vuelve en mi última novela: *Un bel morir*); y he visto —y lo digo en varios poemas— los rieles ya convertidos en una mancha ocre sobre la tierra. Entonces, esta destrucción de todo era sorprendente, como una muestra de vida y, al mismo tiempo, de muerte, ¿no? Pero muerte sin terror, sin una sensación de desaparición, sino de fundirse con ese mismo paisaje. En contra del paisaje flamenco y, en general, del europeo, que es un paisaje civilizado, medido, ponderado, cuadriculado, donde todo dura para siempre, donde una iglesia levantada en el siglo XIII está allí, intacta, y la gente sigue rezando allí, sigue funcionando la iglesia como sitio de congregación del pueblo y mil ejemplos más. Este contraste fue el que me hizo que me quedara una imagen de destrucción; más que destrucción, la palabra sería desgaste.

J.S.: ¿Podría vincular su experiencia de la niñez con la de algún otro escritor como Pessoa o Borges, en el sentido del viaje?

A.M.: Esto yo lo hablaba con Julio Cortázar, que nació en Bruselas. Ellos eran gente de ciudad; yo iba del campo a Europa y de Europa al campo o quedándome temporadas en Bogotá, que era una pequeña ciudad rodeada de algunas fincas muy cercanas. El centro era la finca, donde se pasaba la Navidad, el Año Nuevo, las novenas (las posadas mexicanas), etc. No se me ocurre ninguna relación. Tal vez la haya.

J.S.: Usted refiere, en una entrevista con Francisco Cervantes y Pura López Colomé, que estudió en un colegio de jesuitas en Bruselas...

A.M.: En el Colegio de Saint Michel, que es una de las grandes fundaciones de San Ignacio de Loyola.

J.S.: ¿Comenzó alguna relación literaria en ese momento?

A.M.: No, ninguna. Leía muchísimo. Fui un pésimo estudiante, lo he dicho muchas veces. No acabé ningún curso, ninguna carrera. La posición mía frente al estudio se resume en un diálogo que tuve alguna vez con el director del Colegio del Rosario en Bogotá, monseñor Castro Silva. Me preguntó qué iba yo a hacer con todas las materias que debía; ya era imposible con todas las revalidaciones que tenía pendientes. Entonces, le contesté, con toda honestidad, que no podía perder el tiempo en eso de los estudios, porque tenía mucho que leer: no puedo estudiar química, si ahora estoy metido en las guerras de religión de Francia o en las Cruzadas. Y me dijo que dejara el estudio, porque ya no tenía sentido para mí.

J.S.: ¿Viajaba por barco de Europa a América?

A.M.: Viajábamos por barco, sí. De Bruselas al Pacífico, Buenaventura; y de allí, a la finca.

J.S.: ¿Cuánto tiempo duraba el viaje?

A.M.: El viaje por barco duraba dos semanas. Era Amberes, el Havre, a veces se pasaba por Nueva York; dependía de la línea. Una de ellas era la Hamburg American Navy. Después, íbamos por las islas del Caribe, que eran fascinantes para mí; cruzábamos el canal de Panamá y llegábamos a Buenaventura, que es un puerto colombiano sobre el Pacífico.

J.S.: ¿Recuerda algún viaje de éstos, en particular?

A.M.: Los tengo todos mezclados, porque el viaje en barco era una vida completa; es decir, la rutina del barco, el almuerzo, la comida, de ir con el capitán al puesto de mando para que le mostraran a uno la brújula, la cosa, en fin, el llegar a alguna parte. Esto se repetía tantas veces que realmente tengo sólo un viaje ya en la cabeza. No tengo ninguna anécdota en especial. Además, no fueron muchos los viajes. Muchas veces no viajábamos a Colombia en las vacaciones. Pero eso sí, esas imágenes me quedaron para siempre y en las tres narraciones que he escrito largas (*La nieve del almirante, Ilona llega con la lluvia* y *Un bel morir*) vuelven muchas de esas imágenes: barcos, puertos, etc.

J.S.: Usted regresa a Colombia en 1938, a sus 15 años, que serían un parteaguas de la adolescencia, ¿es significativo esto?

A.M.: Sí, muchísimo, porque la gran crisis de la adolescencia, en medio de lecturas enfebrecidas, me sucede en la finca. Mientas se ajustaban mis estudios a los de Colombia, yo me quedaba en la finca por temporadas muy largas.

J.S.: ¿Cómo se fue adaptando a la vida colombiana de Bogotá?

A.M.: Pues la vida de familia, los amigos. Tuve muchos amigos jóvenes españoles refugiados, porque corresponde a la llegada de los primeros refugiados. Empiezo a escribir pequeñas cosas en las revistas del colegio; se marca en mí una vocación literaria, empiezo a ordenar un poco mis lecturas. En ese momento, una lectura definitiva fue el *Quijote* en una versión un tanto expurgada, pero muy completa, y el texto desde luego intacto; a mí me deslumbró y me sigue deslumbrando. Para mí el *Quijote* es un libro excepcional, fuera de toda comparación. Este mundo que ve don Quijote se parecía tanto al mundo que yo inventaba de adolescente que, realmente, fue un golpe tremendo.

J.S.: En referencia a esta vuelta a Colombia son muy pocas las referencias a su vinculación con grupos. Usted menciona el grupo de los «cuadernícolas»...

A.M.: Bueno, realmente nunca he sido una persona de grupos literarios (no por principio ni porque me lo proponga). Se llamaban «cuadernícolas» porque no teníamos dinero y publicábamos unos libritos muy feos. Te voy a mostrar mi primer libro; eso te ilustra completamente: *La balanza* (que fue el que se quemó durante el «bogotazo»), escrito por mí y por Carlos Patiño, que ahora es un filólogo muy importante en Colombia. Esos poemas míos aparecen después en *Los elementos del desastre*. Entonces, había esta relación con ellos, pero no eran mis íntimos amigos, *mis* amigos. Ni estuve vinculado a otros grupos, ni siquiera al de la revista *Mito*, al grupo ya mismo como movimiento político y como movimiento social y de toma de conciencia y una serie de cosas que a mí jamás me han interesado DE VERDAD. Mi vida se desarrollaba en otras cosas.

J.S.: ¿Hay ciertas lecturas en común?

A.M.: No. Ellos leían el marqués de Sade, por ejemplo, que yo ya había leído, ya me aburría. Se fueron mucho por Lukács y la filosofía alemana que a mí no me interesaba. Yo he tenido mucha más afición, fidelidad e interés por la literatura francesa, inclusive por el pensamiento francés. Montaigne, por ejemplo —que leo con mucha frecuencia— es un autor de mucha importancia para mí. Ellos más bien veían el existencialismo, Heidegger, Husserl, el mismo Sartre —que no ha sido santo de mi devoción jamás—; en fin, yo iba por otro lado. Pero, claro, en el fondo sí nos unía la edad, la aventura literaria, compartir revistas, aparecer en los mismos suplementos y hubo siempre la más cordial relación y la más cariñosa; yo realmente no compartí ni sus actitudes políticas, ni sus posiciones frente a los problemas sociales de Colombia.

J.S.: ¿Tiene alguna importancia la Segunda Guerra Mundial en su obra?

A.M.: Muchísima. Primero la guerra de España. Fue muy impresionante. Alguna parte de mi familia estaba en España. Inmediatamente después la guerra mundial. La invasión de Francia, la invasión de Bélgica: esto vivido desde Colombia, pues era una especie de oscurecimiento... Fue algo que me golpeó muchísimo. Yo ya trabajaba en la Radio Nacional. Estaba encargado de las noticias; vivía muy al día todas las incidencias de la guerra. Sobre todo, esa Europa encerrada, entre alambres de púas, como yo la veía. Era algo absolutamente intolerable, tan doloroso, tan insoportable. Además, sentirse preso en América Latina. Yo pensaba: me voy a quedar toda la vida en este país..., que al mismo tiempo me gusta, me atrae, y es mío y tal, pero tiene problemas culturales y sociales que me parecían horribles. Yo me sentía arrancado del medio europeo.

J.S.: ¿Cuál es el origen de los poemas de *La balanza* y después de *Los elementos del desastre*?

A.M.: Esos son poemas que se me fueron ocurriendo un poco para fijar imágenes de mi estancia en la finca y de la tierra caliente. El primer texto que sentí que podía ser publicado se llama «La creciente»; y el primero que se publicó fue un largo poema que se llama «El miedo», que es muy básico en mí: la presencia profunda de la tierra caliente y sus fenómenos de destrucción. Se me ocurrió reunir estos poemas con los de Carlos Patiño. Yo conocía a un crítico de arte que se llamaba Casimiro Eiger; había venido de Polonia. Era un hombre perteneciente a una gran familia judía descendiente del rabí que negoció con Napoleón el establecimiento de los judíos en Polonia. En fin, un hombre con una gran sensibilidad y una gran formación. El nos influyó mucho y nos insinuó lecturas. Yo le mostraba los poemas a él y Patiño también. Un día él dijo: ¿por qué no hacen entre los dos un libro?, o se nos ocurrió a nosotros, ya no me acuerdo.

La *Reseña de los hospitales de ultramar* tiene un origen muy curioso. Escribí primero los epígrafes y me parecieron tan buenos y me gustaron tanto que resolví escribir el libro un poco inspirado y basado en los tres epígrafes. Por cierto, un crítico norteamericano que ha trabajado en mi obra, Nicholas Hill, casi se vuelve loco buscando esos epígrafes en la Biblioteca de Nueva York y en la del Congreso. Vino a hablar aquí conmigo cuando sacó su ensayo y sus traducciones y me dijo: «oiga, yo he buscado estos libros por todas partes, estoy desesperado». Claro que nunca los iba a encontrar.

J.S.: El personaje del húsar me parece interesante en su obra inicial. ¿Cuál es la función que desempeña el húsar en la guerra?

A.M.: El húsar es caballería ligera que generalmente se usaba para uno de los trabajos más peligrosos y necesarios de la guerra. Se trataba de cargar a gran velocidad y apoderarse de la artillería: romper las unidades de artillería que se hacían como unas islas; o acciones de ese tipo, muy peligrosas, en donde realmente las posibilidades de sobrevivir son casi nulas. Y a cambio de eso tener un prestigio extraordinario en el ejército y una cierta impunidad. Por eso la historia de Conrad de «Los duelistas» tiene ese aspecto que se le puede escapar a la gente. A un húsar se le permite todo, porque realmente se la juega íntegra; se la jugaron, ya no existen. Eran como una especie de comandos. Y peleaban donde les tocara. Eran unas fieras. Son gente que vive al borde de la vida. No tenían larga vida: muy pocos húsares llegaban a contarles a sus nietos de sus hazañas. Ahora, éste que yo imaginé es un pobre perdido en las tierras calientes.

J.S.: En el año de 1956 usted viene a México...

A.M.: En octubre del 56, vine a México, sí.

J.S.: La presencia de Octavio Paz en la segunda mitad de la década de los cincuenta y el resto de los sesenta es muy importante...

A.M.: Tuve la fortuna y fue una fortuna maravillosa...Octavio Paz había tenido la generosidad de haber escrito algunas palabras sobre mi obra, hacer algunas declaraciones; no había escrito todavía el ensayo largo que aparece después en *Puertas al campo*. Lo primero que hice al llegar a México fue irlo a saludar a Relaciones Exteriores; él estaba en el Departamento de Organismos Internacionales, y daba la casualidad que quien estaba trabajando con él, en el escritorio de frente, era Carlos Fuentes. Ellos fueron mis dos primeros amigos, mis dos primeros conocimientos de escritores mexicanos. Fue una maravilla ese diálogo con ellos. Después, en casa de Carlos Fuentes, en una cena que dio una noche para despedir a Jomi García Ascot (para un supuesto viaje a Roma que nunca hizo), conocí realmente a todos los que iban a ser mis amigos en México. La lista es larguísima; en esa noche me hice muy amigo de Ramón Xirau, Elena Poniatowska, Eleonora Carrington, Jomi García Ascot, José Luis Martínez, Jaime García Terrez, Durán, el español, Carlos Blanco Aguinaga —el ensayista y especialista en Unamuno—, Juan Soriano, Fernando Benítez y, en fin, con gran injusticia se me están olvidando otros más. Me integré inmediatamente, participando en los suplementos literarios: en el del Novedades, en la *Revista Mexicana de Literatura* hice algunas traducciones, publiqué. «El festín de Baltasar», un poema largo en una recomposición especial, los textos de Alvar de Matos que salieron en la revista *Snob* y ya después quedé vinculado completamente a ellos.

J.S.: A partir de esta llegada a México, me parece que en *Los trabajos perdidos* hay una agudización del problema del exilio.

A.M.: Vivo el exilio, pero es ya un exilio muy profundo. No es un exilio de la tierra colombiana; aunque está el «Nocturno» que comienza con: «*Esta noche ha vuelto la lluvia sobre los cafetales*» y el poema que se llama propiamente «Exilio». Pero, en realidad, son ya mis 34, mis 35 años, es la convicción de que estamos exiliados donde estemos; donde vivamos, somos unos eternos exilados. Cada vez más, me identifico con personajes de Conrad como Axel Heyst, el de *Victoria* sobre todo con él y, en fin, con algunos otros personajes (el mismo Almayer), y me doy cuenta que no tengo asidero. He sido un viajero continuo. En Colombia, cuando trabajaba para la Standard Oil, viajé por toda América Latina, volví a Europa. Después, aquí en México, he trabajado durante veinte años para compañías de cine y viajo continuamente por América Latina. Todos los años viajo a España, hago un salto a París. Pero ya ninguno de estos viajes es para curar ningún exilio; al contrario, lo agudizan, lo hacen mucho peor, es un exilio interior. Pero sí está bien visto, sí hay una agudización de esa conciencia de que estamos exilados donde quiera que estemos.

J.S.: Y también con relación a este momento, hay muchos escritores que se refieren al tema de la muerte. Rilke parece ser una lectura importante...

A.M.: Rilke ha sido una gran lectura mía. Yo, desde mucho antes, he tenido una conciencia de la muerte. Precisamente por vivir en ese ambiente del trópico donde la muerte es continua, un proceso que estamos viendo suceder en los vegetales, los animales y en la misma gente. Esa conciencia la he tenido siempre. Después, la lectura de los escritores españoles: Cervantes, básicamente, pero también desde luego Quevedo. En fin, toda esta posición española frente a la muerte, la asumo mucho, la tengo conmigo, desde niño. Mi familia era profundamente española en sus creencias, en sus costumbres, aunque eran colombianos y estuvieron vinculados a la vida política del país. Pero de todos modos, la manera de ver las cosas, las costumbres, la manera de ver la vida, era muy español, muy castellano.

J.S.: Después de este momento, en cuanto a publicaciones, hay una interrupción de ocho años, de 1965 a 1973, año en el que aparecen *Summa de Maqroll el Gaviero* y *La mansión de Araucaíma*.

A.M.: En verdad, ése es un gran hueco y yo descuidé por completo la escritura en esa época. Escribí el *Diario de Lecumberri*, y los cuentos allí incluidos, y dejé de trabajar por un gran escepticismo. Escribo con mucha dificultad: primero, el trabajo que hago con el idioma es muy elaborado. Mi primer idioma no fue el español, fue el francés; entonces, es muy laborioso, muy premioso para escribir. Además, me atenaza mucho y cada vez más esa conciencia de para qué, para qué esto si esto ya se hizo bien, si esto ya está bien escrito. Eso me trabaja mucho y entonces para sentarme en la máquina de escribir, realmente tengo que vencer todo esto. En esa época, que fue muy caótica sentimentalmente, de grandes crisis personales, dejé la escritura de lado, la lectura nunca.

J.S.: ¿Y fue deliberada la publicación de las dos obras el mismo año?

A.M.: No, para nada, puro azar. La salida de la *Summa de Maqroll el Gaviero* fue muy sencilla. Carlos Barral me dijo: «¿Por qué no reúnes la poesía? Yo te la publico». Y yo le dije que sí: una *summa*, es todo lo que he escrito y aquí terminó el asunto.

J.S.: Además, anoto —curiosamente— otros ocho años, hasta 1981, para la publicación de *Caravansary*: ocho años antes y otros ocho después.

A.M.: Yo no lo había notado siquiera...

J.S.: A partir de 1981, hay un giro con respecto a su obra.

A.M.: Sí lo hay. Empiezan a aparecer ciertas escenas históricas, ciertos escenarios. Aparece España, ya en el instante en que la veo de verdad. Eso pasa mucho también con los libros; de pronto lees un libro y percibes un mundo totalmente distinto que había estado velado en las otras lecturas. El descubrimiento de España y la profundidad dentro de mí de lo que España representa ha sido uno de los causantes básicos de este giro, de este cambio. Y, curiosamente, el poder escribir un libro como *Los emisarios*, que yo le doy una enorme importancia en mi obra: es el que testifica, testimonia, ese cambio; inmediatamente después pude escribir estos tres últimos relatos, que no alcanzan a ser novelas. [Se refiere a *La nieve del almirante*, *Ilona llega con la lluvia* y *Un bel morir*.]

J.S.: En la composición de *Los emisarios* hay una combinación (que al principio me pareció extraña) de poemas epifánicos, como el de Córdoba, el de Cádiz y el de la Alhambra, con otros muy diferentes como «La visita del Gaviero» y el de «En Novgorod la Grande». ¿En qué consiste la armazón de ese libro?

A.M.: Ese libro aparentemente puede parecer una colcha de retazos, ¿no? Porque tiene unas prosas por un lado («La vista del Gaviero»); después tiene los diez Lieder, que no tienen nada que ver con esto; tiene además los poemas de España y después el «Funeral en Viana», «En Novgorod la Grande», y ese poema de «Noticia del Hades» y el primero: «Razón del extraviado». Curiosamente yo siento en ese libro una gran unidad. Es el único libro que, con diversos estilos o en diversas maneras, vengo a decir siempre lo mismo. Ahora, no fue armado así. Ese libro nació en esta forma: al igual que en la «Memoria de los hospitales de Ultramar», hice el epígrafe de ese poeta sufí y dije: «Este epígrafe es buenísimo; hay que hacer un libro para acompañarlo, no se puede quedar así». Y entonces tenía escrito el «Funeral en Viana», «En Novgorod la Grande», la «Noticia del Hades», y vino el viaje a España y salieron todos esos poemas.

J.S.: ¿Fue un viaje en particular?

A.M.: Fue un viaje en donde fui a Andalucía por primera vez. Llegué tan cargado de cosas que pensé: «Esto es lo mismo». Fue saliendo el libro. Lo último que puse —con muchas dudas— fueron los Lieder, que fueron un intento fracasado: quería hacer pura lírica. Pero en una lectura que les hice, me di cuenta que tenían que ver con el poema de La Alhambra, por ejemplo. Estos son los emisarios, las sombras, las presencias que vienen a decirme cosas; unos en una forma muy larga, otros en otra, pero es lo mismo.

J.S.: Los poemas de España representarían de todos modos un tipo de poesía diferente.

A.M.: Es diferente porque por primera vez hago poesía sobre cosas inmediatas, referencias directas. Es la primera vez que lo hago.

J.S.: A partir de entonces se acelera su producción.

A.M.: Todo se acelera por causa de España, por una serie de visiones que me vienen de estos viajes a España, de ciertas lecturas, de esta red de razones que me llevan de pronto a escribir en forma mucho más activa, más continua, pues es muy difícil de desentrañar. Siento a España, siento cierta madurez interior, cierta visión más clara de mi posición frente al sentimiento religioso y al sentido de trascendencia de las cosas y del mundo y de los seres.

POETICA

J.S.: ¿Ha cambiado su idea de la poesía?

A.M.: No, para nada. La poesía sigue siendo lo que fue cuando escribí el primer poema: un acto de persistencia y de manifestación de tratar vanamente, pero de intentar, que perduren una serie de imágenes, de recuerdos, de percepciones, que considero esenciales en mi vida. Es como un segundo oxígeno del cual yo saco la razón de vivir. Y en el fondo, un cierto sentido (siempre lo he tenido) religioso, de invocación.

J.S.: ¿Cuándo escribe?

A.M.: Escribo en las mañanas, pero después de desayunar, bañarme y arreglarme, entre las diez y media en adelante, y en las tardes mucho. En las noches no puedo escribir. La noche es algo muy especial. Cada noche que está frente a mí, cada día que termina, es como un tiempo lleno de promesas, de algo que va a venir, algo que va a suceder, eso no me permite escribir. La noche me permite alimentar, inquietar, mover, suscitar adentro imágenes, estados de ánimo que después voy a trabajar en la mañana.

J.S.: ¿Tiene alguna rutina para sentarse en la máquina de escribir?

A.M.: No, no tengo rutina. A veces paso semanas sin escribir y otras veces estoy un mes escribiendo todos los días. Como fui mal estudiante, no tengo esa disciplina.

J.S.: ¿Usted organiza sus libros?

A.M.: Sí, muchísimo. A veces me toma más tiempo organizarlos que escribirlos. No sólo a veces, siempre. Un poema frente a otro, tiene un sentido. Tiene que tener un sentido orgánico.

J.S.: ¿Cree usted que la palabra es fiel al objeto que trata de representar?

A.M.: Todo poema es la constatación de un absoluto fracaso. Creo que lo digo incluso en algún poema mío. La palabra sólo sirve como un oscuro signo borroso, de algo que quiero y necesito que permanezca: una imagen, un estado de ánimo, una emoción, una constatación de una verdad. En ese momento es esencial, necesito que permanezca. Entonces, la palabra como un vago jeroglífico, como un torpe jeroglífico agarra, captura, deja unos signos para que esto perdure. Así lo vivo yo. Entonces, el objeto, el paisaje, al entrar en mi poesía, entra a formar parte de todo mi mundo, de todos mis demonios, de todas mis ansiedades, de cómo veo las cosas y los seres, entra instantáneamente. Si no participa en esto, no forma parte de mi poesía, ni sirve para nada. Es decir, nada que no pase —para decirlo en forma bien cursi— por el corazón, me sirve a mí. Lo que pasa por el cerebro no me dice nada.

J.S.: Andrés Sánchez Robayna explica que el escritor ve el mundo como una escritura. Lo está leyendo al verlo. A la hora que escribe, lo está tachando, al tratar de descodificarlo. Esa escritura, entonces, no sería la fiel representación del original.

A.M.: Está bien visto. Se acerca bastante a lo que estoy diciendo.

J.S.: ¿Qué valor tendría el silencio en su obra?

A.M.: El silencio es el poema final. El auténtico gran poema. El silencio que pedía Valéry, el silencio que pedía Mallarmé. Esa poesía de Mallarmé es tan angustiosamente dirigida como una flecha hacia el silencio y la de Valéry, que si tú ves las cartas y la correspondencia de los dos (no de ellos, del uno con el otro), sientes que la posición frente a la poesía cada vez está más llena de sospechas. Valéry le confiesa a Gide, por ejemplo: «La poesía que escribo no tiene ningún valor: no es nada». El está diciéndolo en serio, no es modestia. Esa es la concepción del mundo de Valéry, que realmente es una especie de presencia del pensamiento occidental en su totalidad: lo que se ha podido decir del hombre y de la situación del hombre en el mundo. Valéry es el gran resumen, el vértice adonde llega esto. La poesía es apenas un registro, una escritura lejana, como un agregado que puede o no servir, así lo decía él.

J.S.: ¿Es pesimista u optimista?

A.M.: Es pesimista desde luego. Bueno, ya sabes la definición que hay de optimista: «El optimista es aquel a quien no le han dado todos los datos».

J.S.: Augusto Monterroso en su libro más reciente, *La letra e*, dice al comenzar: «Nuestros libros son los ríos que van a dar en la mar, que es el olvido».

A.M.: Qué bien. Ese libro lo presenté yo. Tuve el placer de estar en la mesa redonda, que siempre son cuadradas. Soy muy amigo de Tito y un admirador de él.

J.S.: En otra entrevista, usted dice que prefiere huirle a las poéticas.

Después de *Los trabajos perdidos* hay muy poco vinculado directamente con la autorreflexión sobre la poesía, salvo el primero de los siete nocturnos en *Un homenaje y siete nocturnos*.

A.M.: Ese es, otra vez, una especie de acto de fe, de constatación, de presencia de la poesía. Ahora quizá escriba algunas cosas que tengan que ver con eso.

J.S.: ¿Nunca publicó algún texto explícitamente sobre su poética?

A.M.: No, nunca, ni lo haría jamás. O escribo el poema, o escribo el texto. Esto pertenece al mundo que yo más odio, que por llamarlo de alguna forma, llamaría de los intelectuales.

ESPACIOS

J.S.: En *La nieve del almirante*, el espacio del trópico está dividido. En general, los críticos hablan del espacio en su obra de un modo uniforme, sin divisiones.

A.M.: Eso está mal. Yo lo he aclarado en una conferencia mía sobre «La desesperanza». Una cosa es el trópico y otra cosa es la tierra media, la tierra caliente, donde se da el café y la caña. El trópico es el de García Márquez: es la hojarasca, el polvo, la destrucción, la aridez, el sol infernal.

J.S.: Geográficamente, ¿cómo estaría dividido ese espacio?

A.M.: El trópico está en la costa. Después, viene una contrapartida interior (en América y en Africa) que es la selva. Curiosamente, por su abundancia infinita de vegetación, vuelve a ser desoladora, despersonalizadora y agobiante. La tierra caliente es una fiesta, porque es una tierra húmeda, al borde de la cordillera, con ríos que la riegan de una ferocidad enorme, pero no agresiva. Son flores maravillosas; es el café, la caña de azúcar, el cacao que tiene la flor más hermosa que puede haber, y el olor de la fruta que es formidable, la guanábana espléndida, la chirimoya, en fin. Esa es la tierra media. Son tres partes evidentemente: el trópico brutal de la costa, la selva y, en medio, la cordillera.

J.S.: ¿Cómo es el viaje de Maqroll en *La nieve del almirante*?

A.M.: El entra por Manaos, se mete al Amazonas, y para que pueda haber aserraderos de madera, tiene que estar ya cerca de la cordillera. La madera en la selva no la puedes agarrar, es imposible. La selva en primer lugar es un pantano infinito, húmedo. Entonces, él va subiendo, toma un afluente del Amazonas y ese afluente va corriente arriba hacia la cordillera. Por eso la ve de pronto y dice esto es lo mío.

J.S.: Pero a pesar de eso allí está la tienda «La nieve del almirante».

A.M.: Allí está la tienducha esa, que la destruyen. Eso está en el páramo, que es la parte más alta. Son cuatro mil metros; es como Bolivia, ahí otra vez ya no hay nada, sino viento, frío.

J.S.: La hacienda está en medio.

A.M.: La hacienda está en medio de la cordillera, abajo.

J.S.: La lluvia, las cascadas; el agua es importante.

A.M.: Muy importante. Ese poema al Mississippi [en *Un homenaje y siete nocturnos*] te dice lo que el agua es para mí.

J.S.: Otras imágenes tienen que ver con los esteros, los deltas, la llegada del río al mar.

A.M.: Donde desembocan los grandes ríos. Es una imagen que tengo desde niño. Esa extensión de agua que se pierde. Arenas mojadas. Ese es el final, allí termina todo. La selva, la montaña, los nevados, la cordillera, la vida, todo se extiende y se pierde en esa cosa plateada. Y tampoco estás viendo el mar.

J.S.: El mar no estaría tan insistentemente representado en su obra.

A.M.: Sí, no tan insistente. Es muy misterioso. Yo me pierdo. Me fascina, pero el mar es más grande que uno.

J.S.: Frente a ese gris de los esteros, hay un gran colorido.

A.M.: Ah, claro, porque el húsar está en plena tierra caliente, en la cordillera, donde están todas las flores.

J.S.: Hay una precisión en el vestuario para definirlo.

A.M.: Define muchísimo. Ese traje es el retrato de una persona, una prolongación de la persona. Es el truco literario que te da mucho para terminar una descripción física de una persona y a veces también la descripción psicológica. Eso le da cuerpo inmediatamente a todo.

J.S.: En Bruselas, hay también un ambiente devastador...

A.M.: A mí siempre me han obsesionado mucho —desde muy niño— los puertos. El puerto de Amberes es un sitio muy importante, un lugar donde se centran muchas de mis obsesiones, de mis imágenes; es uno de los más grandes puertos de Europa y del mar del Norte. Conocí también Hamburgo de niño y Amsterdam, el puerto más grande del mundo. Ese movimiento, esa vida de los puertos y esa especie de reflujo humano, de gente ya sin destino, sin nacionalidad, que se da en los puertos, de la gente que está lista para embarcarse o que acaba de bajar de los barcos, da ese tono de vida como marginal. Yo lo digo así, no estoy diciendo que así sea en principio. Vivo los puertos como una especie de lugares donde todo puede suceder y donde se vive una cierta impunidad absoluta. Esa es mi imagen del puerto. No hay una cosa de mal: todos estos burdeles y bares me parecen una especie de lógica, de continuación y complemento de la vida marina.

J.S.: Curiosamente el inicio de *El corazón de las tinieblas* es en Bruselas, igual que el de *La nieve del almirante*.

A.M.: Sí. Esto es una coincidencia que me di cuenta después de escribir *La nieve del almirante*. Se trata de la compañía que explota el Congo belga. Este paralelismo, que lo han anotado con justicia muchos críticos, nunca me pasó por la cabeza, si lo hubo fue inconsciente. No me avergonzaría en absoluto porque ya sabes que soy un gran lector de Conrad y lo admiro muchísimo.

J.S.: ¿Por qué le llama la atención Valparaíso?

A.M.: Valparaíso es el ejemplo perfecto del puerto; el que yo conocí, ahora me dicen que ha cambiado mucho.

J.S.: Hay un fragmento en el poema del capitán Cook, donde dice: *«Cuando le preguntaron hasta dónde había ido, respondió que un carguero lo había dejado en Valparaíso para cuidar de una ciega que cantaba en las plazas y decía haber sido deslumbrada por la luz de la anunciación».*

A.M.: En Valparaíso podría suceder cualquier cosa. Es un puerto, así, de fin de siglo, en los edificios, hecho en forma de escenario, y un poco como Acapulco, pero sin esa cosa de balneario comercial. Los estudiantes de la Universidad de Valparaíso —una universidad muy importante— quitaron la mitad de los nombres de las calles, arrancaron las placas y pusieron en su lugar nombres de poetas, y así se quedó: hay la calle Apollinaire, la calle Malraux, etc.

J.S.: A pesar de que las cosas se desgastan, en sus libros los lugares siempre permanecen intactos, es decir, uno puede ir a Santiago de Compostela y siempre representa lo mismo. ¿Podría hablarse de estereotipos o de peculiaridades con respecto a esos lugares?

A.M.: Hay lugares que están tocados por la eternidad, uno lo siente.

J.S.: Para usted que tanto ha viajado, ¿cuáles serían esos lugares?

A.M.: Para mí, los que más me fascinan van desde los lugares más extraños e inesperados. Valparaíso de Chile es un puerto alucinante, como ya te dije. Una ciudad como Venecia, una ciudad como París, una ciudad como Santiago de Compostela, el barrio gótico de Barcelona, con todas las cosas puestas por el siglo XIX. Acabo de conocer un sitio en la Costa Brava, en Cataluña, que se llama Purias. Es un antiguo puerto griego y después puerto romano; aunque no existieran las ruinas, aunque sólo existieran cuatro piedras tiradas en el suelo, el ámbito tiene un peso tal que inmediatamente uno dice aquí hay algo. Esos lugares tienen una permanencia.

J.S.: ¿Las ciudades del Oriente, Japón, Malasia, China?

A.M.: No las conozco. No conozco el Lejano Oriente, ni conozco Rusia. Sospecho que San Petersburgo es otra ciudad tocada por esto: «Noches blancas»: el San Petersburgo de Dostoievsky y de Gogol. Esa ciudad tiene que ser absolutamente extraordinaria, a pesar del nombre absurdo que le han puesto ahora [se refiere a Leningrado], que es un pegote que no va con la ciudad. Amberes es otra ciudad de esas.

LECTURAS

J.S.: ¿Cómo concibe sus afinidades con Conrad, con respecto al ambiente geográfico?

A.M.: A mí lo que más me interesa de Conrad no es esto; es una pura coincidencia. El que él haya estado en el trópico de Malasia y del mar de la India no es lo que más me llama la atención. A mí lo que más me llama la atención es la noción de *destino* con la cual comulgo completamente. Esta implacable acción del destino sobre los seres, la inutilidad de tomar decisiones, de hacerse propósitos: la honestidad del pobre Lord Jim, en lo que termina; el deseo de Heyst de ayudar a Lina; el fracaso de Occidente como propósito moral.

J.S.: Aunque usted ha declarado que Borges está poco presente en su obra, hay dos cosas de él que estarían muy vinculadas con eso. Una es obviamente el poema del ajedrez, donde el jugador es manejado y su destino ya está hecho...

A.M.: Cuando conocí a Borges no hice sino hablar de Conrad con él. Lo conocí en Quito.

J.S.: ...y la otra es que, al hablar de Schopenhauer, Borges dice que todos los actos del ser humano están totalmente previstos, de tal manera que cualquier muerte es un suicidio.

A.M.: Eso es conradiano, viejo. Mira la muerte de Lord Jim, cuando se pone de pie y, claro, se sabe que están disparando; y la de Heyst, por eso escribí ese texto: «La noche de Samburán». Heyst sabe que Mr. Jones lo va a matar. Ahora, hay que jugar esa partida. Maqroll, en *Un bel morir*, le dice a un militar: «*Si no llegan esos informes que me salvan, ¿qué habría pasado?*», y el otro le responde: «*Usted está muerto hace mucho tiempo*».

J.S.: ¿Usted cree que su visión viene de lecturas casi siempre europeas?

A.M.: No. Yo he leído a grandes escritores americanos. Por ejemplo, en poesía, concretamente, los tres tomos de *Residencia en la tierra* de Neruda, una buena parte de la poesía de Octavio Paz, la poesía de un poeta desconocido que se llama Aurelio Arturo, han sido para mí definitivas. Y no sólo eso, aportan una cuota igualmente densa e importante que la que pueden aportar todas mis lecturas europeas. Son visiones totalizadoras, espléndidas. O, por ejemplo, la poesía de Drumond de Andrade, o las novelas de Graciliano Ramos, que encuentro el más grande novelista de América Latina por mucho, muy poco conocido y muy difícil de traducir. Estas lecturas también son muy esenciales. Con Borges disfruto mucho, porque creo que él es un escritor para escritores. Todos estos artilugios y estas habilidades y destrezas son deliciosas: de una gran profundidad, pero no siento que me haya influido a mí.

J.S.: ¿Habría algún vínculo con la idea de totalidad a través de «El Aleph»? Por ejemplo, leo su poema «Una calle de Córdoba» y siento que atrás está ese famoso fragmento borgesiano que lleva la repetición de la palabra «*vi*».

A.M.: Sí, claro. Eso, tú sabes mejor que nadie de dónde viene. Nuestra herencia judía. A eso sí que le doy una importancia inmensa. Yo he sido un lector de literatura judía, de Gershom Sholem, y me identifico completamente con esa posición ortodoxa.

J.S.: En la mística judía hay una confianza en la palabra, ya que la escritura es sagrada.

A.M.: Claro, porque contiene el nombre de Dios. ¡Cuidado, que con eso no se juega! Este es un monstruo que yo leo mucho. El que no sepa escuchar la voz de Israel está perdido. Casi diría en una forma altanera —que no es mi estilo—: no me interesa. Ahora estaba leyendo un poema de *Arbol adentro* de Octavio Paz, que se llama «Un despertar» y es una maravilla.

J.S.: Esta visión totalizadora se puede asociar con escritores como Neruda.

A.M.: Sí, claro, estas especies de catálogos, de sumas, de asuntos, de cosas, de situaciones, de momento, con lo que se quiere apresar la mayor cantidad de mundo o dar una noción de mundo. Eso lo sientes en las «Alturas de Macchu Picchu», cuando empieza a cantar y ya no puede más y empieza a decir: «Piedra de tal cosa...» puras imágenes sobre Macchu Picchu, como una letanía, hasta que se agota.

J.S.: En ese sentido, las enumeraciones son un intento de dar esa totalidad, a la Walt Whitman.

A.M.: Claro. Pero el que piense que con eso logró el objetivo está perdido. Es un vano, inútil intento, pero es como una señal. Un tipo que dice «miren el mundo, voy a decir cosas del mundo, para que vean esto» y entonces enumera. Pero siempre es un fracaso.

J.S.: Spitzer tiene un ensayo sobre la enumeración caótica. En la obra de usted, esa enumeración caótica indicaría los restos del surrealismo, con el cual usted se inició.

A.M.: Sí, desde luego. El surrealismo en eso es muy importante.

J.S.: Y volviendo a la suma, me gustaría referirme a un poema de Borges que se llama así, «La suma», y que está en *Los conjurados*. Se trata de un hombre que trata de pintar en una pared blanca todo el mundo y empieza a trazar allí todo. Al final dice: «*En el preciso instante de la muerte/ descubre que esa vasta algarabía/ de líneas es la imagen de su cara*». ¿En ese intento de totalidad estaría usted buscándose a sí mismo?

A.M.: Hay un falso epígrafe mío muy parecido a eso de Borges en un cuento que se llama «El último rostro»: «El último rostro es el último rostro con el que te recibe la muerte» (De un manuscrito anónimo de la Biblioteca del Monasterio de Monte Athos, siglo XI. Puedes irlo a buscar como el pobre de Nick Hill). Es el relato sobre Bolívar.

J.S.: También en ese sentido hay un afán de búsqueda de la identidad, si se trata de describir el mundo y a través de él se identifica uno...

A.M.: Se trata *vanamente*, tienes que tener la convicción de que no lo vas a lograr.

J.S.: La epifanía no se logra.

A.M.: No, no creo. Los místicos sí la logran, pero los poetas difícilmente.

J.S.: ¿También la logran expresar?

A.M.: No, eso no. Los textos están allí. La poesía de San Juan de la Cruz, las «Moradas» de Santa Teresa. Pero la distancia que uno nota, que uno sabe que hay entre esas palabras y lo que pasó con ese ser es gigantesca.

J.S.: También allí hay una experiencia vinculada con la muerte.

A.M.: Sí, porque es una especie de últimas constataciones de lo que ha sido esencial, antes de desaparecer.

J.S.: Usted estaría vinculado con la llamada, por Octavio Paz, «tradición de la ruptura». Usted es un gran lector de los románticos. ¿Quiénes le apasionan, en particular?

A.M.: Pushkin, muchísimo. Uno de los escritores que más me fascina —en el sentido concreto de la palabra—, que me produce una fascinación inagotable es Chateaubriand y concretamente el de *Memorias de ultratumba*, que fue de una importancia extraordinaria, *La vida de Ransé* y sus *Viajes*. Ahora, la poesía romántica no me ha interesado tanto, es decir, Musset, Lamartine (éste sí, pero por la música, por un lirismo muy particular). Los grandes románticos, los primeros son los alemanes que no he leído en su idioma original. Los he leído en traducciones francesas; y después los grandes románticos ingleses, Keats, Shelley. Y es muy curioso que el romanticismo inglés es muy difícil de establecer porque sé que es un absurdo pensar que John Donne es un romántico y sin embargo es un visionario. Y otro grandísimo poeta es Blake: no es un romántico cronológicamente, pero es otro visionario extraordinario.

J.S.: ¿Le interesa Victor Hugo?

A.M.: Te hago el viejo chiste. Cuando le preguntaron ya no me acuerdo si fue a Gide o a Jean Cocteau, ¿cuál es el poeta de Francia que cree usted más importante? Y respondió «Victor Hugo, Helas!», que es ¡ay! Es un gran poeta indudablemente. Ahora, el fárrago que hay que pagar para llegar al centro de Victor Hugo es a veces demasiado caro.

Ahora, los otros dos grandes monstruos de la poesía moderna —leyéndolos se arrasa con todo— son Baudelaire y Rimbaud. *Una temporada en el infierno* es un libro que me ha marcado terriblemente. Tal vez estos tres libritos que he escrito [se refiere a *La nieve del almirante*, *Ilona llega con lluvia* y *Un bel morir*] no son otra cosa que tres temporadas en el infierno, vistas en otra forma. Pero, sí, es la literatura que a mí más me llena. Curiosamente, la Vanguardia no es mi lectura favorita. Leo a Huidobro con mucho placer, pero no me llena.

J.S.: ¿Y la vanguardia europea?

A.M.: Tampoco. Algunos, sí, como Desnos.

J.S.: Pero también le interesa el otro lado de la poesía francesa, vía Paul Valéry.

A.M.: Sí, claro. Es que eso es tan loco, tan visionario y tan romántico como lo otro, pero tomado desde otro ángulo.

J.S.: Los poetas anglosajones Ezra Pound y T.S. Eliot.

A.M.: Tendría que confesar que los he leído, pero no son mis poetas favoritos. No son como lo son para mí Saint John Perse o, inclusive, una poesía menor si se quiere, como sería la de Valéry Larbaud, o Jules Laforgue. No tienen ese encanto para mí. Ya los leo, pero no me acompañan mucho. No he entendido bien —y eso puede ser seguramente ignorancia— en qué consiste esta maravilla de Pound, dónde está eso; los símbolos chinos y todo eso me parece de un rebuscamiento y esta cosa de llegar a las alusiones de los trovadores, no sé, me parece un camino tan rebuscado. Pero seguramente es falta mía.

J.S.: Podríamos ir ahora al barroco; usted mencionó a Quevedo. ¿Quevedo le interesa?

A.M.: Mucho, pero más como prosista que como poeta. Claro, algunos de sus sonetos son maravillosos. Pero como poeta encuentro mucho mejor a Lope de Vega. La poesía lírica de Lope es absolutamente magistral y en eso estoy de acuerdo con Octavio Paz. Ahora, un poeta que a mí me llena es, obviamente, Garcilaso, muchísimo. Y, claro, los místicos San Juan, Santa Teresa, y Fray Luis de León.

J.S.: En una conferencia mencionó a Joyce.

A.M.: Joyce fue toda una época en mi juventud. Hoy día no sé si sería tan importante. Así como Proust no ha hecho sino solidificarse, confirmarse, enriquecerse en mi vida y nunca de cesar de comunicarse y de darme cosas, Joyce se ha aislado mucho. Claro, el Joyce del *Ulises* es muy estimable.

J.S.: ¿Le interesa la literatura de Oriente?

A.M.: Soy un enamorado de la literatura japonesa moderna: Kawabata, Tanizaki, Mishima y muchos otros. Por fin, encontré una persona especialista en Japón medieval, pero claro que se ha leído todo esto, toda esta literatura japonesa. Mi gran duda es hasta dónde esas traducciones son válidas. Ella me decía que las inglesas son muy buenas. El *Genji Monogatari*, por ejemplo, esa traducción para el Waley es famosa, toda una vida dedicada a esto. Es un libro apasionante; ése es un fenómeno muy raro. Es una novela con problemas totalmente contemporáneos. Es una visión contemporánea. Hay momentos que podría haberlos escrito Proust y es una novela del siglo X o XI. De eso tenía menos dudas, pero sobre la moderna sí tenía muchas dudas, porque inclusive la tetralogía de Mishima, que es muy importante, los franceses lo que hicieron es traducir del inglés. Ella me decía que los ingleses y los alemanes son los mejores traductores.

J.S.: ¿Le gusta el cine de Akira Kurosawa?

A.M.: Mucho. En cierta forma, yo llego a decir, para escándalo de mis amigos cineastas como Emilio García Riera, que este hombre es el auténtico inventor del cine. Es una maravilla.

J.S.: Las películas de él tienen mucho que ver con su obra.

A.M.: Sí, claro. A mí me parece un milagro cada película de Kurosawa. No sé si viste *Vivir*. Es un hombre que sabe que va a morir y allí hay una escena donde siempre se me llenan los ojos de lágrimas. En un pequeño columpio de un rinconcito de la ciudad de Tokio, llena de chimeneas, comienza a balancearse y a cantar, pero con auténtica felicidad. Es decir, es un canto a la vida maravilloso, desde la muerte. La capacidad de este hombre es enorme. Por ejemplo, la adaptación que hizo de *Los bajos fondos* de Gorki es para mí un milagro.

HISTORIA Y FICCION

J.S.: ¿Qué significado tiene el rey Felipe II?

A.M.: Siempre ha sido una personalidad y una presencia obsesionante para mí. Fue un hombre con esta vastísima, inmensa responsabilidad, que le cae como una desgracia, a un hombre meticuloso, terriblemente escrupuloso, por una noción de orden que viene de muy adentro, de un orden universal católico y también judío, porque él tiene sangre judía también. Desde muy niño me llamó la atención la forma en cómo él asume esta responsabilidad y centra sus ideas y construye El Escorial para trabajar allí. Por todas estas cosas y por muchas más, es un ser alucinante. Y siempre quise escribir sobre él; lo hice hace mucho tiempo en ese poema que se publicó en la *Summa de Maqroll*.

Pero hay también algo de totalidad: el vastísimo imperio, el quererlo abarcar todo, el quererlo saber todo; que todos los papeles pasaran por sus manos; no, eso es tremendo.

J.S.: La figura también de orden imperial de Napoleón...

A.M.: Sí, me interesa mucho también. Pero allí ya está el aventurero, hay una parte maquiavélica, una parte de jugador, de gran tahúr del destino.

J.S.: En su obra hay personajes ficticios y hay personajes reales. Matías Aldecoa, por ejemplo, que proviene de los poemas de León de Greiff.

A.M.: Así es. Es uno de los heterónimos de León de Greiff.

J.S.: ¿En qué sentido puede hablar un personaje histórico y uno ficticio? ¿Es lo mismo?

A.M.: Son lo mismo. Lord Jim es lo mismo que Felipe II o cualquier personaje de Dickens, que es otra de mis grandes adoraciones.

J.S.: Pero entonces sí hay una fidelidad a la ficción, de igual modo que la hay a la historia.

A.M.: La historia es una inmensa ficción. No sabemos qué pasó. Realmente no sabemos. Aquí me tienes leyendo ahora la historia de un rey que enloqueció, Carlos VI, rey de Francia, que fue crucial en los momentos antes de que apareciera Juana de Arco. Es un hombre inteligentísimo, que se rodeó por primera vez de gente de Estado, para crear el Estado francés moderno. No se puede saber ni siquiera qué clase de locura lo atacaba, porque era psíquica. La mitad o más de la mitad de ese interés por la historia la pone uno. Mi afán y mi interés por Bizancio, la pone uno, es ficción pura.

J.S.: Entonces, usted lee historia como leer ficción.

A.M.: Sí. No, con mucho más placer.

J.S.: Al final de *Un bel morir* aparecen Gonzalo Rojas y Enrique Molina, como personajes ficticios. Esto me hacer pensar en todos nosotros como personajes de una gran obra, como entes ficticios.

A.M.: Si tienes la menor duda de que eso no es así, andas muy mal. Esto es un cuento, ya lo dijo Shakespeare. Esto es un cuento contado por un idiota. Esto no tiene ningún sentido.

PINTURA, MUSICA

J.S.: En su obra hay varias referencias a cuadros de Sánchez Coello. ¿Qué importancia tiene la pintura?

A.M.: Para mí, muchísima. Bueno, en el caso de Sánchez Coello lo que más me interesa son sus retratos de la familia de Felipe II: hay uno espléndido que tengo ahí de Felipe II, el de Catalina Micaela; después, hay otro de Catalina Micaela, uno de Clara Eugenia, uno magnífico de Juan de Austria. El es un gran retratista. No es un pintor que particularmente me interese; lo que me interesa son las personas que retrató: Esa loca [Catalina Micaela] que es peligrosísima. Pero la pintura es algo fascinante. Velázquez, por ejemplo, o Piero de la Francesca, Fra Angelico, Monet, desde luego.

J.S.: ¿Y la música?

A.M.: Bueno, García Ascot, en su libro, cita una frase mía que dice que yo considero a la música como una segunda sangre que circula por mi cuerpo. La música para mí es el arte absoluto.

J.S.: La música es un arte no referencial y su poesía está muy vinculada a cosas.

A.M.: Lo único que he escrito sobre la música en mi vida es este homenaje a Mario Lavista. Mario le puso música y voz de contralto a dos de los lieder, el «Lied de la noche» y el «Lied marino». La única manera —casi sacrílega, diría yo— a la música es ese poema a Mario. La música es lo indecible.

J.S.: ¿Ha tratado de hacer poesía no referencial?

A.M.: Traté y fracasé. Como viste, en los Lieder se va viendo que cada vez se parecen más a poemas míos. Entonces, no tiene remedio, me ganaron.

VIDA Y ARTE

J.S.: ¿Cuál es la relación entre vida y arte?

A.M.: Ese es uno de los problemas más complejos que puede haber. Por una parte, la biografía de un autor, la vida de un autor, poco tiene que ver con su obra. Te pongo un ejemplo: las experiencias del alcohol y droga que tuvo Baudelaire sí influyeron en su obra; pero para una visión de esa vastedad, la vida diaria cotidiana del autor bien poco tiene que ver. Esa es una manera de verlo. La otra sería completamente contraria y pensar que están totalmente fundidos. Imagínate el caso ejemplar, típico: no hay vida más gris, sin ningún incidente, aventura extraña ni rara, que la de Paul Valéry y, sin embargo, es evidente que es el poeta más grande de Francia de este siglo. Dos vidas de funcionarios, de diplomáticos que conocieron muchos países por razones de trabajo, cuya obra es de una vastedad y complejidad gigantescas, son Paul Claudel y Saint John Perse. En el caso mío, mi permanencia en Coello, mi experiencia de la tierra caliente, no sólo en Coello, sino de toda la tierra caliente que visité en Colombia, pues, marca definitivamente, genera, produce una serie de imágenes y de recuerdos sensoriales en los que insiste mi poesía, trata de que perduren y se repitan y vuelvan, hasta que queden como en bloque, con una permanencia de piedra. Esa es la intención, no estoy diciendo que eso se logre. Vamos a ampliar un poco la pregunta: vida y poesía, vida y creación. Toda la obra de Conrad está hecha de sus recuerdos del mar. Pero si tú ves, la vida de Conrad es una vida muy gris, sin grandes crisis, sin grandes aventuras, de gran profundidad espiritual o, por lo menos, no fueron registradas por él. Entonces, yo no sé muy bien qué contestar a esto. Eso sí, desconfío mucho de la gente que busca en la vida y en los incidentes y los hechos de la vida del escritor las claves para su obra; de todas maneras, la obra es una elaboración muy compleja, hecha en otras tensiones y con otros elementos que los que de la vida diaria. Hay que sospechar de las lecturas que ven un vínculo directo entre vida y obra.

J.S.: César Fernández Moreno establece una división y trata de agrupar las corrientes en hiperartísticas e hipervitales al hablar de la Vanguardia. ¿En qué sentido podría hablarse de vitalismo o intelectualismo?

A.M.: Detesto un poco hablar en primera persona y darme como ejemplo. Tengo grandes dudas sobre la permanencia y el auténtico valor de todo lo que escribo. Vivo metido en esas dudas y trato de que no me atormenten en mi vida y me dejen en paz. Pero es evidente; he sido un gran lector toda la vida. He leído muchos textos, los clásicos de la literatura y los grandes clásicos de la historia. Taine, Voltaire, la Francia de Luis XIV, es decir, ese tipo de clásicos. Son libros que siempre me han atraído y he leído y me he quedado con un panorama muy completo de la historia del mundo y la historia del hombre, y del pensamiento, pues también he leído filosofía. Ha sido una afición continua que no puedo dejar. Mis lecturas tienen cierto orden, no preestablecido por mí, sino que la misma lectura va pidiendo completar cosas, panoramas y detalles. Por otro lado, he tenido una vida bastante accidentada; con experiencias muy marcantes: quince meses en el Palacio de Lecumberri no se pueden olvidar ni desechar; los cambios de países; una vida sentimental, personal, también bastante descalabrada; entonces, podría ser un ejemplo de las dos cosas. No quiero ponerme como tal. Desde luego, tengo una particular preferencia por escritores, autores, que han vivido una vida plena, llena, que le han entrado al ruedo de la vida a torear las grandes fieras: un Malraux, un Lawrence, un Vallejo, me parecen fascinantes. Ahora, igualmente fascinante me puede parecer un hombre como Borges, que toda su aventura ha sido una aventura interior. Pero, de todas maneras, en una persona como Borges o en los autores de ese tipo, algo queda faltando, un testimonio de la vida misma, del haber estado (pongo otra vez el símil) en el ruedo frente a la bestia.

TIEMPO

J.S.: ¿Qué significa la memoria y el tiempo perdido? Sé que usted es un gran admirador de Proust.

A.M.: Totalmente. Volvamos un poquito a lo anterior. Se me escapó una idea cuando estaba hablando sobre vida y arte. Fíjate el caso donde alguien pudiera caer en la trampa de pensar que Proust podría representar el escritor puramente intelectual, el hombre de libros que no tuvo ningún accidente en su vida. No conozco aventura más maravillosa y más terrible que la de Proust en esas cuatro paredes, viviendo un mundo, con un idioma nuevo, con unos elementos totalmente nuevos. El reconstruye ese mundo que se sostiene, como una especie de gran ciudad, de gran pueblo en el aire, con la sola magia de la palabra y del poder evocativo. La memoria es la salvación. Ahora, hay que desconfiar de la memoria y de su engaño; en proporciones gigantescas nos engaña. La memoria es selectiva siempre; es un poco complaciente con nosotros mismos: qué fácil olvidamos una serie de momentos amargos y de gente que nos hizo pasar momentos desagradables; en cambio, un rostro bello que viste en un avión lo recuerdas durante años. Entonces, eso nos salva, pero lo importante es recordarlo.

J.S.: ¿En qué sentido eso es importante con respecto al futuro?

A.M.: Que vas cargando baterías. No hay futuro.

J.S.: El presente se vive intensamente en los relatos y se mira el futuro con cierto pesimismo.

A.M.: El futuro lo veo como un gran vacío, siempre. Lo es, en efecto. ¿Qué sabes del futuro? Nada, absolutamente nada. Del pasado tienes una noción, lo vuelvo a decir, fragmentaria, selectiva, de la que tienes que sospechar, pero la que tienes que creer y de la que tienes que agarrarte, porque eres tú. Pero en realidad, no hay sino presente.

LA NOCHE

J.S.: La noche es ideal para observar el movimiento de los astros. Usted la ha seguido desde su primer libro. ¿Cuál sería la trayectoria de la noche en su poesía? Si mal no recuerdo, ya hay un «Nocturno» en *La balanza* donde habla de la fiebre; después, en *Los trabajos perdidos*, el nocturno que se refiere a Tolima y, así, hasta su último libro de versos, *Un homenaje y siete nocturnos*.

A.M.: Sí, siempre debe haber.

J.S.: ¿Por qué es tan importante la noche?

A.M.: Bueno, hay dos maravillas absolutas ante las cuales tengo una actitud absolutamente virginal, adánica, de absoluta y total sorpresa: la noche y el mar. Cuando comienza la noche y cuando llego al mar siempre tengo adentro la misma sensación: algo maravilloso, por fin, va a llegar; una felicidad abrumadora, una felicidad que se te pega en la garganta como una especie de animal que te va ahogar; una dicha, más que felicidad, *dicha* es la palabra exacta. Y esto sólo la noche y sólo el mar me lo prometen. Después, no lo cumplen, claro, porque es culpa mía, porque yo he cargado estas dos nociones del mundo y una serie de sentidos que están adentro de mí. Para mí, toda noche que comienza de cada día tiene esa promesa.

EL ORDEN

J.S.: ¿Qué importancia tiene la visión del orden del universo?

A.M.: Enorme. El otro día me llamaron por teléfono de Colombia para que en una palabra resumiera toda mi noción del mundo, todo lo que pienso de mi poesía, lo que pienso de la vida. Estuve pensando durante un buen rato y volví a llamar a Bogotá a la persona que me había hecho la pregunta y le dije que la palabra es ORDEN. Es decir, no hay nada que se parezca más a la muerte que el caos. Ahora, cada uno tiene su orden. Pero, inclusive en el orden exterior: no sé si te diste cuenta, pero este estudio donde estamos ahora estaba lleno de libros atravesados; todos estos estantes ya los quité y los puse en orden. No sabes lo tranquilo que dormí cuando supe que mis poetas colombianos están puestos todos, ya, en orden. Bueno, esto es exterior, esto es parte de una manía, de una banalidad grotesca.

Pero el orden es fundamental y de ahí mi fidelidad y mi interés por la monarquía; es un orden absoluto, está referido a una trascendencia, de origen divino. Y el orden del universo, claro.

LOS SUEÑOS

J.S.: ¿Qué significación tiene el sueño en su obra?

A.M.: Esto parte de una experiencia personal. Desde niño sueño con una precisión aterradora y sueño unas cosas absolutamente delirantes. Hay sueños que no puedo ni contar, porque el verbalizarlos sería tan horrible que es imposible. Ahora, ya entrando en ese mundo de los sueños, hay algo curioso que tiene que ver con mi poesía y con los esteros: cuando yo sueño con agua, estoy feliz y el sueño es plácido, es magnífico, pero siempre tiene que estar presente el agua, el río, el mar. Vivo muy atento, soy muy vigilante de los sueños. A veces, un sueño que parece muy inocente me perturba; entonces, hasta que no encuentre la clave de dónde está el origen de ese núcleo perturbador, no descanso. Es decir, yo no los dejo pasar.

J.S.: Guillermo Sucre dice en un ensayo sobre usted que Maqroll es el que vigila, el que está arriba descubriendo el horizonte. Siempre hay vigilantes en su obra.

A.M.: Sí, muy bien.

LOS AVIONES

J.S.: A usted le gustan tanto los aviones que ha declarado ser «un escritor de jet».

A.M.: Yo me subo a toda suerte de máquinas que van en el aire, me encanta. Esos parques de diversiones. Me vuelve loco el «Magic Mountain» [en Disneylandia] y todo eso. También volé el planeador, en Chile, al pie de la cordillera. Es un avión que jala a otro y cuando ya está a cierta altura lo suelta. Ver desde arriba los Andes es una cosa maravillosa.

J.S.: Maqroll, en *La nieve del almirante*, da sus reglas de vida. En una de ellas se habla de los caravaneros. ¿Usted tiene reglas de vida?

A.M.: No, en absoluto. Si las tengo es *a posteriori*, como las tuvo Maqroll. El se puede dar el lujo de sentarse a escribir esas reglas de vida porque ya le ha pasado todo.

J.S.: Dice Maqroll: «*Una caravana no simboliza ni representa cosa alguna. Nuestro error consiste en pensar que va hacia alguna parte o viene de otra. La caravana agota su significado en su mismo desplazamiento. Lo saben las bestias que la componen, lo ignoran los caravaneros*».

A.M.: Claro, qué buena frase, ¡caray! Está tan buena que no parece mía.

J.S.: Según mi propia lectura, cada obra de usted es una revisión de todo lo escrito anteriormente. Al leerse usted mismo, su lectura se vuelve indispensable para la ejecución de obras posteriores. Al leer *Ilona llega con la lluvia*, estoy leyendo otros textos además: *La nieve del almirante*, ciertos poemas, etc. Lo que sorprende siempre es la frescura increíble en cada obra nueva. José Miguel Oviedo ya lo ha dicho antes: parece como si fuera lo mismo, pero hay una renovación. ¿Cómo vería esa novedad que siempre está en su obra?

A.M.: Bueno, realmente no es renovación. Es como el talego o la mochila que lleva un andarín, un hombre que anda caminando; anda sacando de la misma mochila cosas, siempre de la misma mochila y siempre esa cosas serán parecidas y serán necesarias en el viaje; algunas sí son distintas; todas son de la misma familia, nacen de la misma experiencia. Nunca lo hago intencionalmente, nunca me siento a la máquina pensando que voy a escribir algo nuevo que tenga de lo anterior... esas cosas van saliendo, van surgiendo y vuelve la mina de Cocora y vuelve otra vez alguna imagen, después eso se convierte en otra cosa. No es otra cosa, se ven nuevos aspectos, ¿no? y supongo que así es la vida.

J.S.: Esos instantes que va recorriendo en la vida le sirven a Maqroll para sobrevivir.

A.M.: Claro, como me sirvieron a mí los instantes en que revivo Coello y en que revivo la tierra caliente, y en que revivo Bruselas, Amberes. Eso me sostiene porque a mí el resto, en verdad, no me interesa nada. Yo no tengo ningún interés en lo que pasa en el mundo. Nunca leo un periódico, como se debe leer un periódico; generalmente leo los títulos, pero ésa no es la historia, eso no me interesa, no tengo ningún interés social.

J.S.: Resulta paradójico que esos momentos de la vida de Maqroll suceden en el desastre, pero al evocarlos haya una sensación de dicha.

A.M.: Así nos pasa a todos. Piénsalo bien. Cuántas veces has hecho un viaje, has estado en una ciudad, y cuántas horas has pasado en esa ciudad diciendo: «qué diablos hago aquí?, ¡qué ciudad tan aburrida!, ¡qué cosa tan desagradable!», y dos años después estás diciendo: «¡en esa parte la pasamos muy bien!» y empiezas a recoger los buenos momentos, por pequeños que hayan sido y breves y haces todo un recuerdo que no tiene nada que ver con los largos momentos de hastío y aburrición que tuviste.

J.S.: Maqroll casi siempre aparece como extranjero; es decir, está en un lugar pero él no es de allí. Este rasgo le da a la focalización de los relatos una perspectiva diferente; propone una mirada externa, casi ajena al lugar donde se encuentra, que proporcionaría una distancia.

A.M.: Esto que comenzó siendo en los primeros poemas donde apareció Maqroll algo que yo ni siquiera de forma racional, de forma consciente, establecí en lo que escribí, después me di cuenta a medida que fui viviendo con Maqroll, a medida que Maqroll fue viviendo conmigo, que Maqroll será siempre un extranjero a toda parte donde vaya. Ahora, sólo hasta *Un bel morir*, mi último texto, me vine a dar cuenta que eso daba un efecto estético, que eso da una lejanía, una distancia, unos visos de nostalgia, de tránsito, pero nunca fue consciente el hacerlo así. Lo trajo él como personaje. Técnicamente es muy útil. Hasta donde más me he acercado es en *Un bel morir*. Verás que allí él tiene un pasaporte chipriota, pero envidentemente es falso; lo mismo que su rostro.

J.S.: A nivel de ejecución, he notado que pone en muchas ocasiones a dos personajes a dialogar. En el caso de *La nieve del almirante*, Maqroll y el capitán. ¿Cree usted que sería posible ver en ellos a una misma persona desdoblada?

A.M.: Puede ser. En el caso del capitán y Maqroll es muy inquietante porque es casi un doble de Maqroll y Maqroll lo siente. Después en *Ilona llega con la lluvia* pasa un fenómeno igual entre dos mujeres.

J.S.: Cuando muere el capitán en *La nieve*...

A.M.: Sí, muere Maqroll. En *Ilona*... hay dos mujeres que también se confunden.

J.S.: En buena parte de su obra, hay un elemento que se repite. Sus últimos tres relatos o novelas se inician con el pretexto de un negocio. Me parece que la relación con el comercio es muy importante. Casi todos los viajes se inician con el pretexto de ganar dinero. Sin embargo, todo es un fracaso consciente desde el comienzo. En *La nieve del almirante*, Maqroll dice: ...«*nunca acabaré de saber por qué razón me embarqué en esta empresa. Siempre ocurre lo mismo al comienzo de los viajes. Después llega la indiferencia bienhechora que todo lo subsana.*» ¿Cómo ve usted esto?

A.M.: Es muy sencillo. Yo llevo una doble vida. He trabajado desde los 18 años; mi padre murió muy joven y aunque tenía buenos medios para vivir, por las reglas de la moral de la familia, se me obligó a abrirme paso por mi cuenta y cuando se necesitaba me ayudaban. Entonces, esta vida práctica de los negocios y del comercio, la que he vivido y de la que he vivido, acaba teniendo para mi una cierta poesía. Primero, sirve mucho en los relatos para explicar el fracaso evidente de toda la gran trampa que es esta cosa típicamente calvinista y, desde luego, típicamente americana, de que el trabajo se premia con dinero y que la buena vida y los yates deben ser el producto de un trabajo honrado; que si quieres obtener eso tienes que trabajar, y que Rockefeller trabajaba desde las ocho de la mañana en su oficina y tal. Entonces, las personas que hablan de esto, Samuel Smiles, el famoso predicador necio de fines de siglo, que tradujeron al español; esta cosa típicamente gringa, que no es el esfuerzo whitmaniano, ni es el trabajo a que se refiere un Emerson, sino esta cosa directa, necia, práctica: «otros pueden, usted por qué no», esta cosa típicamente protestante, es para mí detestable y una gran maldición, una gran trampa. Para decirlo en la forma más elemental, no hay imagen más triste que la de estos millonarios que logran coronar todas sus ambiciones y acaban arrastrando su cáncer, o su enfermedad y su vejez y su degeneración en unos yates y en unos ambientes totalmente artificiales y entran en un mundo de amargura, estilo el final de Onassis. Todo negocio es una gran mentira y todo el esfuerzo que se ponga en él es completamente falso; es decir, consiste en comprar una cosa en 10 y venderla en 15 y si eres excelente negociante, la compras en 10 y la vendes en 30. Eso tomado en una forma ansiosa, continua, sí crea una gran fortuna, pero eso no es la vida. Como la sociedad desde el siglo XVIII y desde antes nos está imponiendo el tener un lugar en la sociedad, el tener una representación, todas esas esclavitudes miserables, que se consiguen gracias al trabajo. El pobre Maqroll sigue siendo víctima —como lo soy yo— de eso y, por ejemplo, el nocturno al Mississippi lo comencé a escribir esperando unos clientes en un hotel en New Orleans, mirando el río, ¿no? Es un buen ejemplo de estas grandes mentiras, estas grandes farsas que vive el hombre con una seriedad y con una entrega absolutas.

J.S.: Lo que dice usted estaría comprobado en *La nieve del almirante*, cuando Maqroll llega a los astilleros y todo le parece un espejismo: las estructuras de los edificios están hechas de aluminio y de cristal.

A.M.: Sí, exacto, muy bien. Y el burdel, en *Ilona llega con la lluvia*, les da dinero a Maqroll y a Ilona, pero hay un momento en que él dice: «*bueno, no es eso lo que queremos*»... y ella también.

J.S.: Pero ellos guardan una relación muy intensa con Abdul Bashur.

A.M.: Sí, ése es el amigo practicón, machacón, simpático, buena persona, típico levantino, libanés, judío, en fin, que es listo para los negocios y los quiere y tal.

J.S.: Esto también se asocia no sólo con el comercio en general, sino particularmente con bares y prostíbulos. En ese sentido, se propone al placer como inmediato, instantáneo. ¿Por qué es tan intensa esa participación de los bares y prostíbulos? Muchos de sus textos podrían caracterizarse por una bebida favorita: un brandy, un jerez, etc. El bar es como un centro donde se cocinan las creaciones de los personajes.

A.M.: Bueno, esto es una experiencia mía, personal, de viajero penitente. He estado viajando 22 años en forma continua y antes sin tanta regularidad. Entonces, esta vida de hotel, impersonal, se rescata un poco en los bares: primero, el placer del alcohol, la euforia del alcohol, el diálogo, las relaciones, que además son relaciones sin consecuencias. Al día siguiente, cada cual se va a su trabajo y se acabó el asunto. Son relaciones que no te enredan en estas grandes trampas de los sentimientos y del corazón.

J.S.: Por eso Maqroll e Ilona (en *Ilona llega con la lluvia*) ganan tanto dinero con su prostíbulo: las prostitutas pretenden ser azafatas que están de paso en la ciudad.

A.M.: Claro.

J.S.: Ahora, me gustaría referirme a las mujeres. En su obra están, claro, las prostitutas, que dan ese placer momentáneo. Pero también está una mujer como Flor Estévez que tiene funciones más protectoras...

A.M.: Es LA MUJER; es la Machiche otra vez.

J.S.: Me parece que en *Ilona llega con la lluvia* por primera vez la mujer asume un papel diferente: Ilona maquina las historias, interviene.

Incluso podría pensar en ella como un doble de Maqroll o como un Maqroll femenino.

A.M.: Es una cómplice de Maqroll y es un Maqroll femenino. Eso me lo reprochó Carmen Balcells, mi agente literaria; me dijo: «Esas mujeres que tú pintas, no son tales mujeres, son tú, son Alvaro Mutis».

J.S.: Sí, usted me decía antes que en *Ilona llega con la lluvia,* había dos mujeres que se correspondían: Larissa e Ilona.

A.M.: Larissa sería la parte que corresponde a Flor Estévez.

J.S.: Pero a la vez esa mujer —comprendida en ellas dos— es el doble de Maqroll.

A.M.: Está bien visto.

J.S.: Creo que eso es nuevo en su obra.

A.M.: Sí, la presencia de Ilona es nueva en el mecanismo de los relatos que yo he escrito. La otra no, la Machiche, Flor Estévez, es la hembra.

J.S.: *La nieve del almirante* es un viaje que no acaba. Sin embargo, *Ilona llega con la lluvia* es llegar a un lugar y quedarse allí a fuerza; y *Un bel morir,* es otro viaje pero ahora a las minas. En medio del segundo relato, el capítulo que se titula «Ilona» sería la parte central de esa trilogía, si la vemos como un conjunto. En esa parte se encuentra la relación entre Maqroll e Ilona; en ese episodio hay un gran instante feliz, pero lo curioso es que eso se desarrolla en un ambiente totalmente desastroso.

A.M.: Sí, terrible. Ahí no sé qué decirte. La vida me ha hecho ese tipo de pruebas varias veces. La felicidad, la dicha, es así; es instantánea, sucede y nunca —es obvio— se podrá prolongar. Sólo la infinita ingenuidad —otra vez, insisto— calvinista, gringa, piensa en esa meta de la felicidad continua, que es como vivir en Disneylandia todo el tiempo, ¿no? Eso es una mentira, es una estupidez, no es así.

J.S.: También hay otra mujer en sus escritos. En el poema «Una calle de Córdoba» aparece su esposa.

A.M.: Carmen, sí, claro. Ella no tiene nada que ver con ninguna de ellas. Ella representa el orden. Es una catalana con un sentido de la realidad absoluto, con una inteligencia muy inmediata y con un gran sentido estético. Es el orden.

J.S.: Volviendo a Maqroll, estaba pensando que está tan cercano a la muerte que se muere varias veces.

A.M.: Sí, claro. Es decir, él entra y sale de la muerte, ¿no?

J.S.: En *Un bel morir,* a mí me gustó mucho la parte donde lo empiezan a interrogar. Después, cuando me di cuenta que se iba a salvar y que allí estaba el mismo lanchón de los esteros, pude ver el final.

A.M.: Yo había pensado en poner el texto de los esteros —como te había dicho antes— tal cual. Entonces, algún amigo me dijo «allí hay algo confuso». Y se me ocurrió hacer esa nota: un apéndice que ya no tiene nada que ver con el libro. Yo había pensado poner ese apéndice como prólogo...

J.S.: Pero queda mejor al final...

A.M.: Claro, porque entonces, como se dice en el cine, vendo el final. Yo quería mucho que la trilogía terminase con esta figura del hombre cansado, recostado en el timón, como un viejo Caronte, digo yo, y que desaparece. Y hay una cosa allí: te acuerdas de esa mujer de «los esteros», que sube con el pelo enorme, herida y tal, ésa puede ser Flor Estévez, puede ser. Te acuerdas que lo último que le dice la ciega a Maqroll es «*A lo mejor se la encuentra; ella tiene el dolor de que usted haya creído que lo abandonó*». Entonces, a lo mejor todavía está viva por allí.

J.S.: Maqroll es un personaje que se supone que se las sabe de todas, todas. Sin embargo, en *Un bel morir* lo engañan tan fácilmente que parece demasiado ingenuo.

A.M.: Y en *La nieve*... también. La verdad es esta: esta gente que se las sabe de todas, todas, acaba siendo inocente, por pereza. Frente al mundo, cargado de malicia, no puedes hacer sino dos cosas, no tienes más que dos oportunidades: o te enfrentas a él y cada vez haces la lucha y cada vez te defiendes; o te rindes. Si hay los aserraderos o no, no importa.

J.S.: Lo que importa es el viaje.

A.M.: Sí, lo que importa es el viaje. Esta novela me llena de dudas. A mí me quedan muchas dudas sobre lo que escribo, me atormenta mucho. Después, se me crea como una indiferencia maqrolliana y ya. Además, tengo la idea de que los libros tienen su vida: ellos que se defiendan, que hagan lo que puedan; el que no se defendió y se olvidó, pues por algo sería. Es decir, yo describo al comienzo, creo que con bastante detalle, la monotonía y el hastío de esa vida de un hombre que ha vivido todas las cosas junto a la orilla del río. Entonces, se dedica allí a vagar. De pronto, ve a este belga y sabe que el tipo es un bellaco. Pero, piensa, es un miserable más de los diez mil miserables que me he encontrado en la vida. Y entonces, dice, por qué no hacer este viaje.

J.S.: Otra cosa que siempre sucede —y aquí vendría de nuevo el tema de los dobles— es que todas las personas con las que Maqroll se siente identificado o que hay una comunicación o forman parte de su misma naturaleza, mueren. Entonces, uno podría pensar que estas son las otras muertes de Maqroll, porque don Aníbal muere y el capitán de *La nieve...* muere y el capitán al principio de *Ilona...* muere. El único que sobrevive en sus novelas es Maqroll: siempre anda solo, se reúne de amigos, y después se mueren todos.

A.M.: Sí, así es. Había una cosa en la novela [en *Un bel morir*] que tuve dudas. Y la resolví por seguir mi instinto sin crítica, y es que realmente esa segunda muerte de mujer ya es demasiado: acababa de morir Ilona y ahora muere Amparo María. En un principio, yo había pensado que una parte de la gente de don Aníbal alcanza a pasar y con ello queda viva Amparo María, pero ella viva no me sirve, no la imagino, no sé qué hacer con ella...

J.S.: Es mejor Flor Estévez viva, quizá...

A.M.: Exacto, muy bien visto. Entonces, claro, me quitaba el efecto de Flor Estévez. Esa es la hembra, es la mujer en el sentido griego de la palabra, es la propiciadora y la engendradora de vida, la gran hembra productora y fuente de vida.

J.S.: Y usted mata también a Ilona.

A.M.: Mi mujer me dice «Tú escribes novelas para matar mujeres; mataste a la Machiche, mataste a la muchacha...» y claro he liquidado cantidad de prostitutas; pero la muerte de Ilona, pues, hay muchos amigos que han leído la novela y que todavía no se reponen...

J.S.: A mí me costó trabajo aceptarla. Sobre todo porque Ilona es maquinadora y tejedora de historias.

A.M.: Bueno, cómo será de bueno el personaje, cómo será de útil, que en *Un bel morir* vuelve a aparecer dos veces: en un sueño y en un recuerdo.

J.S.: Maqroll muere. Vista la trilogía como un conjunto es lógico que muera Maqroll; ése es el ciclo de esa trilogía. me parece que no habría otra solución. Ahora, está muy bien planteado porque da la posibilidad a su «revival»...

A.M.: Tú sabes, de veras, que eso es por mis amigos.

J.S.: ...porque la novela termina cuando se planta en los planchones, no cuando muere. Entonces, esa nota agregada al final de la sugerencia de que muere Maqroll, pero también hay una apertura para que suceda otra cosa.

A.M.: Eso parece un truco mío que no es. Los tres [Enrique Molina, Ludwig Zeller y Gonzalo Rojas] me dijeron: «Alvaro, por favor, no hagas eso».

J.S.: La trilogía es una cosa completa que vendría a ser otra *summa* en el sentido de que reúne muchas de las facetas por las que ha atravesado la obra de usted. Por ejemplo, la fase reflexiva; la navegación a través del río (en *La nieve...*); la permanencia en un lugar donde se es extranjero (en *Ilona...*); las minas; es decir, los diferentes paisajes por los que se ha pasado. Entonces, de algún modo, yo veía una cosa completa.

A.M.: Es curioso. Están allí todos los elementos que en forma desorganizada y no cronológica he usado en la poesía: los ríos, los páramos, la selva. Lo que te diste cuenta que me ha dejado un poco inquieto es que a partir de *Ilona...* no vuelven a aparecer estos ratos de poesía...

J.S.: Sí, en muchos de los textos en prosa hay que ver la diferencia de grado en cuanto a la importancia de la acción o de la reflexión...

A.M.: En *La nieve...* es más importante evidentemente la sensación, la reflexión...

J.S.: es más poética...

A.M.: Claro, es más poética. En el caso de *Ilona...*, con excepción de los episodios eróticos de Larissa que tienen un marco de poesía y que tienen además eso que quise que fuera así de que eso no tuviera explicación ni yo intento darla, ni Larissa tampoco (ni son apariciones, esos tipos tienen relaciones sexuales de distinto tipo). Entonces, eso podría ser una isla, un pequeño episodio lírico.

J.S.: *Ilona...* Tendría esa combinación con elementos líricos, pero ya *Un bel morir* es mucho más la acción.

A.M.: Es pura acción.

J.S.: Yo podría leer *Un bel morir* más rápido que *La nieve...* por ejemplo.

A.M.: Claro. No hay un solo instante de lirismo. Hay, de pronto, cuando ve la cordillera.

J.S.: Sí, hay momentos de reflexión, cuando recuerda a Ilona, por ejemplo. Pero por eso está muy bien la trilogía: hay un orden completo. Podríamos volver allí al tema de la totalidad, ¿no?

A.M.: Exacto, otra vez. Y, curiosamente, ahora que tú me dices, me doy cuenta que hay una suma de ambientes, personajes, situaciones, que he venido tocando mucho en *...los hospitales de ultramar*, en todo. De todas maneras, quiero que cada novela se defienda sola. Ahora, el que lee las tres novelas puede seguir la huella de ciertos personajes. Por ejemplo, a Abdul Bashur lo mato también en un accidente de aviación.

J.S.: No, no me percaté.

A.M.: Es que es tan rápido que no te diste cuenta.

J.S.: Usted mata a todos.

A.M.: Sí, no dejo mucho vivo.

PROYECTO ACTUAL

J.S.: ¿Ahora está trabajando en un proyecto en particular?

A.M.: Yo trabajo siempre, primero aquí [en la cabeza]. Quiero escribir poesía de nuevo. Ahora, estoy tomando apuntes y haciendo lecturas y tal, para algo que todavía no sé qué va a resultar. Es un librito, también, como *La crónica regia.* Se llamaría *Suite francesa.* Son unos momentos muy especiales en la historia de Francia, sobre todo en la Edad Media. Pero en eso estoy todavía, en esa época nebulosa en que das vuelta al proyecto. Estoy leyendo el proceso de rehabilitación de Juana de Arco y, en fin, no sé muy bien qué voy a hacer, pero voy a escribir poesía. No sabes el trabajo que me cuesta a mí escribir esos libros: es infernal.

«UN BEL MORIR...»

De pie en una barca detenida en medio del río
cuyas aguas pasan en lento remolino
de lodos y raíces,
el misionero bendice la familia del cacique.
Los frutos, las joyas de cristal, los animales, la selva,
reciben los breves signos de la bienaventuranza.
Cuando descienda la mano
habré muerto en mi alcoba
cuyas ventanas vibran al paso del tranvía
y el lechero acudirá en vano por sus botellas vacías.
Para entonces quedará bien poco de nuestra historia,
algunos retratos en desorden,
unas cartas guardadas no sé dónde,
lo dicho aquel día al desnudarte en el campo.
Todo irá desvaneciéndose en el olvido
y el grito de un mono,
el manar blancuzco de la savia
por la herida corteza del caucho, el
chapoteo de las aguas contra la quilla en viaje,
serán asunto más memorable que nuestros largos abrazos.

de *Los trabajos perdidos*

EXILIO

Voz del exilio, voz de pozo cegado,
voz huérfana, gran voz que se levanta
como hierba furiosa o pezuña de bestia,
voz sorda del exilio,
hoy ha brotado como una espesa sangre
reclamando mansamente su lugar
en algún sitio del mundo.

Hoy ha llamado en mí
el griterío de las aves que pasan en verde algarabía
sobre los cafetales, sobre las ceremoniosas hojas del banano,
sobre las heladas espumas que bajan de los páramos,
golpeando y sonando
y arrastrando consigo la pulpa del café
y las densas flores de los cámbulos.

Hoy, algo se ha detenido dentro de mí,
un espeso remanso hace girar,
de pronto, lenta, dulcemente,
rescatados en la superficie agitada de sus aguas,
ciertos días, ciertas horas del pasado,
a los que se aferra furiosamente
la materia más secreta y eficaz de mi vida.
Flotan ahora como troncos de tierno balso,
en serena evidencia de fieles testigos
y a ellos me acojo en este largo presente de exilado.
En el café, en casa de amigos, tornan con dolor desteñido
Teruel, Jarama, Madrid, Irún, Somosierra, Valencia
y luego Perpignan, Argelés, Dakar, Marsella.
A su rabia me uno, a su miseria
y olvido así quién soy, de dónde vengo,
hasta cuando una noche
comienza el golpeteo de la lluvia
y corre el agua por las calles en silencio
y un olor húmedo y cierto
me regresa a las grandes noches del Tolima
en donde un vasto desorden de aguas
grita hasta el alba su vocerío vegetal;
su destronado poder, entre las ramas del sombrío,
chorrea aún en la mañana
acallando el borboteo espeso de la miel
en los pulidos calderos de cobre.

Y es entonces cuando peso mi exilio
y mido la irrescatable soledad de lo perdido

por lo que de anticipada muerte me corresponde
en cada hora, en cada día de ausencia
que lleno con asuntos y con seres
cuya extranjera condición me empuja
hacia la cal definitiva
de un sueño que roerá sus propias vestiduras,
hechas de una corteza de materias
desterradas por los años y el olvido.

de *Los trabajos perdidos*

EL MIEDO

Bandera de ahorcados, contraseña de barriles, capitana del desespero, bedel de sodomía, oscura sandalia que al caer la tarde llega hasta mi hamaca.

Es entonces cuando el miedo hace su entrada.

Paso a paso la noche va enfriando los tejados de cinc, las cascadas, las coreas de las máquinas, los fondos agrios de miel empobrecida.

Todo, en fin, queda bajo su astuto dominio. Hasta la terraza sube el olor marchito del día.

Enorme pluma que se evade y visita otras comarcas.

El frío recorre los más recónditos aposentos.

El miedo inicia su danza. Se oye el lejano y manso zumbido de las lámparas de arco, ronroneo de planetas.

Un dios olvidado mira crecer la hierba.

El sentido de algunos recuerdos que me invaden, se me escapa dolorosamente:

playas de tibia ceniza, vastos aeródromos a la madrugada, despedidas interminables.

La sombra levanta ebrias columnas de pavor. Se inquietan los písamos.

Sólo entiendo algunas voces.

La del ahorcado de Cocora, la del anciano minero que murió de hambre en la playa cubierto inexplicablemente por brillantes hojas de plátano; la de los huesos de mujer hallados en la cañada de La Osa; la del fantasma que vive en el horno del trapiche.

Me sigue una columna de humo, árbol espeso de ardientes raíces.

Vivo ciudades solitarias en donde los sapos mueren de sed. Me inicio en misterios sencillos elaborados con palabras transparentes.

Y giro eternamente alrededor del difunto capitán de cabellos de acero. Mías son todas estas regiones, mías son las agotadas familias del sueño. De la casa de los hombres no sale una voz de ayuda que alivie el dolor de todos mis partidarios.

Su dolor diseminado como el espeso aroma de los zapotes maduros.

El despertar viene de repente y sin sentido. El miedo se desliza vertiginosamente

para tornar luego con nuevas y abrumadoras energías.

La vida sufrida a sorbos; amargos tragos que lastiman hondamente, nos toma de nuevo por sorpresa.

La mañana se llena de voces:
Voces que vienen de los trenes
de los buses de colegio
de los tranvías de barriada
de las tibias frazadas tendidas al sol
de las goletas
de los triciclos
de los muñequeros de vírgenes infames
del cuarto piso de los seminarios
de los parques públicos
de algunas piezas de pensión
y de otras muchas moradas diurnas del miedo.

de *Los elementos del desastre*

UNA PALABRA

Cuando de repente en mitad de la vida llega una palabra jamás antes
     pronunciada,
una densa marea nos recoge en sus brazos y comienza el largo viaje entre
     la magia recién iniciada,
que se levanta como un grito en un inmenso hangar abandonado donde el
     musgo cobija las paredes,
entre el óxido de olvidadas criaturas que habitan un mundo en ruinas, una
     palabra basta,

una palabra y se inicia la danza pausada que nos lleva por entre un espeso
    polvo de ciudades,
hasta los vitrales de una oscura casa de salud, a patios donde florece el
    hollín y anidan densas sombras,
húmedas sombras, que dan vida a cansadas mujeres.
Ninguna verdad reside en estos rincones y, sin embargo, allí sorprende el
    mudo pavor
que llena la vida con su aliento de vinagre-rancio que corre por la mojada
    despensa de una humilde casa de placer.
Y tampoco es esto todo.
Hay también las conquistas de calurosas regiones, donde los insectos
    vigilan la copulación de los guardianes del sembrado
que pierden la voz entre los cañaduzales sin límite surcados por rápidas
    acequias
y opacos reptiles de blanca y rica piel.
¡Oh el desvelo de los vigilantes que golpean sin descanso sonoras latas de
    petróleo
para espantar los acuciosos insectos que envía la noche como una promesa
    de vigilia!
Camino del mar pronto se olvidan estas cosas.
Y si una mujer espera con sus blancos y espesos muslos abiertos como las
    ramas de un florido písamo centenario,
entonces el poema llega a su fin, no tiene ya sentido su monótono treno
de fuente turbia y siempre renovada por el cansado cuerpo de viciosos
    gimnastas.

Sólo una palabra.
Una palabra y se inicia la danza
de una fértil miseria.

de Los elementos del desastre

NOCTURNO I

A Alberto Blanco

La tenue luz de esa lámpara
en la noche débilmente
se debate con las sombras
No alcanza a rozar los muros
ni a penetrar en la tiniebla
sin límites del techo
Por el suelo avanza
no logra abrirse paso
más allá de su reino intermitente
restringido al breve ámbito
de sus oscilaciones
Al alba termina
su duelo con la noche
la astuta tejedora
en su blanda trama
de hollín y desamparo
Como un pálido aviso
del mundo de los vivos
esa luz apenas presente
ha bastado
para devolvernos a la mansa
procesión de los días
a su blanca secuencia
de horas muertas
De su terca vigilia
de su clara batalla
con la sombra sólo queda
de esa luz vencida
la memoria de su vana proeza
Así las palabras buscando
presintiendo el exacto lugar
que las espera en el frágil

maderamen del poema
por designio inefable
de los dioses

de Un homenaje y siete nocturnos

NOCTURNO EN COMPOSTELA

Sobre la piedra constelada
vela el Apóstol.
Listo para partir, la mano presta
en su bastón de peregrino,
espera, sin embargo, por nosotros
con paciencia de siglos.
Bajo la noche estrellada de Galicia
vela el Apóstol, con la esperanza
sin sosiego de los santos
que han caminado todos los senderos,
con la esperanza intacta de los que,
andando el mundo, han aprendido
a detener a los hombres en su huida,
en la necia rutina de su huida,
y los han despertado
con esas palabras simples
con las que se hace presente la verdad.
En la plaza del Obradoiro,
pasada la media noche,
termina nuestro viaje
y ante las puertas de la Catedral
saludo al Apóstol.
Aquí estoy —le digo— por fin,
tú que llevas el nombre de mi padre
tú que has dado tu nombre a mi hijo,
aquí estoy, Boanerges, sólo para decirte
que he vivido en espera de este instante
y que todo está ya en orden.
Porque las caídas, los mezquinos temores,

las necias empresas que terminan en nada,
el delirio que se agota en la premiosa
lentitud de las palabras, las traiciones
a lo que un día creímos lo mejor de nosotros,
todo eso y mucho más que callo o que olvido,
todo es, también, o solamente,
el orden; porque todo ha sucedido,
Jacobo visionario, bajo la absorta mirada
de tus ojos de andariego enseñante
de la más alta locura.
Aquí, ahora, con Carmen a mi lado,
mientras el viento nocturno
barre las losas que pisaron monarcas y mendigos,
leprosos de miseria y caballeros
cuya carne también caía a pedazos,
aquí te decimos, simplemente:
de todo lo vivido, de todo lo olvidado,
de todo lo escondido en nuestro pobre sueño,
tan breve en el tiempo
que casi no nos pertenece,
venimos a ofrecerte lo que consiga
salvar tu clemencia de hermano.
Jaime, Jacobo, Iago,
tú, Hijo del Trueno,
vemos que ya nos has oído,
porque esta piedra constelada
y esta noche por la que corren las nubes
como ejércitos que reúnen sus banderas,
nos están diciendo
con voz que sólo puede ser la tuya:
«Sí, todo está en orden,
todo lo ha estado siempre
en el quebrantado y terco
corazón de los hombres».

de Un homenaje y siete nocturnos

UNA CALLE DE CORDOBA

Para Leticia y Luis Feduchi

En una calle de Córdoba, una calle como tantas, con sus tiendas
de postales y artículos para turistas,

    una heladería y dos bares con mesas en la acera y en el interior
chillones carteles de toros,

    una calle con sus hondos zaguanes que desembocan en floridos
jardines con su fuente de azulejos

    y sus jaulas de pájaros que callan abrumados por el bochorno
de la siesta,

    uno que otro portón con su escudo de piedra y los borrosos
signos de una abolida grandeza;

    en una calle de Córdoba cuyo nombre no recuerdo o quizá nunca
supe,

    a lentos sorbos tomo una copa de jerez en la precaria sombra de
la vereda.

    Aquí y no en otra parte, mientras Carmen escoge en una tienda
vecina las hermosas chilabas que regresan

    después de cinco siglos para perpetuar la fresca delicia de la
medina en los tiempos de Al-Andaluz,

    en esta calle de Córdoba, tan parecida a tantas de Cartagena de
Indias, de Antigua, de Santo Domingo o de la derruida Santa María
de Darién,

    aquí y no en otro lugar me esperaba la imposible, la ebria
certeza de estar en España.

    En España, a donde tantas veces he venido a buscar este instante,
esta devastadora epifanía,

    sucede el milagro y me interno lentamente en la felicidad sin
término

    rodeado de aromas, recuerdos, batallas, lamentos, pasiones sin
salida,

    por todos esos rostros, voces, airados reclamos, tiernos, dolien-
tes ensalmos;

    no sé cómo decirlo, es tan difícil.

Es la España de Abu-I-Hasan Al-Husri, «El Ciego», la del bachiller Sansón Carrasco,

la del príncipe Don Felipe, primogénito del César, que desembarca en Inglaterra todo vestido de blanco,

para tomar en matrimonio a María Tudor, su tía, y deslumbrar con sus maneras y elegancia a la corte inglesa,

la del joven oficial de albo coleto que parece pedir silencio en *Las Lanzas* de Velázquez;

la España, en fin, de mi imposible amor por la infanta Catalina Micaela, que con estrábico asombro

me mira desde su retrato en el Museo del Prado,

la España del chofer que hace poco nos decía: «El peligro está donde está el cuerpo».

Pero no es sólo esto, hay mucho más que se me escapa.

Desde niño he estado pidiendo, soñando, anticipando,

esta certeza que ahora me invade como una repentina temperatura, como un sordo golpe en la garganta,

aquí en esta calle de Córdoba, recostado en la precaria mesa de latón mientras saboreo el jerez

que como un ser vivo expande en mi pecho su calor generoso, su suave vértigo estival.

Aquí, en España, cómo explicarlo si depende de las palabras y éstas no son bastantes para conseguirlo.

Los dioses, en alguna parte, han consentido, en un instante de espléndido desorden,

que esto ocurra, que esto me suceda en una calle de Córdoba,

quizá porque ayer oré en el Mihrab de la Mezquita, pidiendo una señal que me entregase, así, sin motivo ni mérito alguno,

la certidumbre de que en esta calle, en esta ciudad, en los interminables olivares quemados al sol,

en las colinas, las serranías, los ríos, las ciudades, los pueblos, los caminos, en España, en fin,

estaba el lugar, el único e insustituible lugar en donde todo se cumpliría para mí

con esta plenitud vencedora de la muerte y sus astucias, del olvido y del turbio comercio de los hombres.

Y ese don me ha sido otorgado en esta calle como tantas otras, con sus tiendas para turistas, su heladería, sus bares, sus portalones historiados,

en esta calle de Córdoba, donde el milagro ocurre, así, de pronto, como cosa de todos los días,

como un trueque del azar que le pago gozoso con las más negras horas de miedo y mentira,

de servil aceptación y de resignada desesperanza,

que han ido jalonando hasta hoy la apagada noticia de mi vida.

Todo se ha salvado ahora, en esta calle de la capital de los Omeyas pavimentada por los romanos,

en donde el Duque de Rivas moró en su palacio de catorce jardines y una alcoba regia para albergar a los reyes nuestros señores.

Concedo que los dioses han sido justos y que todo está, al fin, en orden.

Al terminar este jerez continuaremos el camino en busca de la pequeña sinagoga en donde meditó Maimónides

y seré, hasta el último día, otro hombre o, mejor, el mismo pero rescatado y dueño, desde hoy, de un lugar sobre la tierra.

de *Los emisarios*

REGRESO A UN RETRATO DE LA INFANTA CATALINA MICAELA HIJA DEL REY DON FELIPE II

Algo hay en los labios de esta joven señora,
algo en el malicioso asombro de sus ojos,
cuyo leve estrabismo nos propone
el absorto estigma de los elegidos,
algo en su resuelto porte entre andaluz y toscano
que me detiene a mitad del camino
y sólo me concede ocasión de alabarla
desde la reverente distancia de estas líneas.
No esconden bien el fuego de sus ensoñaciones,
el altivo porte de su cabeza alerta,
ni el cuello erguido preso en la blanca gorguera,
ni el enlutado traje que se ciñe a su talle.
Tampoco el aire de duelo cortesano

consigue ocultar el rastro de su sangre Valois
mezclado con la turbia savia florentina.
La muerte ha de llevarla cuando
cumpla treinta años. Diez hijos dio a su esposo
el Duque de Saboya. Fue tierna con su padre
y en Turín siguió siendo una reina española.
Torno a mirar el lienzo que pintó Sánchez Coello
cuando la Infanta aún no tenía dieciocho años
y me invade, como siempre que vengo a visitarla
a este rincón del Prado que la guarda
en un casi anónimo recato, un deseo insensato
de sacarla del mudo letargo de los siglos
y llevarla del brazo e invitarla a perdernos
en el falaz laberinto de un verano sin término.

de *Crónica regia*

MOIROLOGHIA*

Un cardo amargo se demora para siempre en tu garganta
¡oh Detenido!
Pesado cada uno de tus asuntos
no perteneces ya a lo que tu interés y vigilia reclamaban.
Ahora inauguras la fresca cal de tus nuevas vestiduras,
ahora estorbas, ¡Oh Detenido!
Voy a enumerarte algunas de las especies de tu nuevo reino
desde donde no oyes a los tuyos deglutir tu muerte y
hacer memoria melosa de tus intemperancias.
Voy a decirte algunas de las cosas que cambiarán para ti,
¡oh yerto sin mirada!
Tus ojos te serán dos túneles de viento fétido, quieto, fácil, incoloro.
Tu boca moverá pausadamente la mueca de su desleimiento.
Tus brazos no conocerán más la tierra y reposarán en cruz,
vanos instrumentos solícitos a la carie acre que los invade.

Moirologhia es un lamento o treno que cantan las mujeres del Peloponeso alrededor del
féretro o la tumba del difunto.

¡Ay, desterrado! Aquí terminan todas tus sorpresas,
tus ruidosos asombros de idiota.
Tu voz se hará del callado rastreo de muchas y diminutas bestias de
      color pardo,
de suaves derrumbamientos de materia polvosa ya y elevada en
      pequeños túmulos
que remedan tu estatura y que sostiene el aire sigiloso y ácido de los
      sepulcros.
Tus firmes creencias, tus vastos planes
para establecer una complicada fe de categorías y símbolos;
tu misericordia con otros, tu caridad en casa,
tu ansiedad por el prestigio de tu alma entre los vivos,
tus luces de entendido,
en qué negro hueco golpean ahora,
cómo tropiezan vanamente con tu materia en derrota.
De tus proezas de amante,
de tus secretos y nunca bien satisfechos deseos,
del torcido curso de tus apetitos,
qué decir, ¡oh sosegado!
De tu magro sexo encogido sólo mana ya la linfa rosácea de tus
      glándulas,
las primeras visitadas por el signo de la descomposición.
¡Ni una leve sombra quedará en la caja para testimoniar tus
      concupiscencias!
«Un día seré grande...» solías decir en el alba
de tu ascenso por las jerarquías.
Ahora lo eres, ¡oh Venturoso! y en qué forma.
Te extiendes cada vez más
y desbordas el sitio que te fuera fijado
en un comienzo para tus transformaciones.
Grande eres en olor y palidez,
en desordenadas materias que se desparraman y te prolongan.
Grande como nunca lo hubieras soñado,
grande hasta sólo quedar en tu lugar, como testimonio de tu
      descanso,
el breve cúmulo terroso de tus cosas más minerales y tercas.
Ahora, ¡oh tranquilo desheredado de las más gratas especies!,

eres como una barca varada en la copa de un árbol,
como la piel de una serpiente olvidada por su dueña en apartadas
    regiones,
como joya que guarda la ramera bajo su colchón astroso,
como ventana tapiada por la furia de las aves,
como música que clausura una feria de aldea,
como la incómoda sal en los dedos del oficiante,
como el ciego ojo de mármol que se enmohece y cubre de
    inmundicia,
como la piedra que da tumbos para siempre en el fondo de las aguas,
como trapos en una ventana a la salida de la ciudad,
como el piso de una triste jaula de aves enfermas,
como el ruido del agua en los lavatorios públicos,
como el golpe a un caballo ciego,
como el éter fétido que se demora sobre los techos,
como el lejano gemido del zorro
cuyas carnes desgarra una trampa escondida a la orilla del estanque,
como tanto tallo quebrado por los amantes en las tardes de verano,
como centinela sin órdenes ni armas,
como muerta medusa que muda su arco iris por la opaca leche de los
    muertos,
como abandonado animal de caravana,
como huella de mendigos que se hunden al vadear una charca que
    protege su refugio,
como todo eso ¡oh varado entre los sabios cirios!
¡Oh surto en las losas del ábside!

de *Reseña de los hospitales de Ultramar*

EN LOS ESTEROS

Antes de internarse en los esteros, fue para El Gaviero la ocasión de hacer reseña de algunos momentos de su vida, de los cuales había manado, con regular y gozosa constancia, la razón de sus días, la secuencia de motivos que venciera siempre al manso llamado de la muerte.

Bajaban por el río en una barcaza oxidada, un planchón que sirvió antaño para llevar fuel-oil a las tierras altas y había sido retirado de servicio hacía muchos años. Un motor diesel empujaba con asmático esfuerzo la embarcación, en medio de un estruendo de metales en desbocado desastre.

Eran cuatro los viajeros del planchón. Venían alimentándose de frutas, muchas de ellas aún sin madurar, recogidas en la orilla, cuando atracaban para componer alguna avería de la infernal maquinaria. En ocasiones, acudían también a la carne de los animales que flotaban, ahogados, en la superficie lodosa de la corriente.

Dos de los viajeros murieron entre sordas convulsiones, después de haber devorado una rata de agua que los miró, cuando le daban muerte, con la ira fija de sus ojos desorbitados. Dos carbunclos en demente incandescencia ante la muerte inexplicable y laboriosa.

Quedó, pues, El Gaviero, en compañía de una mujer que, herida en una riña de burdel, había subido en uno de los puertos del interior. Tenía las ropas rasgadas y una oscura melena en donde la sangre se había secado a trechos, aplastando los cabellos. Toda ella despedía un aroma agridulce, entre frutal y felino. Las heridas de la hembra sanaron fácilmente, pero la malaria la dejó tendida en una hamaca colgada de los soportes metálicos de un precario techo de cinc que protegía el timón y los mandos del motor. No supo El Gaviero si el cuerpo de la enferma temblaba a causa de los ataques de la fiebre o por obra de la vibración alarmante de la hélice.

Maqroll mantenía el rumbo, en el centro de la corriente, sentado en un banco de tablas. Dejábase llevar por el río, sin ocuparse mucho de evitar los remolinos y bancos de arena, más frecuentes a medida que se acercaban a los esteros. Allí el río empezaba a confundirse con el mar y se extendía en un horizonte cenagoso y salino, sin estruendo ni lucha.

Un día, el motor calló de repente. Los metales debieron sucumbir al esfuerzo sin concierto a que habían estado sometidos desde hacía quién sabe cuántos años. Un gran silencio descendió sobre los viajeros. Luego, el borboteo de las aguas contra la aplanada proa del planchón y el tenue quejido de la enferma arrullaron a El Gaviero en la somnolencia de los trópicos.

Fue, entonces, cuando consiguió aislar, en el delirio lúcido de un hambre implacable, los más familiares y recurrentes signos que alimentaron la substancia de ciertas horas de su vida. He aquí algunos de esos momentos, evocados por Maqroll el Gaviero mientras se internaba, sin rumbo, en los esteros de la desembocadura:

Una moneda que se escapó de sus manos y rodó en una calle del puerto de Amberes, hasta perderse en un desagüe de las alcantarillas.

El canto de una muchacha que tendía ropa en la cubierta de la gabarra, detenida en espera de que se abrieran las esclusas.

El sol que doraba las maderas del lecho donde durmió con una mujer cuyo idioma no logró entender.

El aire entre los árboles, anunciando la frescura que repondría sus fuerzas al llegar a «La Arena».

El diálogo en una taberna de Turko-limanon con el vendedor de medallas milagrosas.

La torrentera cuyo estruendo apagaba la voz de esa hembra de los cafetales que acudía siempre cuando se había agotado toda esperanza.

El fuego, sí, las llamas que lamían con premura inmutable las altas paredes de un castillo en Moravia.

El entrechocar de los vasos en un sórdido bar del Strand, en donde supo de esa otra cara del mal que se deslíe, pausada y sin sorpresa, ante la indiferencia de los presentes.

El fingido gemir de dos viejas rameras que, desnudas y entrelazadas, imitaban el usado rito del deseo en un cuartucho en Istambul cuyas ventanas daban sobre el Bósforo. Los ojos de las figurantes miraban hacia las manchadas paredes mientras el khol escurría por las mejillas sin edad.

Un imaginario y largo diálogo con el Príncipe de Viana y los planes de El Gaviero para una acción en Provenza, destinada a rescatar una improbable herencia del desdichado heredero de la casa de Aragón.

Cierto deslizarse de las partes de un arma de fuego, cuando acaba de ser aceitada tras una minuciosa limpieza.

Aquella noche cuando el tren se detuvo en la ardiente hondonada. El escándalo de las aguas golpeando contra las grandes piedras, presentidas apenas, a la lechosa luz de los astros. Un llanto entre los platanales. La soledad trabajando como un óxido. El vaho vegetal que venía de las tinieblas.

Todas las historias e infundios sobre su pasado, acumulados hasta formar otro ser, siempre presente y, desde luego, más entrañable que su propia, pálida y vana existencia hecha de náuseas y de sueños.

Un chasquido de la madera, que lo despertó en el humilde hotel de la Rue du Rempart y, en medio de la noche, lo dejó en esa otra orilla donde sólo Dios da cuenta de nuestros semejantes.

El párpado que vibraba con la autónoma presteza del que se sabe ya en manos de la muerte. El párpado del hombre que tuvo que matar, con asco y sin rencor, para conservar una hembra que ya le era insoportable.

Todas las esperas. Todo el vacío de ese tiempo sin nombre, usado en la necedad de gestiones, diligencias, viajes, días en blanco, itinerarios errados. Toda esa vida a la que le pide ahora, en la sombra lastimada por la que se desliza hacia la muerte, un poco de su no usada materia a la cual cree tener derecho.

Días después, la lancha del resguardo encontró el planchón varado entre los manglares. La mujer, deformada por una hinchazón descomunal, despedía un hedor insoportable y tan extenso como la ciénaga sin límites. El Gaviero yacía encogido al pie del timón, el cuerpo enjuto, reseco como un montón de raíces castigadas por el sol. Sus ojos, muy abiertos, quedaron fijos en esa nada, inmediata y anónima, en donde hallan los muertos el sosiego que les fuera negado durante su errancia cuando vivos.

de *Caravansary*

NOCTURNO EN VALDEMOSA

«le silence... tu peux crier... le silence... encore.»
Carta de Chopin al poeta Mickiewicz desde Valdemosa

La tramontana azota en la noche
las copas de los pinos.
Hay una monótona insistencia
en ese viento demente y terco
que ya les habían anunciado en Port Vendres.
La tos se ha calmado al fin pero la fiebre queda
como un aviso aciago, inapelable,
de que todo ha de acabar en un plazo que se agota
con premura que no estaba prevista.
No halla sosiego y gimen las correas
que sostienen el camastro desde el techo.
Sobre los tejados de pizarra,
contra los muros del jardín ocultos en la tiniebla,
insiste el viento como bestia acosada
que no encuentra la salida y se debate
agotando sus fuerzas sin remedio.
El insomnio establece sus astucias
y echa a andar la veloz devanadera:
regresa todo lo aplazado y jamás cumplido,
las músicas para siempre abandonadas
en el laberinto de lo posible,
en el paciente olvido acogedor.
El más arduo suplicio tal vez sea
el necio absurdo del viaje
en busca de un clima más benigno
para terminar en esta celda,
alto féretro donde la humedad
traza vagos mapas que la fiebre
insiste en descifrar sin conseguirlo.
El musgo crea en el piso
una alfombra resbalosa

de sepulcro abandonado.
Por entre el viento y la vigilia
irrumpe la instantánea certeza
de que esta torpe aventura participa
del variable signo que ha enturbiado
cada momento de su vida.
Hasta el incomparable edificio de su obra
se desvanece y pierde por entero
toda presencia, toda razón, todo sentido.
Regresar a la nada se le antoja
un alivio, un bálsamo oscuro y eficaz
que los dioses ofrecen compasivos.
La voz del viento trae
la llamada febril que lo procura
desde esa otra orilla donde el tiempo
no reina ni ejerce ya poder alguno
con la hiel de sus conjuras y maquinaciones.
La tramontana se aleja, el viento calla
y un sordo grito se apaga en la garganta del insomne.
Al silencio responde otro silencio,
el suyo, el de siempre, el mismo
del que aún brotará por breve plazo
el delgado manantial de su música
a ninguna otra parecida y que nos deja
la nostalgia lancinante de un enigma
que ha de quedar sin respuesta para siempre.

de *Un homenaje y siete nocturnos*

OBRAS DE ALVARO MUTIS

La balanza (en colaboración con Carlos Patiño), Talleres Gráficos, Bogotá, 1948. [Poesía]

Los elementos del desastre, Losada, Buenos Aires, 1953. [Poesía]

Memoria de los hospitales de Ultramar, separata de la revista *Mito* 26 (1959). [Poesía]

Diario de Lecumberri, Universidad Veracruzana, Xalapa, 1960. [Relatos]

Diario de Lecumberri, Espiral Editores, México, 1986. [Relatos]

Los trabajos perdidos, Era, México, 1965. [Poesía]

La mansión de Araucaíma «Relato gótico de tierra caliente», Sudamericana, Buenos Aires, 1973.

Summa de Maqroll el Gaviero (Poesía 1947-1970), Barral Editores, Barcelona, 1973.

Maqroll el Gaviero Antología (Selección de Fernando Charry Lara y Juan Gustavo Cobo Borda. Prólogo de Charry Lara), Instituto Colombiano de Cultura, Bogotá, 1975.

Poemas (selección y nota del autor), Universidad Nacional Autónoma de México (Material de Lectura 24), México, s/f.

Poesía y prosa (Obra competa hasta 1981), Instituto Colombiano de Cultura, Bogotá, 1982. [Contiene entrevistas y estudios sobre Mutis]

Caravansary, Fondo de Cultura Económica, México, 1981. [Poesía]

La verdadera historia del flautista de Hamelin, Penélope, México, 1982. [Relato]

Los emisarios, Fondo de Cultura Económica, México, 1984. [Poesía]

Crónica regia y Alabanza del reino, Cátedra, Madrid, 1985. [Poesía]

Obra literaria (Obra completa hasta 1985, 2 vol.) *I. Poesía (1947-1985)*, *II. Prosas*, Procultura, Presidencia de la República, Bogotá, 1985.

La nieve del almirante, Alianza Editorial, Madrid, 1986. [Novela]

Un homenaje y siete nocturnos, Eds. El Equilibrista, México, 1986.

Un homenaje y siete nocturnos, Pamiela, Pamplona, 1987. [Poesía]

Ilona llega con la lluvia, Edit. Diana, México, 1988. [Novela]

La última escala del Tramp Steamer, Eds. El Equilibrista, México, 1988. [Relato]

Un bel morir, Edit. Diana, México, 1989. [Novela]

Summa de Maqroll el Gaviero (Poesía 1948-1988), Fondo de Cultura Económica, México, 1989. [Contiene toda la obra poética hasta la fecha].

Amirbar, Siruela, Madrid, 1990. [Novela]
Abdul Bashur soñador de navíos, Siruela, Madrid,1992. [Novela]

JOSE KOZER

LA DEVOCION EN BUSCA DEL POEMA

EL SUBTERRÁNEO se desplaza bajo los rascacielos de Nueva York. Mientras miles (o millones) de personas se dirigen a sus oficinas, a sus números, a sus transacciones, uno se inmiscuye en la multitud pensando en José Kozer y su poesía. En la luz que camina por los túneles oscuros, cada quien mira sólo sus zapatos y las huellas que arrastran. Hay una calma absoluta en medio del estrépito del viaje; los rostros múltiples no se inmutan, ni siquiera ante la fetidez del desperdicio o la miseria de los olvidados en la intemperie.

Este es mi viaje de Manhattan hacia Queens, donde José me espera. Forest Hills parece zona rural si se le contrasta con Greenwich Village: allí hay árboles, jardines, casas que no pasan de los dos pisos. Uno puede respirar con más facilidad y caminar sin sentirse arrastrado por la corriente. Todo parece más pacífico. El frío de hace algunos meses ha desaparecido por completo. La primavera ha traído fragancias y colores. José vive en una casa hermosa. Tiene tres habitaciones arriba. En el cuarto principal, hay un cuaderno muy grande sobre la cama. Allí el escritor anota desde 1964 sus impresiones de todos los días. También se ve algún libro en la cómoda y cartas recientemente escritas con sus sobres ya listos para su envío. Las paredes de la planta baja están tapizadas de libros; en el centro y casi como adorno, José tiene una pequeña bolsa típica judía con la estrella de David, donde se guardan las filacterias tradicionales para rezar las oraciones de la mañana. La cocina y el pequeño antecomedor parecen ser los lugares favoritos de José, Lupe, su mujer, y Susana, su hija menor. Allí se cocina una cotidianidad feliz, donde todo tiene su lugar y su hora. Abajo hay un sótano, adaptado en forma de oficina. Tiene una enorme mesa, de tabla gruesa y robusta. Al lado, están todas las carpetas perfectamente organizadas por fecha, con los 2.800 poemas de Kozer.

La entrevista fue realizada en una pequeña habitación del piso superior. Fueron dos días de mayo de 1990. José Kozer hablaba cerrando los ojos constantemente, como si estuviera en trance. El diálogo se tornaba a veces en un monólogo extenuante, que se aliviaba tan sólo por pequeñas interrupciones en busca de agua o de comida. Por lo general, el tono era más grave, más serio, aunque nunca desaparecían las bromas o la ironía usual de su habla. En esta entrevista, el lector encontrará que el poeta cubano formula sus respuestas acumulando imágenes. Su lenguaje (al igual que en su poesía) implica aglomeración; es decir, al afirmar algo, Kozer siempre se apoya en varios ejemplos, en múltiples anécdotas, en una variedad de ideas afines y sinónimos. En algunas ocasiones, tuvimos que editar esta entrevista para que no fuera demasiado extensa. De todos modos, tratamos de preservar ese estilo tan peculiar.

A los 50 años, José Kozer es autor de casi tres mil poemas; algunos de ellos han sido recogidos en sus diez libros y varias *plaquettes*. La fruición de la escritura, el amor y el ansia con que se empeña este poeta, su ejercicio fisiológico y vital de todos los días, nos hacen pensar en una devoción religiosa en busca de la palabra verdadera y única. Kozer está obsesionado por ese ser mágico, esbozado de mil y una maneras pero nunca comprendido en forma total. Se trata de una búsqueda del rostro mismo del poeta, del poema último que queda por descubrir, del ser que se desvanece sin sombra.

EL ORIGEN

J.S.: Me parece que el tema del origen, el tema de la genealogía, es fundamental en tu obra, porque de algún modo tu poesía va hacia atrás.

J.K.: Coincido contigo, pero con la siguiente aclaración. Creo que el pasado en mí es un vacío y ese vacío se convierte en lo que quisiera llamar una realidad mentirosa. Cierro los ojos, procuro verme y no veo absolutamente nada: cierro los ojos, procuro ver el lugar, La Habana, ver qué o quiénes me rodean: no veo. Lo que veo son palabras, veo aquello que invento en un momento presente. ¿Hay pasado? Hubo pasado, pero no sé si hay pasado, no sé si exista. Esa realidad mentirosa es compleja porque está hecha de planos superpuestos; esa realidad mentirosa contiene la realidad mentirosa de mi padre, la de los ocultamientos de mi madre, la del desconocimiento de quienes fueron ellos, quienes fueron mis abuelos, lo que vi y los que no vi (los que murieron en la vieja Europa). No los veo. Se trata de una realidad auditiva, se me cuentan cosas y esas cosas que se cuentan se perciben de una manera especial, a través de transformaciones intelectuales, emotivas. Hay toda una criba de la información que hace de lo real algo irreal, poético, y creo que a una edad temprana. De manera que eso que llamas pasado y esa búsqueda del pasado en mi caso me confronta con un sentimiento de vacío, de irrealidad. Proust moja una madalena en una tisana y eso le trae una sucesión de recuerdos que se concatenan y se vuelven literatura. Pero hay una base fija, una base real; la gente es visible, es palpable, existió. En mi caso también ocurre eso, pero el proceso de transformación es tan rápido que yo creo que opaca e incluso anula la realidad pasada. De manera que lo que me sucede es que cuando miro hacia atrás e intento apresar algo que sea fuente de trabajo, sobrevivencia, continuidad, y de solaz o alivio a mi propia existencia; eso que intento tocar inmediatamente se transforma y se vuelve irreal y ese sentimiento me confronta con una sensación de vacío y eso es aterrador. Entonces, el intento inmediato es llenar esa sensación de vacío. ¿Cómo lo lleno? Las figuras, los personajes, yo mismo, nos hacemos irreales. ¿Qué me queda? El lenguaje, pero el lenguaje es forma, una instancia menor, con relación a lo último. El lenguaje es demasiado pobre y en algún momento zozobro de tal manera que entre lo que no hay como figura real y ese lenguaje pobre, me quedo desesperado y eso se vuelca hacia el exterior, quizá como una especie de exorcismo a través de la poesía.

J.S.: ¿Sientes lo mismo frente al pasado de tu pueblo, frente a los textos sagrados de la Biblia?

J.K.: Siento una gran desazón, Jacobo, porque por un lado la cosa es seria, es decir, ese texto, esa Biblia, en sus dos testamentos, no es más que la pobreza del lenguaje ante lo último, también. Y ese texto por un lado es cántico y aleluya, pero por el otro es parte de una desesperación. Quiero ver quién me convence a mí de que hay una resurrección de la carne, de que Moisés, en aquel Monte Sinaí, oye con sus oídos de carne la palabra de Dios. A mí no me convence Moisés y no me convence Cristo. Ese lenguaje, de nuevo, no es más que una deficiencia que se vuelca hacia lo exterior como intento de llegar a lo último y eso es desesperante y desconsolador. El texto como deficiencia ante lo infinito, como realidad mentirosa, como una lucha ante lo infinito. Pero, además, viene otra cosa que me parece más penosa y compleja. Ese pueblo al que tú aludes evidentemente no es mi único pueblo y, en cierta medida, no es mi primer pueblo, porque mi primer pueblo de la conciencia es el pueblo cubano. Yo soy cubano, yo me hago judío. Nazco cubano y luego reconozco que soy también, simultáneamente, judío. Pero hay un proceso en virtud del cual nunca se me ocurre rechazar mi origen cubano, pero sí rechazo de una forma inconsciente y luego consciente mi estirpe judía. Y son muchos años los que tienen que pasar para poder recuperar esa conciencia judía que es dolorosa y complicada. Y esa recuperación me retrotrae al gran texto del judaísmo que es el Viejo Testamento. Pero ya voy a él de viejo, con una formación donde el poeta está participando. Entonces, no sé si voy a ese texto como debería de haber ido, es decir, como un niño o como un hombre profundamente religioso. Ya voy maleado o viciado por la poesía. Mi relación con el texto bíblico ya no es una relación en puridad religiosa, sino deformada y deformadora, que en última instancia está viendo a la Biblia como un texto más y eso no se puede hacer. Eso es un error espiritual. Pero mi error espiritual es una verdad y si es una verdad yo tengo que atenerme a esa verdad: mi verdad es poética, aunque sea inferior a la espiritual o religiosa. Eso es lo que me queda entre estos dos paredones, es decir, por un lado, el del original rechazo a la estirpe judía y por el otro, el de la pérdida de la fe. Lo único que queda en medio es el espacio del texto poético.

GENEALOGIA

J.S.: Me gustaría, ahora, trazar tu árbol genealógico. Podrías hablarme de tu familia del lado paterno, después, la del lado materno. Es una genealogía marcada por la migración que va hacia tu propia persona.

J.K.: Desde el punto de vista de la genealogía paterna todo se resume en dos fotografías. La fotografía de una mujer de aspecto campesino, de rostro no judío, más bien polaco, con su pañoleta atada a la cabeza; mi padre me cuenta que era muy bajita. Esta mujer es mi abuela paterna que muere, tengo entendido, en un campo de concentración o si no en el *ghetto* de Varsovia, del que no logra salir, siendo muy viejecita. Mujer dedicada a los quehaceres hogareños, religiosa, tierna, muy dedicada a sus hijos, excelente cocinera de la cocina judía. Sospecho que hablaría medianamente bien el polaco, aunque en esa casa más bien se hablaba *yiddish*. El abuelo tiene aspecto de campesino; sé que fue un pequeño comerciante, que ganó dinero en una época y luego lo perdió todo. Ambos judíos polacos de generaciones y generaciones ubicados en un pequeño pueblo, cuya primera pronunciación yo recibo como Chejonov, luego como Chejanov, y luego como Chejonovtza. Es el clásico shteitel, un poco más grande que la aldea de la Europa oriental y allí mi abuelo tenía un negocio. Varios hermanos, todos varones, que mi padre describe como tipos fortachones, fortalezas, y uno de ellos es pelirrojo. Entonces, yo tengo una imagen de unos tíos que nunca vi. Todos mueren en campos de concentración, creo que en Auschwitz. Gente del campo, trabajadora; y yo los veo (y puede ser mi imaginación) como tipos que cultivan la tierra, que beben, que son estentóreos, bullangueros, folladores de mujeres, de pelo en pecho con la camisa abierta, que andan por los campos con una azada al hombro o con una horca de madera para recoger el heno. Estalla la guerra y los datos se pierden por completo. Mi abuelo como mi abuela tiene que haber muerto o en campo de concentración o en el *ghetto* de Varsovia. Ellos no son reales en mi vida; son parte de ese sentimiento de ausencia, pero se hacen reales a través de la palabra o del silencio de mi padre. Mi padre tiene una relación de ternura con su propia madre; pero tiene una relación agridulce con su propio padre. Me inclino a pensar que esa relación es desesperada, negativa, amarga. El me cuenta que decide irse de Polonia y radicarse en América porque no se llevaba bien con su padre y porque su padre era muy tacaño, muy ocupado y preocupado por el dinero y a mi viejo esto le crea un conflicto: no puede entender cómo se puede ser profundamente religioso (el abuelo era ortodoxo) y al mismo tiempo ser materialista y exprimir o explotar tanto a los hijos o a quien pueda. A mi padre lo obliga su padre a ir a un *jeder*, a estudiar los textos judíos. Y él descubre que todo esto y la religión es algo falso, algo que no le interesa, algo que oculta la realidad que le interesa mucho más, que es la realidad política. Este doble conflicto, el del muchacho que se tiene que dedicar a una vida que no le es grata, y la de los problemas personales con su padre, lo expulsan de Polonia. Más la inquietud del joven. El ingresa al ejército polaco a los 16 o 17 años; está en la caballería polaca. Una de sus comisiones en el ejército es coser gorras de soldado y entonces aprende a coser y de allí derivará después su profesión de sastre y, a la postre, su profesión de comerciante en telas y en trajes de caballero. Durante esta etapa empiezan sus primeras inquietudes políticas; entra en contacto con el movimiento comunista, con el movimiento obrero. Comienza a rechazar la opresión que él siente que viene de la casa paterna. La madre es un refugio, el padre es una obligación y él quiere romper con esa obligación. Las ideas políticas en boga le sirven como punto de apoyo para romper con esa opresión paterna. Parece que estuvo unos meses en la cárcel. Hay, luego, ciertos elementos mentirosos.

Dice que oyó hablar a Trotsky ante las masas y esto lo conmovió profundamente. Trotsky, como sabes, era judío y mi padre ya se plantea las posibilidades de sobrevivencia de un judío dentro del marxismo. ¿Es esto cierto? No lo sé, me inclino a pensar que no es cierto, que mi padre lo imagina. O tal vez yo imagino que él lo imagina. En todo caso hay una transmisión (desde mi infancia). Creo que mi padre inventa cosas y me transmite la necesidad de la invención, incluso el amor a la invención; la invención se vuelve más real que la realidad. Yo me siento cómodo con la invención; lo otro se me hace estrecho, claustrofóbico, lo otro se relaciona con la impotencia, con la imposibilidad, con la disolución. Esta transmisión de la invención me es muy útil. Desde niño, recuerdo que invento cosas y cada vez que invento me emociono, me estimulo, me autoestimulo: bebo de mí mismo, como de mí mismo, masco de mí mismo y, además, el inventar me tranquiliza, es un sedante. Es una esfera noble y esto viene de él porque mi madre es muy realista.

J.S.: Esto es curioso porque él viene de esa filiación comunista, que supuestamente se atañe más a la realidad. Esas dos fotografías a las que te referiste al principio son una de la abuela y la otra del abuelo. ¿Nunca viste a tus tíos?

J.K.: Te explico y te hago una salvedad. Primero, papá se entera de la muerte de sus padres por telegrama, ya estando en Cuba...

J.S.: ¿En qué año llegó a Cuba?

J.K.: En el año 29. Los abuelos tienen que haber muerto en el 40, 41. Según me cuenta un empleado de la tienda de mi padre, la única vez que lo vio llorar fue cuando recibió un telegrama que le informaba de la muerte de sus padres. De los hermanos (no sé cuántos eran; hubo muchos y algunos murieron de niños y quedaron cinco), uno de ellos estuvo en campo de concentración y sobrevivió. Al terminar la guerra, emigró a Israel: fue un obrero sin ningún éxito, había perdido a su propia mujer. Mi padre lo estuvo ayudando. Lo conocí hace tres años en Tel Aviv; un pelirrojo, idéntico a mi padre, diez años mayor, senil. Me comuniqué malamente con él en yiddish (porque yo no lo manejo bien). Me miraba con ojos melancólicos, llorosos (todos los judíos somos unos Jeremías) y en su gimotear me decía: «Ah, tú eres José, el hijo de David, mi sobrino», y se echaba a llorar. Después de media hora, ya tranquilizado, volvía a preguntar quién es éste y de nuevo me decía: «Ah, tú eres José, el hijo de David, mi sobrino», y me tocaba y se echaba a llorar otra vez. Era como una especie de recuerdo y olvido continuo. Este ritual duró unas dos horas. Me conmoví ante este espejo de mi padre.

J.S.: Ahora, para completar el árbol, tendrías que hablar del lado materno.

J.K.: Es largo y tendido. Es un abuelo, judío ortodoxo, de una población que se llama Ternava, que está en los Cárpatos, que fue parte del imperio austro-húngaro y que luego formó parte de Checoslovaquia. El es y se siente checo. Este hombre emigra a Cuba, en el año 24, por razones económicas y un poco por este sentimiento de antisemitismo y persecución. Tenía un hermano en los Estados Unidos, pero no podía entrar. Fue a Cuba a hacer tiempo, para ver si le daban el visado: aquello no sucedió y él se radicó en Cuba y se dedicó a los negocios. Tuvo lo que en Cuba llamamos una bodega, es decir, una tienda de abarrotes, un colmado. Fue muy famosa porque estaba en el centro de La Habana Vieja y se llamaba La Bodega Cubana. Yo toda la vida pensé que si mirabas desde fuera hacia la fachada, veías un letrero en español que decía La Bodega Cubana, en una columna, y el mismo letrero en yiddish. Descubro recientemente que esto no era cierto. Este abuelo viene a Cuba solo. Imagínate lo que significa para un judío ortodoxo, que no sabe castellano, llegar a un país tropical, encontrarse en un contexto ajeno y empezar a vivir y a sobrevivir. Este hombre nunca se integró al país. «Nada sabía de naciones», dice un verso mío con respecto a él y esto es cierto. No tenía una conciencia nacional, tenía una conciencia religiosa, moral. Para el año 29 trae a sus hijas y a su mujer: a mi abuela Elena y a mi tío César, mi madre (Ana), mi tía Esther y la pequeñita, que es la tía Perla. La mayor, mi tía Zelda, emigró directamente a Israel. Mi abuela era mucho más fanática y religiosa que mi abuelo. A él le va medianamente bien en su negocio; es el único importador de comida y artículos judíos. Es un hombre muy generoso: emigrado que llega a la Habana, emigrado que va a ver al abuelo Katz a pedirle dinero. Incluso hay un chiste de familia: un libro de contabilidad donde se anotan las deudas de toda la gente que ahora es muy rica y nunca le pagaron la deuda contraída. Siempre hay el chiste de que abuelo nunca cobró y que al morir deja 15.000 pesos, pero de deuda. Dejó una fuerte herencia moral en mí. Es la primera imagen admirada, en cierto momento. El representa en el fondo la vida pasiva, la vida de la quietud, la de aquel que alcanza una altura moral y por ende se siente interiormente quieto. Esto está en conflicto con mi propio padre. Mi padre es el inquieto, el irreligioso, el que cambia, el que muda, el que no tiene centro, el que se fragmenta, el que es y no es. Mi abuelo es como la eternidad, como la esencia, mi padre es como la existencia, como la realidad histórica que se mueve, se transforma, cambia. Abuelo es siempre idéntico a sí mismo, sólido, veraz, profundo. Estos cuatro hijos que emigran son muy cubanos, de habla, de formación. Mi tío, que murió hace poco en México, es lo que llamamos un cubanazo, es decir, el típico cubano. Sin embargo, es un hombre que llegó con unos doce años a Cuba. Llegó con los tirabuzones todavía, se los cortó inmediatamente y a la semana ya estaba en la esquina de su casa jugando al dominó con cubanos sin saber una palabra de castellano. Fue un tipo muy jaranero, muy dicharachero. Tuvo relaciones con la que ahora es mi tía, una mujer de raza negra, una mulata con quien tuvo un hijo que murió tratando de huir de Cuba hace 25 años. Este tío es un modelo de asimilación; el resto de la familia no...

J.S.: ¿Es el tío César, no?

J.K.: Sí. Hay otra cosa. Casi todos los miembros de mi familia tienen dos nombres. El tío César es César, pero también Zishe; el tío Francisco es Froique; papá es David, pero se le llama Dubshe; mamá es Ana y le dicen Hanele. Hay, y esto se me acaba de ocurrir, una dualidad onomástica: cada uno de ellos tiene dos nombres. En casa, ambos nombres rigen, se confunden y se intercambian: por un lado es bonito, porque amplía, pero por el otro lado produce una sensación de extrañeza: estás asimilando dos lenguajes tan distintos, tan contrarios, dos visualizaciones tan opuestas que de algún modo ese «arroz con mango» (para decirlo a la cubana) puede crear si no una conflictividad, sí un asombro, que es el origen de lo poético.

RECUERDOS DE INFANCIA

J.S.: Quisiera, ahora, pasar a tu propia vida en Cuba, empezando por los recuerdos más remotos de tu infancia.

J.K.: Debo tener un año y medio: como caca. Entra mi madre en la habitación y dice que he marcado, he embadurnado las paredes con caca, con mi propia mierda. ¿Qué es la caca? Es el limo, el fango, el cieno, con que el alfarero hace la vasija. Mi primera experiencia con la materia me relaciona con el subsuelo, con el excremento, con el origen, con lo aborigen, me relaciona con la materia prima con la que se construye, con la que se crea, con la que se origina. La mierda no tiene forma, es una forma maleable, dúctil; hay que darle forma, pero para darle forma hay que ingerirla: yo la como. Ese es mi primer recuerdo. Soy un espíritu anal. Mi clasificación psíquica es esa; temperamento anal, ordenado, parsimonioso, obstinado, neuróticamente organizado: todo en su sitio, todo en su lugar. Esa es la tradición de mi familia; todos somos anales, no hay excepciones.

El segundo recuerdo es menos primitivo, pero para mí más emocionante. Es un recuerdo muy cubano. En la casa de mi tía, en La Habana Vieja. Debo tener dos años y medio o tres. Me han dejado con la sirvienta y mamá y tía Esther han ido de compras. Es el cuarto de la criada y yo estoy tumbado en una colombina, en un catre, boca abajo, y estoy mirando de medio lado a esa sirvienta. Es mulata, joven, apetitosa, muy apetitosa. El sol entra por las persianas que están corridas y hay como una penumbra que penetra. Este sol llega adonde está de pie la criada. Ella está planchando, en refajo y ajustador, es decir, con el sostén y la combinación puestos. La luz del sol hace que yo, desde la cama, vea sus muslos y su sexo que se transparenta. Yo la estoy mirando y estoy embobado, embebido en las piernas de ella. La miro contemplativamente y, al mismo tiempo, hay una actividad sexual. Siento deseo, vivo el deseo, tengo una erección y me vengo. Tengo un orgasmo. Por supuesto, ya veo que te ríes de mí, todo esto es irreal. ¿Qué sucedió? Probablemente coincide mi volver la cabeza y ver a través de la transparencia de su refajo los muslos de esta mujer y orinarme; tendría el pañal puesto y me he de haber hecho pipí. Entonces, la combinación del placer de la orina y de la visión de los muslos de esta mujer coinciden como imagen erótica.

Ahora, atemos cabos. Un primer recuerdo que me retrotrae al origen. Venimos de una gota apestosa, somos una gota apestosa, al morir volvemos a ser una gota apestosa. Mi primera relación con el origen es comer caca. Segunda experiencia: otra emisión, otra polución, orina. Esta es mi primera relación con el mundo, de tipo excrementicia, joyceana, escatológica. Mira mi poesía y verás cómo la presencia escatológica es fundamental. Me emociona mucho pensar que hay una trayectoria lógica en la vida de todo ser humano y que ese señor que 45 años después hará un poema utilizando materiales escatológicos es el mismo niño de tres años relacionándose vitalmente con lo sedimentario, con lo original, con lo que el cuerpo expulsa. El cuerpo de esta persona mayor expulsa constantemente poesía; el cuerpo de aquel niño (como primera experiencia memorable) se relaciona con lo que expulsa: semen, orina, mierda. Hay una lógica interesante que es parte de nuestra humildad; nuestra capacidad de transformar lo más humilde en algo que intenta ser divino o superior.

J.S.: ¿Cómo transcurrió tu infancia?, ¿con quién convivías? ¿te sentías extraño como judío europeo en el ambiente de Cuba tropical?

J.K.: Nosotros, por razones económicas, vamos a vivir a un barrio mejor, que se llama Santos Suárez. Allí empieza a mudarse la comunidad judía. Es un barrio típicamente burgués, donde cubanos y cubanos judíos conviven perfectamente. Yo no tengo amigos cubanos. Crezco con cubanos judíos; todos nos sentimos muy cubanos, hablamos como cubanos, somos cubanos. Todos somos pelirrojos, pecosos, de ojos claros, un poco extraños y nos sentimos más cómodos entre nosotros que entre los demás. No hay verdadera convivencia con los demás chiquillos del barrio. Esto es una limitación, pero al mismo tiempo no hay una conciencia de que esto fuera raro. Este era mi *ghetto*, si quieres, pero era una cosa natural. No había un sentimiento de rechazo; yo sentía una sensación armoniosa. En Cuba jamás sentí rechazo por mi condición. Pero había un rechazo de parte nuestra: cásate con judíos, sal con judíos, ve al cine con el grupo. Recuerdo como un acto de la conciencia a mi primer amigo cubano: Enrique (Quiqui) López. Vivía enfrente y con él me relaciono. Puedo ir a su casa, que aparece rehecha mil y una vez en mis poemas y yo tenía también una casa (apartamento) maravillosa. La relación era de dos cubanos: él de padres españoles, con fuerte acento, y yo, de padres judíos, con fuerte acento mi padre. Y nos comunicábamos muy bien y fuimos muy amigos.

J.S.: ¿En qué escuela estudiaste?

J.K.: Eso es parte de un conflicto hogareño. Mi madre era defensora de lo judío; mi padre, que es muy judío (no quiero que esto se malentienda), es defensor de la asimilación y del rechazo a las formas convencionales, pseudorreligiosas e hipócritas del judaísmo. Entonces, debe de haber habido en algún momento un conflicto entre mamá y papá. Mamá me hubiese querido enviar como sus propios padres, al Centro Israelita de Cuba; papá se habrá opuesto y se habrá salido con la suya. Se me envió a una escuela laica, maravillosa, que se llamó el Instituto Edison, y este Instituto se convirtió en la alternativa del muchacho judío cubano cuyos padres no querían enviarlo a la escuela israelita. En el Instituto Edison mi vida se vuelve doble porque por primera vez comienzan a surgir las fuertes amistades, sobre todo intelectuales, con muchachos cubanos. Curioso —lo pienso ahora— que mis primeras relaciones con muchachos cubanos hayan sido intelectuales; como si yo hubiese necesitado este subterfugio para poder relacionarme con ellos. Debe de haber un miedo oculto en mí con respecto a lo cubano, una especie de susto no resuelto, porque todavía lo experimento. Si bien es cierto que por un lado me siento muy cómodo (ése es mi país, ése es mi lugar, ése es mi derecho, ése es mi deber), por otro lado hay un elemento de incomodidad. Mi propia habla lo refleja; es una mezcla de muchos idiomas, es una mezcla de muchos españoles; no es un habla típicamente cubana: ¡cómo iba a serlo! Si ya vengo de varios idiomas en casa, si ya vivo en la calle varios idiomas, y luego me voy de Cuba a vivir la multiplicidad de los idiomas y la multiplicidad del castellano. Pero es curioso que mi primer contacto con cubanos es un contacto intelectual; claro, luego se convierte en un contacto amistoso, emotivo, cariñoso, tierno, fuerte, pero se inicia como proceso intelectual. Mientras que con los muchachos de la comunidad judía ese proceso empieza por lo emocional y rara vez desemboca en lo intelectual, que es lo que me empieza a apartar de ellos; todos ellos se van haciendo jóvenes materialistas, comerciantes. Yo soy el único, realmente la oveja negra no sólo de la familia sino de la comunidad, que a partir de una edad relativamente temprana, tiene necesidades intelectuales, las empieza a seguir y perseguir, hasta el día de hoy.

J.S.: ¿Continúas tus relaciones con aquellos jóvenes?

J.K.: No... están en Estados Unidos en su mayoría; son comerciantes más o menos enriquecidos; muy buenas personas, pero no tengo más relación que la del recuerdo que nos une.

J.S.: ¿Recuerdas cuándo comenzaste a leer?, ¿cuándo comenzó tu inquietud intelectual?

J.K.: A mí se me da un libro (me lo da mi madre) y ese libro yo lo recibo como una imposición. Es el *Robinson Crusoe* de Daniel Defoe. Tengo diez años y mi madre me dice: «Esto es un libro, léetelo». Y yo acepto aquello como una orden y recuerdo clarísimo ver llegar este libro. Lo miro, leo su título, veo un nombre extranjero que probablemente me intriga. Es una traducción al español y allí, tumbado en la cama, comienzo a leerlo. Me lo leo, fascinado, interesadísimo, de cabo a rabo. Termino de leerlo y vuelvo al comienzo del libro y lo releo, como si no hubiese interrupción alguna. Fue circular el proceso; mi poesía es circular, mi sensación de la literatura es circular y mi primera experiencia de carácter literaria es circular. Empecé por la página número uno, llegué a la última página y volví al principio, sin interrupción. Producto de esta experiencia, hay una fantasía: yo soy Robinson Crusoe y esto es muy importante para mí. Yo soy el libro que leo; siempre es así. El poema que escribo es una prolongación del libro que leo; el libro que leo es la realidad, es el poema, soy yo, no hay distinción. El caso de Don Quijote: te vuelves el libro, eres el texto. Esa es la locura, porque no eres tú. La locura hay que definirla como un dejar de ser. Si yo soy el libro, yo no soy yo: estoy loco. Entonces, entras en el libro y ese ingresar es total, absoluto. Este fue un mandamiento que obedecí; yo leo por obediencia. Si leo la Biblia es porque Dios me lo ordena; si leo literatura es porque mi madre me lo ordena. Ese arquetipo está en mi sistema. No puedo dejar de leer, porque dejar de hacerlo implica matar a mi madre. Ese es mi deber. Leo *Robinson Crusoe* y ésta es la última fantasía del día; me estoy quedando dormido y sueño que soy Robinson. Esta necesidad de imaginar y este ser Robinson en la duermevela para poder conciliar el sueño es algo que me acompañará desde los 13 años hasta los cuarenta y tantos. A los cuarenta y tantos esta fantasía desaparece y comienzo a dormir mal; duermo mal y cada día peor. Temo convertirme en un insomniaco; cada vez me desvelo más. Sí, porque me estoy poniendo viejo y eso es parte de un proceso fisiológico. Pero hay algo más: perdí la fantasía original, perdí el sueño. Ya no podré dormir bien, sino hasta la muerte.

J.S.: Después del *Robinson Crusoe*, ¿cómo continuaste tus lecturas?

J.K.: Después de ese libro, Jacobo, hay un proceso muy curioso. Yo salgo a buscar el libro, pero no sé cuál.

J.S.: ¿Tenías biblioteca en casa?

J.K.: Inexistente. En casa no hay libros, no hay animales domésticos, no hay plantas. Tengo que ir a buscar los libros y entonces viene el primer contacto con la soledad. A mí se me dio un libro y eso me trajo la riqueza del mundo, la riqueza de la fantasía, el amor por las palabras, el descubrimiento del lenguaje, el amor al castellano, a otro castellano (que no es el que hablo cotidianamente, sino aquel literario). Esto radicalizó mi ser; estoy muy emocionado. Y ahora, ¿a quién le pregunto? Mi padre es un comerciante casi analfabeto. Y él lo decía «Yo soy analfabeto en español». Hablaba tan pobremente el español que para decirme que él era analfabeto, me decía que él era «alfabeto»; pronunciaba mal. Con mamá tampoco puedo consultar. Ella de libros tampoco sabe nada. En casa no se lee ni la

Biblia. Si voy a los abuelos, me van a decir que lea la Biblia, pero me van a decir que la lea en hebreo y yo no sé hebreo. Me quedo solo, estoy auténticamente solo. Mis compañeros de juego no saben de libros y entonces viene el azar. Me atengo a la casualidad; quiero leer, no sé qué leer. ¿Qué leo? Extiendo el brazo, la mano agarra un libro y ese libro es *El contrato social* de Rousseau. Así leo mi segundo libro. No entiendo nada y barrunto malamente un concepto: «Los hombres hemos nacido libres, pero nos encontramos en cadenas; para poder vivir en sociedad tenemos que hacer un contrato entre los seres humanos». Pero más allá de eso, encuentro en la lectura, más que un placer, una dificultad. Empiezo a vivir una doble vida: la del placer y la de la dificultad; las dos cosas me atraen profundamente. Me atrae lo que no entiendo; y me atrae aquello de lo que disfruto: la caca que comí de niño, la sexualidad de la sirvienta y el *Robinson Crusoe,* que me dio mi mamá. Fíjate que hay un aspecto femenino: madre/caca, sirvienta/sexualidad, madre/libro; y hay un aspecto masculino: soledad, azar, mundo, salir al exterior donde están los hombres, coger un libro y ese libro no se entiende. Leo, después, *Los cazadores de ballenas*, que me emocionó muchísimo y debo de haber leído ya una serie de libros de niños. Empecé a leer cosas que leen los niños. En un momento dado, el tío Max, con el que nunca me he llevado bien, me dice: «Te voy a dar un buen libro, sobrino». Debo tener unos 13 años. Me da un libro que se llama *Moisés* de Martin Buber. No entiendo una palabra, una oración, y me lo leo de cabo a rabo. Es la experiencia más dolorosa que te puedas imaginar. El texto se me resiste, la página se me opone, palabra a palabra, pero yo sigo adelante. Imagínate el estado de frustración. Por analogía, podría decir ahora que he escrito un par de miles de poemas y no he escrito ningún poema. Esa experiencia de lectura ininteligible deja un pozo doloroso en mí que hasta la fecha orienta mi relación con la literatura.

J.S.: Hay una evocación en tus poemas de La Habana como espacio de la infancia o de la adolescencia. ¿Qué recuerdas de La Habana?

J.K.: Recuerdo mi casa, recuerdo mi barrio, recuerdo el tranvía, la guagua, las máquinas de alquiler, las playas, el colegio, pero no recuerdo La Habana, no conozco La Habana. Para mí, La Habana es una ciudad totalmente desconocida; un poco mágica, pero desconocida. Fui un adolescente nocturno, hice vida de prostíbulos, vida callejera, vida bohemia, alcohólica. Fui muy putañero, me iba con mis compañeros en carro a ligar, a levantar chiquitas. Eso te produce una sensación de lluvia, pavimento, luces de neón, de rumba, de olores, colores, sabores, etc. Es una Habana real.

J.S: ¿Pero por qué dices desconocerla?

J.K.: Porque no te podría decir, por ejemplo, dónde está la calle tal. Las calles Galiano, Obispo, Apodaca, San Rafael, que son lo más céntrico de La Habana, no sé dónde están. No sé qué tienda estaba allí.

J.S.: ¿No podrías dibujar un mapa del centro de La Habana?

J.K.: No. No sé dónde está el centro de La Habana. La Habana, para mí, no tiene centro. Si cierro los ojos y trazo el camino que me lleva de mi segunda casa a mi primera casa, lo puedo hacer perfectamente bien. Puedo recordar todo: calles, casas, árboles, esquinas, todo con minuciosidad. Puedo volver a subir la loma del Mazo, que va de mi casa al Instituto Edison; puedo recordar punto por punto todo. En ese sentido tengo una memoria fotostática; pero es una memoria poética, no es una memoria capaz de recordar el mapa, lo cronológico, lo fijo, lo permanente. Es una memoria reverberante, espejismo. Y una última observación. Conozco Madrid o Nueva York, por supuesto, mil veces mejor que La Habana.

EL ESCRITOR EN FORMACION

J.S.: ¿Cómo se inició tu formación de escritor?

J.K.: A mí me sucede lo contrario de lo que suele suceder. El novelista empieza escribiendo poesía. Yo comencé escribiendo novela, empiezo haciendo prosa. No pensé jamás en hacer poesía. Era una cosa ajena a mí. Ni la leía, ni me interesaba. A los 14 años empiezo a escribir un libro: «Historia de la prehistoria» (conservo el manuscrito). Es un libro basado en *La isla de los pingüinos* de Anatole France, que debí haber leído hacía poco. Escribo vorazmente. Este libro tenía —en un cuaderno escolar— unas 25 páginas por ambas caras y lo escribo en cinco o seis días. Esa es mi primera relación con la literatura. Era una historia imaginada de lo que habrá sido la prehistoria: una bobería.

J.S.: Sí, pero ¿cómo nace la idea de escribir?

J.K.: No lo sé. Sí sé que soy un niño muy solitario; un niño onanista, masturbador, que lleno de energía nerviosa (un tanto neurótica) se ve obligado a dormir la siesta. Entonces, yo tenía que matar el tiempo y un día se me ocurre matar el tiempo escribiendo. Tengo lo que Virginia Woolf llama: «*A room of one's own*» Tengo mi propia habitación, es un privilegio.

Uso el privilegio llevando la fantasía, la soledad, la energía, hacia la página escrita.

J.S.: ¿Qué haces después?

J.K.: Probablemente por la lectura de los poetas simbolistas franceses: un Baudelaire, un Rimbaud, un Verlaine, empiezo a hacer prosa poética. Es decir, la prosa, la narración, encuentra otro módulo y esto es menos frustrante. Mi novela, por ser novela, tiene que ser muy larga y me noto incapacitado; no tengo la técnica, la estrategia para poder hacer una novela. Debo de haberme frustrado. Descubro que hay una forma más breve, la prosa poética, Baudelaire, y para mí es fundamental. Imito ese texto, empiezo a hacer vorazmente poesía en prosa. De allí el paso a los primeros poemas ya es muy fácil; el puente ya está construido. Es una época de una gran voracidad lectora y escritora. Produzco mucho, me veo sentado en la terraza de mi última casa en La Habana, en un barrio que se llama La Víbora, al atardecer, siento la brisa de la tarde, y estoy mirando a la calle y empiezo a escribir textos breves. Descubro que puedo comenzar y terminar una cosa, ya no me frustro, me apaciguo. Es un punto de apoyo para tranquilizarme. Tengo que tener un libro, tengo que hacer mi libro, mi poema; si no ¿qué soy? ¿quién soy? ¿cómo soy? ¿dónde estoy? Son demasiadas preguntas, el texto apacigua las preguntas. El texto es un animal sagrado que hay que alimentar constantemente. Sólo la continuidad textual apacigua las preguntas.

J.S.: ¿Trabajabas en soledad?, ¿le mostrabas estos textos iniciales a alguien?

J.K.: Debo de haber compartido estos textos con dos amigos cubanos, Fausto Fernández y, un poco más adelante, Bruno Gavica. Serían los únicos dos amigos con quienes yo pudiese compartir mis textos. No estoy seguro de haberlos compartido y de haber hecho esto, sería algo muy esporádico. No tenía compañeros con quien compartir la escritura, no los tuve nunca.

J.S.: Sí, porque a mí me parece que no se te puede asociar con ningún grupo generacional en Cuba; estás trabajando de manera aislada.

J.K.: Claro, porque yo era muy joven para ser miembro de alguno de los grupos que hoy conocemos. Era demasiado joven para relacionarme con un Cabrera Infante o, mucho menos, con un Lezama Lima. Como vivía en una especie de gueto abierto, donde lo intelectual no regía, no tenía con quién compartir. Además, estos amigos podían ver mis textos, pero ellos no eran escritores, eran lectores. De manera que empiezo a trabajar en solitario. Luego aquí en Nueva York sigo trabajando en solitario y quizás ha sido mi castigo...

J.S.: ...o tu bendición...

J.K.: ...no sé. Creo honradamente que el trabajo compartido es muy importante. Lo digo con una nostalgia bohemia. Conviví mucho en Nueva York con pintores, muy poco con escritores, y en cierta medida echo de menos el no poder haber compartido la escritura. En Nueva York, con la única persona que lo hice fue con Isaac Goldemberg, en una etapa de mi vida, en que sí nos comunicábamos muy bien, a niveles muy íntimos y mutuamente compartíamos nuestros textos a diario. Fue la única persona con la que pude compartir mis poemas en el momento de la gestación. Hábito que luego mantuve con mi segunda mujer, Guadalupe. Desde que la conocí y ya de una manera habitual, fui compartiendo mis textos con ella y ha sido una cosa casi redentora para mí, porque Lupe es una gran lectora y tiene una personalidad muy honesta. No me permite ningún tipo de complacencias. Recuerdo que en una época teníamos una escala de valores ya tácita; yo le mostraba un texto y me decía: «Bien», «Muy bien», «Excelente», «Increíble», «Qué mierda», «No es gran cosa» «Yo que tú lo olvidaba». Es decir, había una escala de valores y no había veredicto suyo que no fuese válido. Tiene un ojo clínico muy bueno. Ahora, claro, digo esto con mucha maña, no había veredicto suyo que no fuese válido porque casi siempre le gustaban mis poemas.

LA REVOLUCION Y EL SALTO A NUEVA YORK

J.S.: ¿Te gustaría hablar de la Revolución y del salto a Nueva York?

J.K.: Sí. Con 17 años en el colegio, estuvimos metidos los polaquitos en actividades revolucionarias. En un momento dado, decididamente, me quise ir a la Sierra Maestra a luchar por la libertad de mi país contra la tiranía de Batista. Y fui donde mi padre y le dije eso. Al otro día estoy en Nueva York. Me sacó del país inmediatamente. Estuve acá en el año 58-59, un año y cuatro meses. Ingreso en New York University y vivo en un hotel paupérrimo que luego se cayó, el Broadway Central Hotel, un hotel donde había muchos judíos pobres. Me sentía muy inquieto, bastante desenraizado. Empecé a aprender inglés, y al mismo tiempo me sentía subyugado por la ciudad de Nueva York, que me atraía. Empecé a hacer un poco vida de bares; empecé a leer mucho más que antes, empecé a leer en inglés, empecé a conocer gente. Entonces, triunfó la Revolución en Cuba. Me emocioné mucho, llamé a Cuba y regresé en el mes de mayo del 59, después de terminar mi semestre universitario. En La Habana, me lanzo a la calle, vivo la gesta. Es la única vez en mi vida en que como una especie de bolchevique del año 17 me lancé a la calle y salí a vivir la Revolución muy emocionado. Aquello era un momento esperanzador, de una gran fe. Fueron pasando los meses y desde mi propio espíritu de contradicción (tengo que achacarme la culpa de muchas cosas), empiezo a reaccionar contra aquello. Hay algo que no me gusta, algo que considero un mal de fondo y es que después de todo una Revolución es una cosa política y yo no soy un tipo político. Esto se politiza y no hay espacio para nada más. Si quiero hablar de filosofía: «No hombre, eso viene después. Hay que hablar de política, hay que resolver los problemas inmediatos». Empiezo a tropezar con la realidad: «Deja la poesía, eso no importa, la política es lo que vale». Aquello me pulveriza, me hace mucho daño y como reacción, en ese primer momento, empiezo a ser antifidelista, contrarrevolucionario. Incluso participo en lo que creo que fue el primer pequeño grupo en la Escuela de Derecho que estuvo contra Fidel Castro. Se llamó SAC, Sociedad Anticomunista, fíjate qué nombre tan absurdo. Y una de mis funciones era repartir propaganda por donde yo vivía. En un momento dado mi padre descubrió en el ropero de mi habitación una buena resma de estos panfletos y me dijo que yo ya estaba grande para poder hacer lo que yo quisiera, pero que no le metiera propaganda en la casa, porque que me maten a mí es una cosa pero que maten al resto de la familia era otra y eso no era justo. Me pareció muy correcto lo que me dijo. Saqué todos esos papeles de casa y los llevé a una casa de un amigo y allí terminó mi vida política. Ya después de eso me fui desencantando cada vez más, no ya del comunismo, ni de la complejidad política de aquella situación, sino del ambiente donde lo político es lo esencial. Vi que aquello me incomodaba y decidí muy conscientemente irme de Cuba. Fui donde mis padres y como le dicen al Lazarillo de Tormes, me dijeron «Válete de ti mismo; aquí tiene 50 pesos, unas cajas de puros, unos trajes de buena calidad y un reloj de oro. Cuando llegues a los Estados Unidos, los vendes y con eso empiezas a hacer tu vida. No se te puede mandar absolutamente nada». Cogí mi avión, llegué a Miami, vendí mis cosas y con ese dinero compré un pasaje de la Greyhound para venir a Nueva York y me fui a pasar una noche en ese hotel donde había vivido en el año 58.

J.S.: ¿Por qué decidiste venir a Nueva York?

J.K.: Porque no quería quedarme en Miami. No sé por qué, pero mi instinto, mi vocación eran hacia el norte. Después de todo, yo soy norteño, soy un hombre del frío, de las nieves; no soy un hombre de los trópicos, nací por accidente en los trópicos. Pero soy arquetípica y generacionalmente un norteño. De algún modo, algo atávico me lleva hacia el norte. Además, para ser más realista, yo ya conocía Nueva York, ya tenía una localización. En el momento del desarraigo y del exilio eso es muy importante; uno busca un espacio real.

Llego, empiezo a trabajar en Wall Street, a ganarme la vida como gerente de exportación de una compañía vendiendo avionetas. Allí estuve tres años. Después me hice empleado de biblioteca en New York University. Terminé mi B.A. e ingresé en Queens College como lector de medio tiempo allí, a partir del año 65, he estado enseñando hasta la fecha.

En el año 62 me caso con una norteamericana. En el Nueva York de los años sesenta y sobre todo del primer lustro, los únicos hispanoamericanos que hay son puertorriqueños. Este fenómeno de que aquí hay argentinos, chilenos, cubanos, dominicanos, etc., era inexistente. En ese momento estaba solo corporal y lingüísticamente. Hablo inglés; no puedo comprar libros en español porque no existen. Empiezo a leer en inglés con exclusividad; habló inglés día y noche. Mi inglés mejora, mi español empeora y llego a un punto en que el verso de Vallejo lo dice todo: «*Quiero escribir, pero me sale espuma*». Es decir, no tengo lenguaje, no tengo vocabulario para escribir. Pero nunca se me ocurre intentar escribir en inglés, cosa curiosa. Tengo 20 años, piensa en Joseph Conrad, justo la edad en que él empieza por razones análogas (por así decirlo), a escribir en inglés. Hay incluso una etapa en que yo me niego a escribir utilizando todo lenguaje que no sea aquel que sale directamente de nosotros, eso me parece falsear la escritura. Me quedo paralizado; del año 60 al 68 yo no escribo una palabra. O empiezo a escribir y eso que empiezo a escribir se aborta. No soy capaz de terminar un poema. Si tú fueses recorriendo la biblioteca de mi casa verías montones y montones de libros y en ellos te encontrarías un comienzo de verso, medio poema, pero nunca un texto completo. En los cafetines, a deshora, en los metros, en el trabajo, escondido entre los pasillos de la biblioteca, voy intentando escribir, pero no puedo. No tengo idioma; el inglés no acude, no me significa nada y el español se ha perdido.

En el 68 me ocurren dos cosas importantes. Una, conozco a Isaac Goldemberg y con él hablo constantemente y en castellano. Es un momento muy hermoso en mi vida. Es el primer amigo en Estados Unidos con quien puedo compartir en mi idioma. Y a través de esta relación, empiezo a recuperar el idioma. Y me ocurre una segunda cosa aun más importante. Empiezo a beber mucho, como un cosaco, hasta el punto en que llego casi hasta alcoholizarme. Tengo problemas personales muy complejos: un inminente divorcio; mi mujer, con enfermedades mentales, con intentos de suicidio, entra y sale de manicomios. Yo me quedo solo con una niña pequeña, la tengo que criar, en fin. Así es que todo esto me lleva a la bebida en solitario. Bebo mucho en bares y hasta tal extremo que desde la mañana, antes de desayunar, ya estoy bebiendo. A través de la bebida, regresa la escritura en español y sólo en español. Y poema que comienzo, poema que termino. Los escribo bailando, los escribo borracho, los escribo cantando, los escribo recorriendo las habitaciones de un apartamento que tuve en la calle 4 y Sexta Avenida. Mi hija durmiendo en su cuna y yo escribo 400 poemas o más sólo en el año 68. Todos malos, flojos, sentimentaloides. He leído a los 28 años por primera vez a un señor peruano que me afecta mucho, César Vallejo; he leído tres poemas de él y no he podido seguir escribiendo porque me golpea mucho. Lo pongo a un lado y empiezo a hacer escritura vallejiana, día tras día, dos, tres o cuatro poemas diarios. Es una diarrea; soy una máquina de hacer versos. Pero vuelve no sólo todo el lenguaje que sé, sino todo el lenguaje que no sé. Es decir, ingreso en esta doble realidad: el lenguaje que tengo y el que tengo que adquirir.

J.S.: ¿Cómo lo adquieres?

J.K.: Leyendo, trabajando, buscando las palabras. Toco una parte de una silla y me pregunto ¿cómo se llama esto? Me desespero y busco, busco hasta que encuentro un diagrama de una silla en castellano y descubro las palabras: travesaño, respaldo, brazo de la silla, asiento. Toda mi voracidad se ubica en la sinrazón de la palabra y en la razón de ser de la palabra. La palabra comienza a acudir, me salva la vida. Si no fuera por la palabra, si no la gritara, si no la escribiera, si no la silenciara, me hubiese silenciado, me hubiese muerto. Yo iba por el camino de la autodestrucción.

J.S.: ¿Cuándo comienzas a viajar a España?

J.K.: A partir del año 71 o 72, anualmente.

J.S.: ¿Por qué decides hacer esos viajes?

J.K.: Te cuento brevemente. Yo tenía un problema legal. Mi mujer estaba enferma de los nervios, pero quería que le dieran legalmente a mi hija. Vivo separado desde el año 68. Decido que si legalmente me quitan a mi hija, y la patria potestad de esta niña pasa a la madre, entonces yo me voy de este país. Para poder resolver anticipadamente esta situación, me compro una casa pequeña en un sitio del sur de España. Tenía ahorrados, con mucho trabajo, diez mil dólares, y la casa que yo encuentro cuesta diez mil dólares. Para mí éste fue un momento mágico (este diez que es aquel diez) y compré la casa. Después las cosas se tranquilizaron, pero seguí yendo a mi casa de España. Siempre he tenido dos casas. En La Habana tuve dos casas. Siempre he tenido la casa de Dios y la casa de la materia. Siempre he tenido la casa cubana y la casa judía. Y hoy mismo tengo dos casas, mi casa de Forest Hills, Nueva York, y mi casa española. Lupe y yo no hemos sido felices en los últimos años porque nos quedamos sin una casa, la casa de España; no teníamos en realidad donde ir y alquilábamos y no nos sentíamos bien, hasta que ahora hemos comprado otra casita y estamos de nuevo contentos.

DE CHEPEN A LA HABANA (1973)

J.S.: Hemos hecho un recorrido de tu vida. Ahora quisiera dirigirme directamente a tu obra y trazar también los trayectos por donde has andado. El primer libro que publicaste se llama *Padre y otras profesiones* (1972); no he podido leerlo, lamentablemente, porque no lo he conseguido...

J.K.: No, no te lamentes; es una bendición que no lo tengas que leer.

UNA POESIA FURIOSA, DESESPERADA

J.S.: El primer libro que tengo tuyo es el segundo, es decir, *De Chepén a La Habana* que publicaste en colaboración con Isaac Goldemberg. Allí noté justamente lo que acababas de mencionar hace algún momento, que era un tipo de poesía que tenía mucho que ver con Vallejo, una poesía furiosa, desesperada; un tono sumamente burlón, de un yo que sufre como si le estuvieran pinchando alguna parte de su cuerpo y estuviera furioso gritando. ¿Cómo recuerdas ese libro? Hay un fragmento de un poema que me llamó la atención, que dice: «*Para mi último poema/ voy a empujarme una botella de vodka/ voy a pasarme once horas laborando/ como la puta profesional/ que opta por tener un hijo*».

J.K: Qué curioso que lo menciones porque en los últimos días he estado recordando ese poema con mucho miedo. He recordado ese poema y he pensado: «¿Ha llegado ya la hora de tomarme esa botella de vodka?» Es curioso que lo menciones porque hacía mucho tiempo que no le tenía miedo a la muerte, en estos últimos días ha vuelto ese miedo y lo he asociado con este poema. Ahora, tienes toda la razón, es la poesía de un «angry young man», sin duda. Lo que habría que preguntarse es de dónde procede la ira, la rabia. A mí no me han hecho nada. He sido un buen burgués malcriado, que ha tenido todos los privilegios y todos los beneficios. ¿Por qué he de estar furioso? Nada se me quitó, nada perdí, fui un niño feliz, tuve una adolescencia dichosa. Creo que es una rabia contra mí mismo, no es una rabia contra el mundo, no es una rabia contra la injusticia del mundo. Cuando yo estuve solo, tuve que enfrentar la realidad, fracasé. ¡Qué mal me fue! ¡Qué mal lo hice! Me castigué, pené y esto produjo un sentimiento de hostilidad, de agresividad hacia mí mismo y, por supuesto, desde mí mismo, en muchas ocasiones, hacia los demás. El inglés mío era muy agresivo y la gente me lo decía, pero yo vengo también de la época «beatnik», donde el inglés se vuelve muy agresivo, donde la gente agrede verbalmente, nunca físicamente. Yo encontraba como una dicotomía; por un lado, mis palabras eran potentes, poderosísimas, agresivas, pero mi cuerpo nunca agredía nada ni a nadie. Creo que cuando entro en el español, entro desde este ángulo, en un español violento. El impacto de la poesía de Vallejo, mi relación con Nicanor Parra, el descubrimiento de la obra de Neruda, más todo lo que ya venía de atrás y las lecturas de poetas norteamericanos, Pound, Eliot, E.E. Cummings, Patchen, son lecturas que se trituran en mi interior y empiezan a trabajar con un lenguaje violento, donde la ironía sirve de contrapunto a esa violencia. Es un lenguaje lineal, jamás fracturado, donde lo tortuoso no está en el lenguaje, sino en el material con el que se trabaja y ese material es supuestamente biográfico, anecdótico, y la anécdota es tortuosa, la biografía de este individuo es atormentada. Mi modelo imaginario de escritor es Dostoievsky o Rimbaud. La idea del apaciguamiento interior, de la paz espiritual, de la tranquilidad, es opuesta, enemiga y contraria a la escritura. La escritura es violencia, es agresión, es contraataque, resistencia...

J.S.: ...también puede ser celebración...

J.K.: ...pero una celebración un poco estridente, un poco gritona, una celebración altercado, una celebración querella y no una celebración dichosa.

UNA VUELTA A CUBA

J.S.: Porque además en el libro hay una ira contra tu primera mujer y también una necesidad de vuelta a Cuba. En un poema se lee: «*Regreso a Cuba y regreso por la libre*». Y «Por la libre» es el título de tu libro, es decir, de la sección que te corresponde en el libro. Más adelante, por ejemplo, hay una evocación al placer de ese espacio cubano: «*Al regreso está toda la familia en chancleta,/ abuela que pone una fuente gigantesca de frituras en la mesa*». Es el placer de la vuelta, de una vuelta que se niega a realizarse.

J.K.: Creo que tienes razón. Lo que aquí opera es un sentimiento de desubicación tan fuerte, que si yo no encuentro unos puntos de apoyo emocionales que me sirvan de estructura, de plataforma, me voy a hundir. Estoy despeñándome, en un abismo muy peligroso. El regreso a través de la memoria olfativa y visual; el regreso a la palabra cubana (me planteo por primera vez cómo hablaba yo en Cuba, cómo daba los buenos días en Cuba). Todos estos mecanismos de preguntas tienen que ver con un sentimiento de desvalimiento. Estoy desvalido, no tengo apoyo, y el recuerdo, esa reubicación en la familia que acabas de citar, es una reubicación para poder reiniciar la vida, para poder volver a escribir.

LA POESIA COMO FRAGMENTO

J.S.: Además, en una de las cartas que aparecen al principio, dices: «*Mi vida es fragmento, mi ser fragmentario, mis poemas momentáneos, siempre un aspecto. No soy un fugitivo, sino un hombre roto, que aún no se ha reunido*». Buena parte de tu poesía está basada en el fragmento. La unidad está quebrada; sí hay una herida.

J.K.: A esto que tú dices (y dices bien) hay que añadir la noción que tengo del poema, que es la noción del poema como un fragmento. Todo poema es fragmento de una cosa mayor. De manera que todo poema es unidad, sí, porque es texto acabado; pero esta unidad no encuentra su unidad mayor, no tiene compañía, no hay orquesta, no hay libro. Todo poema que uno escribe es un fragmento solitario, isla a la deriva que puede hacerse ceniza y puede desaparecer. Hay un sentimiento de fragmentación, de atomización, muy fuerte en todo mi trabajo. Necesito hacer el poema, pero no sé qué hacer con el poema. Lo envío a algún sitio e intento publicarlo, sí, muy bien, pero eso no resuelve nada. Si está publicado, eso no significa nada. ¿Lo integro dentro de un libro? Sí, pero lo he integrado forzadamente, lo obligué. El libro no existe. ¿Será que para mí sólo hay un libro? ¿O que sólo como judío hay un libro? La Biblia. ¿O que sólo como cubano hay un libro? Los poemas de José Martí. Puede haber un libro génesis que realmente lo compendia todo, pero como uno no hizo ese libro y no está dentro de esa unidad, todo lo que uno pueda hacer es fragmentario.

COMPOSICION DE LIBROS

J.S.: En una entrevista leí que decías que no compones libros como tales, sino que escribes muchos poemas y estos poemas se van juntado, de tal manera que en algún momento asocias una cantidad de textos y los conviertes en libros. Pero la configuración preconcebida del libro no la tienes.

J.K.: Eso es exacto. Además, los mismos poemas funcionan de esta manera. No hay, jamás, un poema planeado, esbozado, bosquejado, ni siquiera mentalmente. Hay un momento en que un estímulo origina un verso, ese verso se concatena, se encabalga con otro verso y cinco, diez o treinta minutos después, se ha terminado otro poema. Siempre es espontáneo. No recuerdo haber escrito nunca un poema planeado de antemano. Esto es algo que ocurre. De la misma manera en que el poema ocurre, el libro no ocurre. Hay una sucesión de poemas a través del tiempo, pero nunca apriorísticamente la posibilidad de un libro. Comprendo que el Neruda último, estimulado por una serie de hechos políticos, escribiese una serie de poemas que constituían de antemano un libro. Esto lo comprendo e incluso lo admiro; esa capacidad de síntesis. A mí no me sucede eso; es decir, ocurre hoy un poema cuya textura es «X» y mañana o pasado mañana ocurre otro poema cuya textura es «contra X» o «sub X», otro poema distinto al anterior. Estos dos poemas no son homologables, al menos en un sentido superficial, quizá en un sentido profundo sí lo sean. A mí me gusta hacer muchos textos simultáneamente. Por ejemplo, una de mis grandes ilusiones y alguna vez lo he practicado, es igual que el pintor que trabaja en varios lienzos, tener en una pared en blanco diez o doce poemas distintos en los que voy trabajando simultáneamente y voy intercalando versos de un poema a otro. Nunca hay una anticipación o un programa de trabajo. Nunca sé ni qué poema voy a escribir, ni qué libro voy a publicar, ni qué verso va a surgir, porque, te repito, el poema me ocurre, yo no le ocurro al poema.

ESTE JUDIO DE NUMEROS Y LETRAS (1975)

J.S.: Tu tercer libro, *Este judío de números y letras,* comienza por reconocer tu identidad judía. Aparece la frase «yo judío»; uno de los primeros poemas dice: «*[Y] yo, judío agrio y coleccionista,/ yo, judío de pan y de trastienda,/ extiendo a ti la culpa y el remordimiento...*» El tema se observa, obviamente, desde el título.

J.K.: Mira, Jacobo, aquí se reúnen muchos elementos. Uno, esa zona espiritual judía que yo tenía marginada u olvidada. La idea de lo cubano era totalizadora y asfixiaba la posibilidad judía, quizá por razones psicológicas. Luego viene el exilio, el entronque neoyorquino, y acá, claro, el cubano puede reposar, no tiene que defenderse tanto. El judío aflora, se siente cómodo, porque este ciudad es cosmopolita. Otro catalizador es una conversación muy concreta con Parra, que tangencialmente me dice: «¿Cómo es que tú siendo judío no escribes poemas tocando esa temática?». Y mi respuesta fue: «Nunca se me ha ocurrido». Y en el momento en que dije eso, ya ocurrió el milagro de la poesía. Creo que por la soledad necesitaba de un especie de recuperación de materiales ocultos o perdidos. Así, volvió la medida yiddish que hay en mi interior. Empecé a leer la Biblia en castellano, más por el castellano que por la Biblia. Me emociono profundamente y empiezo a recuperar zonas que ni se habían planteado como posibilidades en mi existencia; zonas religiosas, por ejemplo. Yo me creía heredero del ateísmo y del liberalismo izquierdista de mi padre, y un heredero de la no dificultad religiosa de mi madre. El contacto con el texto bíblico es tan emotivo, tan profundo. Lo voy leyendo saltadamente, leo un capítulo o unos versículos del Viejo Testamento y luego salto al Nuevo

Testamento. Dejo que fluyan las dos religiones y los dos contextos en una especie de lectura ditirámbica, una lectura literaria y poética, que practico a diario. Me sincero conmigo mismo y me doy cuenta de que mis preocupaciones son espirituales, religiosas, metafísicas. Aquel que está preocupado con su propia muerte y la muerte de los otros seres tiene un espíritu no laico, sino religioso. Entonces, a través de la emoción poético-literaria de lo bíblico, a través de las palabras de Parra, a través de ciertas conversaciones con Isaac Goldemberg, por primera vez me digo: «Yo también soy judío». Entonces, este también, esta otredad puesta de lado por tanto tiempo, de repente salta a la vista. Y así voy descubriendo muchas cosas relacionadas con mi infancia, con mis ancestros, con mi proyección de futuro, etc. Pero quisiera aclarar lo siguiente: nunca con un sentido nacionalista, siempre con un sentido poético y religioso. Yo no siento en mí una vocación nacionalista, utópica, sionista; un interés siquiera por el Estado de Israel o por lo israelí. No siento esta vocación. He ido, por ejemplo, a Israel, pero he buscado el Muro de los Lamentos y no la presencia geopolítica israelí. Si tú me das la opción de pasar un año en el Parlamento israelí o un año en un pequeño pueblo llamado Zafed, donde se practica todavía la cábala, pues yo voy al segundo sitio. Lo que descubro a través del judaísmo es más la figura del abuelo, que la figura del padre.

J.S.: El título del libro *Este judío de números y de letras* configura simbólicamente el ser judío. Un poema comienza diciendo: «*Mi signo astrológico, Aries*». Allí culmina la cuestión astrológica con la idea de los números y no de los números bíblicos, sino los de la contabilidad del comerciante: «*[M]e costó más de mil dólares a plazos.../ [T]odo lo cual, computado un número tras otro/ por irremisible operación aritmética,/ da que mi signo astrológico es Aries,/ y mi horóscopo es quedarme en casa,/ único sistema de ahorro*». En este poema estás combinando dos cosas aparentemente contrarias: los números como representaciones de la divinidad, que viene de la mística judía, y también los números que manejan los comerciantes. ¿Lo ves de esa manera?

J.K.: Sí, creo que es un título que dice mucho y, sobre todo, es un título totalizador, que abarca. Piensa que esta aparente contradicción deja de ser una contradicción cuando reflexionas que si el número puede representar el libro de la contabilidad, la letra también representa el libro de la contabilidad porque hay letras de pago. Los dos elementos del título son uno. Al mismo tiempo, tienes toda la razón, el título es doble y es contradictorio. El judío, ahí, lo que intenta es armonizar su capacidad de relación con la vida cotidiana, ganar dinero, sobrevivir, etc., y su relación con lo más alto, el Libro como manifestación de lo más alto. En ese sentido el libro es totalizador. Cuando fui a Jerusalén hace unos tres o cuatro años viví una experiencia muy linda. Delante del tabernáculo de Dios había unos judíos rezando, doce o trece; uno de ellos llevaba la voz cantante, era el que dirigía el coro. Durante más de una hora, este hombre estuvo entregado a la oración de una forma casi mística, con una entrega total y absoluta. Terminó aquel proceso, el hombre se quitó las filacterias; se dio la media vuelta y comenzó a conversar con otro hombre que había estado en el grupo. Yo no sé hebreo, pero sí oía que en la conversación frecuentemente aparecían palabras como RCA, IBM, GM. Evidentemente estaban hablando de la Bolsa de valores. Estos individuos habían pasado de lo alto a lo bajo, por crear estas dos categorías falsas, de un mundo a otro, como si hubiera mundos. Es decir, creo que la lección profunda que hay en esto y que el título pudiera intuir es que no hay categorías, que no hay números ni letras, que en todo caso hay números y letras, y que ambas categorías no son compartimientos estancos, sino que por el contrario son ríos que fluyen y se entremezclan y de eso está hecha la vida. Entonces, no hay en realidad el judío del Libro y el judío comerciante mercantilista. No, no hay eso; hay el ser humano que vive y vibra cambiando constantemente de ubicación e intentando comprender esta abominable cosa que se llama la vida. Este ser está constantemente alzando los brazos, casi desesperado, hacia el Libro y tropezando con unos números que le dicen: «Esto es lo que hay, atente, atente». Ante ese grito de la realidad, uno reacciona no ateniéndose, sino casi asfixiado, intentando un ascenso, una revelación. De esta fórmula mágica, donde uno de los elementos de la oración es el número bajo, no el pitagórico ni el cabalístico, y el otro elemento es la letra también baja o falsa, la letra de un anuncio televisivo, de esta realidad y de la otra realidad se compone la vida. Uno no se atiene a una u otra realidad, uno vive ambas realidades, porque el que vive una sola realidad, la más alta o la más baja, es o un santo o un imbécil, y nadie es, sobre todo hoy en día, ni santo ni imbécil.

J.S.: Además del tema fundamental del ser judío, en este libro está presente la cuestión del idioma de la que ya me has hablado antes. En un texto se lee: «*Son trece años y son treinta días en la ciudad de Nueva York,/ pero todavía la ley de la multiplicación se me reproduce en español*». Es el año

73 y todavía sigues pensando en otro idioma; estás en un país extraño. Sin embargo, esa condición tiene que ver con la noción del judío errante, del judío que emigra de un lado a otro. Tus abuelos han emigrado, tu padre ha emigrado, tú has emigrado. Un continuo irse y, en ese sentido, uno percibe que en tus libros la persona poética no tiene casa o puede ser que la persona sí tenga la casa, pero está allí de manera temporal, pasajera.

J.K.: Hay muchas cosas en lo que has dicho. Primero, observo que si el poema dice trece años, hoy en el momento que me haces la entrevista, el poema podría decir treinta años. De manera que allí el número dice mucho, coincide, ya de una manera perversa. Ahora, acerca de la idea de que los personajes no tienen casa yo te diría que los personajes sí tienen casa, pero no es una casa única. Es una casa móvil, permutable, y cuyas permutaciones implican cambios geográficos y modificaciones en la estructura de la casa. No tienen casas porque buscan la casa última, que es el Beth-El, el Beth-Lehem, de la Biblia, la casa verdadera, la casa de Dios, la casa tal vez de la ausencia absoluta, la casa que es no-casa, la casa de la ilusión. Nada más perverso que pensar de esta manera y, sin embargo, estoy buscando la casa. La casa es el cuerpo, la casa es el poema, la casa es el lugar en el que estás en un momento determinado. No hay casa, no hay familia, no hay vida, no hay tiempo, no hay espacio, no hay absolutamente nada. No hay que ser Quevedo para entender esto, pero uno se atiene al momento presente. ¡Ah, ¿has escrito un poema? Esa es tu casa! ¡Ah, ¿has publicado un libro? Esa es tu casa! ¡Ah, ¿conversabas con un amigo? Esa es tu casa! ¡Ah, ¿estabas con tu mujer una tarde dichosa? Esa es tu casa! Yo, últimamente, necesito hacer lo que hacían los peregrinos japoneses. En el Japón, la tradición del Hen-ro consiste en ir de monasterio en monasterio, en una ciudad determinada, haciendo unas visitas rituales. El Hen-ro, que simplemente quiere decir peregrino en japonés, es un individuo que en un momento dado abandona la vida y se echa a caminar siguiendo un trayecto definido. Para mí esto es importante porque significa la utilización de las piernas; las piernas son el vehículo, la comunicación, el punto de apoyo de todo el cuerpo. Con estas piernas con las que yo puedo andar, puedo ir haciendo mi casa. Mi casa es ese andar, ese camino. Otra casa no tengo. La casa de La Habana, que fue la más real, se perdió por un azar histórico, por una cuestión coyuntural que no tiene la mayor trascendencia desde mi punto de vista. Esto es así, siempre ha sido así, siempre será así. Lo único que puede hacer el ser humano es vivir lo presente: estar. Quizá en español el verbo ser, al que se le da más importancia, sea un error de percepción gramatical. El verbo más importante tal vez no sea el verbo ser, sino el verbo estar. No hay ser, hay estar. Toda la filosofía heideggeriana quizá sea un error de percepción, porque está demasiado fundamentada en el verbo ser. El estar es la sala, la sala donde estoy cómodo, donde reposo, donde reflexiono ante el hogar y dejo que la mente corra y la mente crea ríos de poesía. Ese es el placer, el placer del texto del que hablaba Barthes; el placer del dejar correr la mente dentro del presente, es la casa. La casa de La Habana se perdió, mi padre perdió su casa en el *shteitel*; el judío no tiene casa porque emigra, es el vivo ejemplo de la diáspora. Pero, mira, esto que le sucedía consuetudinariamente al judío, ahora le sucede al cubano, y al mexicano, y al argentino, y al indio, y al chino, y al coreano, etc. Ahora sí no hay casa. Históricamente, ¿dónde está la casa? La casa de la historia se ha derrumbado. Nadie tiene casa. Empezamos a ser los primeros seres reales de la historia; se supone que un indio de la India trabaja duro y en un momento dado abandone la vida y hasta la hora de la muerte, peregrine como un mendigo pidiendo limosnas por los caminos. Esta imagen de la cultura india la puedes universalizar; nos sucede a todos. En cierto sentido para mí esto implica tal vez una nueva fundamentación histórica, una nueva visión del ser humano dentro de la historia.

GUADALUPE

J.S.. Creo que este libro sienta las bases de lo que es tu poesía. El último tema, y no por ello menos importante, es el que se refiere a Guadalupe, tu mujer. Hay un poema que se titula «Acta matrimonial», en donde se establece el lazo que es fundamento y que es dicha en tu poesía. Si bien antes en el libro *De Chepén a La Habana* había mucha furia y mucha angustia, en este libro hay algunos poemas donde ya se siente más el placer, el encantamiento del estar.

J.K.. Sí, Lupe es el sosiego o, mejor dicho, el principio del sosiego. No quiero ser injusto con mi pasado, pero este libro para mí es mi primer libro, de modo que descarta a los anteriores; y esta mujer es mi primera mujer y también desbanca a las mujeres anteriores. Guadalupe significa no la aventura sino la seguridad y desde la seguridad la posibilidad de la aventura. Significa el otro, el crecimiento hacia el otro y, a través de ello, el inicio de lo poético. Guadalupe es una confrontación; no parece serlo y quien nos conociera clínica o biográficamente creería que somos la clásica pareja feliz. Somos la clásica pareja feliz, Tristán e Isolda sin ningún tipo de tragedia. Pero somos la clásica pareja feliz no como máscara u ocultamiento, sino como confrontación, porque mi vida cotidiana con Guadalupe es una vida que no permite pendejadas o deformaciones, o falseamientos. Lupe me obliga a un intento de objetividad constante y esto es una dificultad. Por primera vez en mi vida, mi fuerte personalidad no puede ser fuerte 24 horas al día; mi fuerte personalidad está obligada por la fuerte personalidad de mi mujer. Tiene que haber un compromiso real, una zona de conversación donde ni ella es fuerte, ni yo soy fuerte. Yo descubro la verdadera suavidad y la verdadera ternura a través de Guadalupe; mis raíces suaves y tiernas, que son cubanas y maternales, las descubro a través de ella. Hay una confluencia de materiales que nos permite relacionarnos auténticamente y que suavizan la cotidianidad. Lupe se vuelve, ya no esta mujer concreta, sino un signo de algo mayor (que no es ella, ni soy yo): la capacidad, en un estado de justicia y de libertad, de acceder a la igualdad. No hay nada que me interese más en mi vida ahora que acceder a la igualdad; es decir, yo no ser nadie. Descubro la sumisión, la obediencia, el respeto; no la necesidad de ser entendido, sino la necesidad de entender, no la necesidad de humillarme, sino la de ser humilde; no la necesidad de recibir (que la tengo, por supuesto), sino la de dar. A través de esta relación muy rica, pero muy difícil, yo crezco como persona y también como escritor, como poeta.

Y ASI TOMARON POSESION EN LAS CIUDADES (1978)

J.S.: Si bien en el libro anterior había una reflexión hacia lo judío, en *Y así tomaron posesión en las ciudades* noto no sólo la temática judía sino también la forma del versículo. En los libros anteriores, incluso en *Este judío de números y letras,* el verso no es tan largo. A medida que uno lee tus libros, va observando que ese verso se va extendiendo. En *Y así tomaron posesión en las ciudades* ya nota uno la presencia bíblica en la forma misma del poema, desde el título mismo del libro, que viene de 2 Reyes 17:24. La forma de tu verso, que después adquirirá dimensiones inusitadas en *Carece de causa* se origina en este momento. Se toma el modelo del versículo bíblico y se lleva al extremo; al hacer esto, estás subvirtiéndolo también.

J.K.: Sí. Porque lo que sucede no es tanto la prolongación del verso, que es evidente, sino la densidad y la condensación de materiales dentro de un verso; es decir, el verso único, uno busca la totalidad. Allí está lo que hablábamos antes: el libro frustrado, el poema frustrado. El poema que aún no has hecho luego de haber escrito casi tres mil poemas, el libro que aún no has escrito o que aún no has reunido luego de haber intentado reunir diez, quince, veinte o treinta libros. Uno es insaciable, el verso es insaciable, el verso es inexistente, y con eso luchas. No sólo el verso se alarga sino que se hace más denso, porque las preocupaciones, las experiencias, han aumentado en cantidad y en calidad. Ya no te contentas con rabiar, ahora rabias y te suavizas; ya no te contentas con cantar alternadamente lo cubano con lo judío, ahora eres también un chino de la época de Chuang-Tzu o eres un japonés del período Meiji, o eres un amigo de Emile Zola; es decir, las referencias, los intereses, las bifurcaciones adquieren tal tamaño que se vuelven monstruosas, pero tú no quieres dejar de abarcarlo todo porque lo amas todo. No quieres dejar de participar en todo porque estás vivo en todo y para todo y el verso te exige un mayor tamaño, una mayor densidad. Ya no hay tres dimensiones, hay cuatro, y tal vez haya veinte. Si la ciencia física descubre que hay veinte dimensiones, ¿tu poesía no va a reflejar esas veinte dimensiones? *Y así tomaron posesión en las ciudades* comienza un proceso de acercamiento a la dificultad, a través de esa diferencia que es el poeta. El verso tiene que abarcar la totalidad de las diferencias. Lo tienes que hacer con todas tus culturas, con todas tus experiencias, con todos tus lenguajes, con todas tus posibilidades. En Cuba se dice: «A ese asunto le di con todos los hierros». Al verso hay que darle con todos los hierros. El poema puede tener tres versos, puede ocupar tres renglones o media página; la cuestión no es de tamaño, sino aquello que tienes que reunir en un momento dado, porque tu necesidad te lo exige. A partir de *Y así tomaron posesión en las ciudades*, el verso me exige la mayor cantidad posible de reunión de materiales, si es que ese verso quiere ser auténtico. Estás bregando, además, con dificultades técnicas. Sé perfectamente que el que mucho abarca poco aprieta; si quieres reunir demasiado material en un verso, el poema va a fracasar. Hay que dosificar ante la avalancha de realidades que en un momento dado el ojo recibe. En este libro, a diferencia de los anteriores, se adensa y se adentra uno en la temática monolítica y obsesiva de lo bíblico judío. Es el único libro mío donde, aunque los elementos sean dispares, el tono y la voz es sólo una. Es el tono y voz que miméticamente copia el tono y voz de lo bíblico. La mezcla judío-cubana que había en *De Chepén a La Habana* o que había en *Este judío de números y letras*, ya no ocurre. Es como si yo hubiese necesitado condensar una cosa por última vez antes de pasar a otras cosas. Con este libro «termina», y lo pongo muy entrecomillado, mi interés por lo judío.

J.S.: Te quería preguntar acerca de la estructura del libro. ¿Se acerca a algún modelo bíblico?

J.K.: Sí, creo que sí. Hay una estructura, pero con base a personajes, y unos personajes que pueden ser de diversa índole: histórico-reales. bíblicos, literarios.

EL INTERLUDIO ORIENTAL

J.S.: Hay un grupo de cuatro poemas con tema oriental. Aquí empieza tu interés por lo oriental.

J.K.: Sí, se me había olvidado que intercalé a propósito cuatro poemas orientales.

J.S.: Es el «Interludio» del libro.

J.K.: Sí. Siento en este momento que el monoteísmo judío y católico, que son dos fuentes reales en mi vida, son excesivamente severos. El dedo índice de Jehová es atroz: marca, conmina, obliga. Es una carga que requiere reposo. ¿Cómo reposo? Cuba es el reposo, la placidez, la brisa, la caída de la tarde, la tranquilidad. Pero Cuba se perdió. Encuentro otro modo de reposo, que es la cultura oriental, esa otra realidad del mundo. Los modos de pensamiento y las prácticas orientales me sirven como reposo, como interludio, como distensión, del dictamen y, casi me atrevería a decir, del ultimátum judaico. Lo judaico es ultimátum, lo judaico te dice «esto o nada»; lo católico es ultimátum: «o el cielo nuestro o ningún cielo». Ante eso, está la otra cara de la moneda, la mayor tranquilidad de la revelación budista, más neutral, más impasible; no es «esto *o* aquello», en última instancia es «es esto y aquello», o mejor «*ni* esto *ni* aquello». Antes creía que lo cubano en mí, lo tropical, lo tierno, lo rumbero, contrarrestaba y apaciguaba la línea recta o diagonal (como de relámpago) de lo judío. Esto era cierto. Luego descubrí que a esta contradicción podía sumar el elemento oriental, que también era suavizador, blanco, transparente; menos de sinagoga que huele a amoníaco, o de iglesia que huele a incienso. Más de túnica de seda, más diáfano, más quimono, más fácil de llevar sobre la carne. No es el barroco multiforme, exacerbado y lleno de excrecencias y multiplicaciones, sino el ideograma, el emblema que puede aparecer en la parte de atrás de un quimono. Este descubrimiento simplifica, ordena, y reordena, suaviza la vida cotidiana, te proyecta hacia el vacío y la tranquilidad neutral e impasible de lo vacío, te permite el trasvase de elementos poéticos, antes inexplorados, hacia el exterior. Este interludio, como en un receso de clases en un colegio, implica el descubrimiento de que el mundo no es sólo tensión y drama, de que el mundo no es sólo tragos, orgías, tragedia, desgarramiento. El mundo es también sutura, cicatriz, piel renovada. Esto compensa en parte la idiotez desgarrada y chillona del mundo occidental. Es el clásico reposo del guerrero. Es el reposo de la mente; es neutral.

J.S.: ¿Cuándo comenzaste a interesarte por la filosofía oriental?

J.K.: En Cuba había chinos y ellos eran parte de mi vida. De niño oía al pescadero que pasaba por casa vendiendo pescado, haciendo sus pregones con un acento chino. En vez de decir «pescador», decía «picaló». A mí eso me hacía reír y todo el mundo se burlaba del chino y yo siempre me preguntaba quién sería ese chino, cómo había acabado tan lejos, en la ciudad de La Habana. Quizá esta relación con lo chino hizo que yo escribiera un poema oriental, que es el primer poema de este «Interludio» al que haces referencia. En ese momento, me asombro ante ese poema. Es un poema que escribí en diez minutos y que hasta hoy considero de una dulzura perfecta. Es una mujer en una habitación y una anciana que está cosiendo y es esa relación entre la muchacha joven y la anciana. Es un poema de una sencillez absoluta, muy diáfano; es un poema que salió intacto, virgen. En función de su ternura, es un poema ideal. En ese sentido, se me corrió la baba y sentí una gran necesidad de hacer más poemas como éste y una cosa fue llevando a la otra. Ya que comencé a hacer estos poemas chinos, pues necesitaba referencias y material de trabajo. Empecé a leer y un día descubrí que había una palabra Zen y que esa palabra Zen era parte de un sistema filosófico. He ido leyendo de una manera desordenada cualquier cosa y en cualquier momento. Así, lo oriental ingresó a mi vida. He hecho práctica y meditación oriental por mi cuenta y riesgo, sin haber estudiado jamás con nadie. Me he inventado ejercicios de kendo, que es la esgrima que practican los budistas orientales o los esgrimistas japoneses. Te podría mostrar una serie de ejercicios que yo hago un par de veces a la semana, como parte de un proceso de relajamiento y de meditación, que no son ejercicios que pertenezcan a la praxis budista, sino son ejercicios inventados por mí y son maravillosos. Es parte de un proceso de búsqueda y de interpretación del mundo. Mi ideal es, hasta la muerte, no cerrarme ante nada, dejar que todo fluya del exterior hacia mí, sin ser yo un centro de nada. No decir que no. El judío es muy negador, el occidental es muy negador. Tenemos el «no» en la boca antes de haber escuchado. El oriental es más suave, el «sí» le aflora con mayor rapidez a la boca.

J.S.: Además de las cosas de las que hemos hablado sobre este libro, habría que agregar una cosa más sobre la forma: el uso del paréntesis.

J.K.: Tal vez los paréntesis sean también pequeños interludios.

J.S.: Está la idea, también, de la proliferación de la que hablabas. Me parece que si en *Este judío de números y letras* están las bases temáticas de tu poesía, en *Y así tomaron posesión en las ciudades* ya está creada la voz poética, tu forma de realizar esa escritura.

J.K.: Esperemos que esté creada incipientemente, que no esté creada como congelación.

J.S.: No, porque ha seguido rutas insospechadas. De todos modos, el planteamiento general de la forma de tu verso está sentada en ese libro.

J.K.: Sí. Lo que empieza a haber es un signo que permita una identificación. Un amigo me decía que yo no tengo ya que firmar un poema mío, que se reconoce. Eso es muy halagüeño por un lado, pero por el otro es muy peligroso. Está bien que se reconozca ese poema y que se identifique con un individuo, pero al mismo tiempo lo ideal es la despersonalización y el no reconocimiento de un poema. Si se reconoce demasiado, existe el peligro de la autoaniquilación, de la anulación.

LA RUECA DE LOS SEMBLANTES (1980)

J.S.: *La rueca de los semblantes* se publicó en 1980. En la contratapa se habla de dos asociaciones: «Un libro conseguido desde una emotividad mozartiana, que por ende abarca la ligereza de un divertimento y la religiosidad de un réquiem». Y, por otro lado, se le asocia con el ojo de una cámara fílmica.

J.K.: Esa contraportada la escribí yo. Los que me publicaron el libro no tenían la menor idea de quién era el autor del libro. Entonces, me dijeron que necesitaban una contratapa. Como no había tiempo para encargársela a alguien, pues la escribí yo.

MUSICA Y PINTURA

J.S.: A mí me gustaría explorar esas dos cosas: la circunstancia musical y la fílmica.

J.K.: Vengo de una casa donde no existió jamás la música, ni la clásica ni la popular. En un momento descubro la música, y me fui interesando por la música clásica, sobre todo por la clásica barroca, la clásica religiosa (los cantos gregorianos), la clásica romántica. Hacia el año 70, como parte de ese proceso de beber, empiezo a bailar a solas y empiezo a escuchar mucha música. Empiezo a escribir siempre con música de fondo, cosa que desde hace tres o cuatro años ya no puedo hacer. En ese momento, me suelto, y al hacerlo todas las palabras se sueltan, se te caen todos los dientes (los dientes que se te caen son el poema). La ligereza de un Mozart, la posibilidad de los *divertimenti*, y de hacer el poema bailándolo, se vuelve un hecho muy liberatorio. El eslabón está compuesto de dos elementos: la libertad que me trae la música y la libertad que me trae el reposo de lo oriental. Esto sirve para relajar la tensión del exilio, la tensión del matrimonio fracasado, la tensión de la hija que hay que criar, la tensión de los lenguajes, la tensión diaspórica. Entonces, me dejo llevar por la música y hago un poema. Es la primera vez que me siento aventurero, ya no en las calles de Nueva York, o en los prostíbulos habaneros, sino en la calle y en el prostíbulo del lenguaje. El lenguaje se vuelve un verdadero juego, es lúdico; aquí puede pasar todo y todo entra en esa fosa profunda, interminable, inexorable, del lenguaje. El idioma lo abarca todo; el diccionario es inconfundible, pero es interminable, nunca acaba, siempre se regenera. El diccionario es el verdadero fénix. Así, hoy puedo hacer un poema divertimento y mañana puedo hacer un réquiem doloroso, vertical, que intenta rozar lo desconocido. Esto opera por primera vez ya como texto abierto. Se reúne además otro elemento, que es el trabajar desde los cuadros hechos por los pintores. Ya no es la vida bohemia que comparto con pintores, sino es la habitación en solitario donde ante un cuadro de ese pintor hago un poema. ¿Quién es ese pintor? Es un amigo o la lámina de un pintor conocido. Un cuadro de Van Gogh, uno de Picasso... empiezo a tener mis intereses particulares: Soutine, Vermeer, Bacon, Poussin, en cierta medida Gauguin y, más adelante, muy interesado en Paul Klee. Estoy delante de una lámina o varias; puedo tener un cuadro de Klee a un lado, y al otro la «Venus» de Velázquez (que siempre me ha intrigado), y de acá y de allá puedo sacar un retazo, un remanente, un residuo, un color, un movimiento, un tono. Con esto, con un modo fijo, estático, permanente, esbozado y centrado en un cuadrilátero inamovible, construir la poesía. Estos dos aspectos, el dinámico de la música y el estático de la pintura, se van juntando y van creando el poema. Hace unos años, estando en una fiesta, alguien me comentó que alguien dijo sobre mí: «Es un tipo muy curioso, porque te puede estar hablando de Dios y diez minutos después está diciendo las procacidades y las vulgaridades más absolutas. Es como si primero te hablase de lo inefable y luego se estuviese rascando los huevos». Este comentario, que fue dicho con mala intención, a mí no me molestó, sino que lo tomé como un elogio. Este comentario elogiaría a Joyce, por ejemplo. No es una perversión manejar dos lenguajes; es una perversión no manejar dos lenguajes.

J.S.: En tu poesía también hay esa superposición de varios planos. Al ir combinando elementos tan dispares, tus textos adquieren un efecto barroco...

J.K.: ...sí, un efecto barroco, pero que es muy moderno. Como ente histórico, participo de la desorientación. Es tanto lo que puede suceder y lo que se puede hacer en nuestra época que nos hemos desorientado; hemos perdido raíz, núcleo, base, cimiento. La desorganización y la superposición de planos en el texto no es más que reflejo de este momento histórico. Empiezo a escribir un poema bajo un estímulo: el color rojo, el pájaro que graznó, una hoja que cae, etc. Bécquer veía caer una hoja y eso le recordaba a su amada que había perdido y así surgía un poema donde era hoja-amada; la analogía era simétrica. Yo veo caer la hoja y la hoja es: la hoja de papel, la naturaleza, la hoja que me recuerda un lunar que tengo en el culo, la hoja que es el filo de una navaja. Es decir, se van bifurcando polisémicamente los elementos que el estímulo cataliza. Esta bifurcación, que es una especie de araña (como decía César Vallejo) con ocho patas, que intenta caminar, casi no puede caminar porque tiene demasiadas patas, demasiadas antenas, simultáneamente trabajando. No puedes ver ocho canales de televisión al mismo tiempo; sin embargo, eso es lo que intenta el poema. Hace muchos años iba con Jorge Rodríguez Padrón por la carretera, e íbamos hablando de mis procesos poéticos. Jorge me decía: «Pero hay algo en ti difícil de ubicar y que me gustaría que me lo explicaras». En ese momento, llegamos a un sitio donde había que pagar peaje. Nosotros íbamos en línea recta y yo le dije: «Hay ocho garitas donde podemos pagar el peaje. Nosotros estamos enfilando hacia una de ellas. Considera que el poema que yo escribo enfila hacia las ocho garitas simultáneamente. Eso es todo». Esto no es ni mejor ni peor que la poesía anterior. No es ni más fácil ni más difícil; toda poesía implica una dificultad. Es otro modo de hacer, de percibir poesía; yo no puedo percibir románticamente, porque ya el mundo no es dualidad. En 1990 el mundo ya es cuadruplidad, quintuplidad, ya tengo que inventar palabras para decirlo.

AUTOPARODIA

J.S.: Siguiendo con *La rueca de los semblantes* hay un poema que me llamó la atención porque me parece que ilustra bastante bien uno de los rasgos principales de la poesía joven (que ya viene de la tradición romántica, pero que ahora se define mejor), que es la autoparodia, el mofarse de sí mismo. En este «Divertimento III» se lee «*Cuando llego eso sí mis hijas unos aplausitos papá es un gran poeta y/ al almuerzo mi mujer/ una venia: espejito mágico espejito mágico...*», y más adelante: *Cuando/ mis hijas estén mayores/ tal vez comprendan mis teorías, mis abanicos/ y la rusticidad. 'Soy el poeta', como dijo aquel Kozer 'en extremo rigor de muerte'. Y solitario que más me da que escasamente mi época mis coterráneos/ no sepan que habité/ el templo de las musas, agrandé la inveterada mezquindad de la luna cuatro semanas distraído en los tejados*». Si por un lado dices que eres un gran poeta y te burlas, por el otro al menos está la intención de decir que lo eres.

J.K.: Es muy interesante lo que planteas. Si algo detesto es la majestad, la pomposidad, la exuberancia vacua; las palabras altisonantes, infladas. Todo el mal de la historia viene de palabras inflamatorias, del lenguaje artificioso, astuto, manipulador. No hay nada más sutil, de higiene más valiosa, que mirarse bien en el espejo y decir: «Ah, yo que soy tan guapo, qué feo soy; yo que soy tan buen poeta, qué mal escribo». Pero esto no es un juego en blanco y negro, no es la búsqueda de la humildad en un sentido religioso. Esto es un sentido práctico de la realidad, porque después de todo quién soy yo. No puedes altisonantemente ser «El Poeta»; no puedes decir tu *dictum* y no contraatacar tu *dictum* para no caer en la locura de la vanidad. Hay un título de un «gran mal poeta» (como dijera Juan Ramón Jiménez) de un libro último de Pablo Neruda que yo detesto: *Confieso que he vivido*. Para mí es un título pomposo, creído, sobrado, innecesario. Neruda ha vivido intensamente; es posible que San Juan haya vivido más intensamente que Pablo Neruda y es posible que se haya confesado mucho más a fondo con su padre confesor. Pero a San Juan no se le hubiese ocurrido titular a un libro: *Confieso que he vivido*. Este falso romanticismo, muy nuestro, falso y vacuo, es algo que me saca de mis casillas. Yo no estoy libre de pecados, pero quiero luchar contra esto; creo que es un mal de base, un mal histórico. ¿Cómo contrarrestas esa fuerza vanidosa? La contrarrestas con la autoburla, la automofa, la visión descarnada y descascarada de ti y de tu propio cuerpo, de tu llamada obra. Una palabra que no he aceptado es «su obra»; cuando alguien me dice «su obra» yo anulo mentalmente esa palabra. De allí a «opus magnum», y a creerte que tienes una obra, no hay más que un paso, y ese paso es el que te lleva a la perdición como ser humano y como escritor. No quiero la palabra «magnum», ni quiero la palabra «poeta». ¿Conoces la anécdota de Lorca? Una persona presenta a Lorca a otra persona y esta persona reacciona diciendo: «Ah, el poeta»; y Lorca contesta: «si usted lo dice». Me parece muy acertado. A mí no me corresponde decir: «Soy el poeta», «Confieso que he vivido». Prefiero decir *Trilce*, *Odas elementales*. Todos somos débiles, «todos tenemos un pequeño corazoncito» (como dicen los peruanos), pero hay un modo de luchar contra esa carne triste, y el modo es la ironía, el rebajarte, el no creerte. Yo noto que en los últimos meses, en mis diarios, me ataco a mí mismo constantemente. ¿En qué consiste este masoquismo? ¿Me siento tan seguro que me puedo atacar a mí mismo? ¿Estoy tan derrumbado que ya atacarme a mí mismo no me importa? Quizá hay algo de esto, pero creo que más bien es un constante tenerme bajo observación, bajo vigilancia. Yo tiendo a la vanidad, a lo egoísta, y esa tendencia tengo que controlarla. He luchado toda mi vida contra ese egocentrismo. Este poema que lees de una forma divertida, bromera, y al mismo tiempo verdadera, pone de manifiesto esa lucha.

J.S.: ¿Piensas que este sentido autoparódico tiene que ver en algo con la tradición judía de artistas como Woody Allen, Philip Roth, y otros?

J.K.: Nunca se me había ocurrido esta comparación. No siento ningún vínculo ni con Woody Allen, ni con Philip Roth. Siento un mayor vínculo con el *Herzog* de Saul Bellow, por ejemplo; el vínculo es literario, filosófico, poético, pero no es un vínculo como judío.

J.S.: Lo decía por el sentido de burla, de sátira, de los judíos neoyorquinos...

J.K.: El judío es muy burlón y es burlón hacia los demás y hacia sí mismo. Todas las culturas fuertes son burlonas...

J.S.: Hay un sentido de solemnidad hispánica. La poesía hispánica siempre ha sido mucho más solemne que la americana. Si comparas la ampulosidad de los poetas hispánicos: ese tono sonoro, grueso, serio. Hay ciertos poetas irónicos o sarcásticos, pero la tradición de burlarse, de hacer un verso mucho más ligero es menos intensa. Parra alcanza un poco eso.

J.K.: Se me ocurre pensar en un Heinrich Heine, del romanticismo alemán. Allí tienes un judío capaz de esa burla a la que tú aludes, de esa automofa. El contrapunto español no existe. Cuando Espronceda es burlón, nunca es burlón de Espronceda.

J.S.: Dentro de *La rueca de los semblantes,* hay un poema que se llama «Amor para una joven aspirante a poeta», que creo que acostumbras leer de vez en cuando...

J.K.: Sabes que es un poema que jamás he leído en público...

J.S.: No sé por qué pensaba eso...

J.K.: Porque se ha publicado en muchos lugares. Es un poema muy difícil de leer en voz alta. Es un poema más intelectual que sonoro.

J.S.: Quería referirme a este texto, porque allí hablas un poco del hacer del poema. En tu literatura he visto pocas «artes poéticas» como tales, dedicadas exclusivamente a eso. Creo que ahora lo entiendo mejor, porque dices que nunca te has predispuesto a hacer un poema.

J.K.: Debo tener en mis carpetas unas seis o siete artes poéticas. No creo que haya publicado ninguna de éstas. Ahora, ¿qué contienen esos poemas? No lo recuerdo. No te podría decir en qué consiste mi «ars poética», en función de esos poemas que andan por allí desperdigados.

J.S.: Bueno, creo que con eso podríamos dejar *La rueca de los semblantes...*

J.K.: Permíteme un añadido. Es el libro preferido de Lupe. Lupe tiene el siguiente veredicto hasta la fecha: «Mi libro preferido: *La rueca de los semblantes*; tu libro más importante: *Carece de causa*».

J.S.: ¿Y cuáles son tus veredictos?

J.K.: Los mismos. Ella es mi voz.

JARRON DE LAS ABREVIATURAS (1980)

J.S.: Ahora podríamos pasar a *Jarrón de las abreviaturas*, de 1980, el mismo año de *La rueca de los semblantes*.

J.K.: Sí, época prolífica.

J.S.: *Jarrón de las abreviaturas* ya es un libro sobre todo de cosas orientales. Hay varios poemas que se titulan «Zen»...

J.K.: Sí, mis títulos se repiten. Date cuenta que ya no me quedan títulos, después de 2.800 poemas.

J.S.: En ese poema «Zen», el arquero mira hacia la distancia: «*Surca la flecha, pasa./ El arquero, inmóvil, la mirada fija en la arrogancia de su esterilidad*». ¿Cómo lo ves ahora?

J.K.: Complicado el bicho, porque la inmovilidad del arquero implica su perfecta quietud y su aparente perfección, mas es arquero, ha disparado. Si dispara, dispara hacia algo, hacia algún objetivo, tal vez un blanco. La arquería zen no se preocupa por el blanco, por el disparo; practica, dispara, da en el blanco. Parece que el poema es una meditación —y eso es lo que quiere decir la palabra «zen»: «Mirar lo que está adelante»— sobre lo perfecto; y el poema parece decir que el intento de perfección impide la perfección. El arquero se ha situado, está en posición de arquero y ya eso está mal. Incluso su propia inmovilidad puede ser no una señal de quietud, sino de imperfección. La perfección no tiene que ser quieta, puede ser dialéctica. El verso final lo resume todo: «*El arquero, inmóvil, la mirada fija en la arrogancia de su esterilidad*». El ha descubierto que su postura es, en el fondo, una arrogancia. Quizá esto sea el inicio del camino de perfección. Nadie se coloca ante el mundo como arquero en un espacio abierto. Esa postura lo hace descubrir su arrogancia y esta arrogancia implica la palabra final: «esterilidad».

J.S.: El libro está dividido en «Tríptico» y «Díptico»...

J.K.: Es un libro que tiene tres partes...

J.S.: Sí, porque al final está este «Díptico de la Navidad».

J.K.: El libro tiene tres partes y cada parte se inicia con poemas occidentales: Primero hay tres poemas occidentales, un tríptico, luego viene un grupo de poemas orientales sobre un tema: el arte, el amor, etc. Después hay un díptico occidental y un grupo de poemas orientales sobre otro tema. Lo mismo sucede después con la última sección. Creo que los temas son: la propia poesía, el amor y la muerte. Esa es la estructura del libro.

J.S.: Quizá porque estoy menos inmiscuido en la filosofía oriental, *Jarrón de las abreviaturas* me ha interesado menos...

J.K.: A mí me representa, en una etapa de mi vida, el libro más querido. Yo iba hacia algo y este libro recogía ese trayecto. En su momento, lo amé mucho y todavía lo amo. Recuerdo que iba escribiendo poemas orientales y se los mostraba, a medida que salían, a mi mujer. Un día, ella me dijo: «Nunca te fallan. Son infalibles. Todos son siempre perfectos». Y nos reíamos mucho de aquello. Salían desde una horma tendiente a lo perfecto. En una época reaccioné contra esos poemas porque me parecía que quedaban siempre demasiado bien y ya eso era pura retórica y hay que combatirlo.

J.S.: Este libro podría ser el «interludio» de toda tu obra.

J.K.: Sí, creo que tienes razón. Es interesante que lo digas. Yo noto que en estos días vuelvo a lo oriental en busca de un oasis. Siempre es un oasis, cuando estoy a punto de despeñarme o, como decimos los cubanos, de despetroncarme. Antes del despetronque, doy un pasito atrás y me meto en cosas orientales. En estas semanas he estado muy nervioso, y me leí dos libros japoneses y eso tiene un efecto muy saludable en mi vida. Creo que tienes mucha razón. Allí das en el clavo. Este libro opera como una especie de oasis dentro de una trayectoria.

BAJO ESTE CIEN (1983)

J.S.: El libro que sigue es *Bajo este cien* que, aunque es una antología, tiene poemas inéditos.

J.K.: En aquel entonces una mitad estaba édita y la otra inédita.

J.S.: *Bajo este cien* fue el libro que me permitió conocer tu obra. Fue el libro que te dio a conocer no sólo en México, sino también fuera de México. Es un libro que a mí me parece, desde el punto de vista de su estructura y de su diseño, formidable. Tienes el esquema en tres muy bien planteado: los 33 poemas en cada sección y ese último dedicado a San Francisco de Asís. Se está repitiendo el modelo de Dante en la *Divina Comedia*, y además sumando todo en ese texto del final, hasta el cien, que es la perfección máxima.

J.K.: También tiene el 33, que es la muerte de Cristo, la muerte de Alejandro Magno, la muerte de Santa Catalina de Siena, etc. Claro, es un número emblemático.

J.S.: En el último poema, que se llama «San Francisco de Asís», culmina todo. Es el uno.

J.K.: Sí. Las aguas del libro desembocan en ese «San Francisco de Asís». Y allí sí hubo un acto de voluntad en la estructura del libro de que fuese así; de que no sólo fuesen 100, sino 99 hacia 1. Es decir que todos, los ríos desembocan en este océano, que es el bondadoso San Francisco.

J.S.: Incluso a nivel de estructura me gusta más la de tu libro que la de la *Divina Comedia*. Allí hay un «Inferno» de 34 cantos, un «Purgatorio» de 33 y un «Paradiso» de 33. En *Bajo este cien* 33 x 33 da 99. El 9, que para Dante significaba tanto por ser el múltiplo de 3 (de 9 años conoce a Beatrice). Ese 1 final viene a completar el ciclo. Si Dante dividía sus infiernos, sus purgatorios y sus paraísos siempre en escalas de 9, había un último piso, un último escalafón que era el 10. En ese sentido, el último poema en tu libro es el 1, que es el 100.

J.K.: Sí, además de la forma en que lo describes me doy cuenta de que el proceso queda muy natural. Eso me contenta.

J.S.: ¿Fue un diseño consciente?

J.K.: Lo que pasó con este libro es que yo había enviado, por gestión de unos amigos, un libro al Fondo de Cultura Económica. Se llamaba *La garza sin sombras*. Adolfo Castañón, muy generosamente, me insto a que en lugar del libro se publicase una antología y me escribió una carta diciéndome que fuese más grueso el libro de lo que yo había enviado. En un momento dado vi que el 100 no era un número desencaminado. Así, los fui ordenando poco a poco y con un gran esfuerzo. Me di cuenta que lo lógico era organizarlos en tres módulos de 33 poemas cada uno. En aquel entonces, este poema a San Francisco, y por mí muy querido, resultó el ideal para completar esta centena.

J.S.: Hay un gran orden en este libro.

J.K.: Sí, porque es el orden de la sucesión de la poesía. Es el orden de los poemas que voy escribiendo y que pueden parecer muy disímiles uno tras otro. Te puedo mostrar una carpeta en donde hay 60 poemas escritos en un proceso de 4 meses (hoy que escribo menos) y tú coges estos textos que fueron escritos en días distintos, en estados anímicos distintos, y yo te aseguro (porque tengo esta fe en la poesía) de que vas a encontrar un hilo que vincule los 60 poemas. Si yo tomara estos textos y los reuniera en un libro, con el título *Bajo este sesenta* funcionarían como libro. Es decir, la poesía contiene una lógica: la lógica de lo inconsciente, de lo poético, de lo ultraterreno, llámale como quieras. A la hora de reunir este material, simplemente si juntas poemas un poco al azar y confías en esta lógica, el libro se va a dar.

J.S.: Perdona que insista pero tú eres un hombre muy ordenado.

J.K.: Porque soy anal como te lo dije antes. Soy muy ordenado porque soy muy desordenado. Mi orden es una imposición porque vivo en el caos, yo soy el caos, estoy en el caos. Vivo en una conflagración continua conmigo mismo, día y noche. Si a esa locura interior no le impongo un orden rigurosísimo, me muero. Yo no hubiese vivido cincuenta años, si no hubiese sido un tipo metódico, aparentemente tranquilo, pausado, parsimonioso. Es una lucha entre el desgaste y la necesidad de resistir a la muerte. Por eso soy ordenado, porque reconozco mi desorden interno.

J.S.: *Bajo este cien* tiene tres secciones: «Album de familia», «Tumba (Fénix) de amor» y «Trípticos»; es decir, la familia, el amor y la espiritualidad. ¿Son los tres grandes temas de tu obra? Me parece que hay muchas cosas que no han entrado en esta antología, dado el esquema que le has impuesto al libro.

J.K.: Sí, bajo ese cien faltan 2.700 poemas más...

J.S.: ...más o menos...

J.K.: Adolfo Castañón me decía: «Ahora tienes que publicar *Bajo este mil quinientos*» y mi mujer me decía: «Ya has encontrado el título perfecto, porque ahora quieres publicar 172 poemas y los títulas *Bajo este 172*». Es un cajón de sastre perfecto.

J.S.: En este libro hay tres grandes familias de poemas, ¿crees que hay otras familias que no están representadas allí?

J.K.: Sí, hay otras. Por ejemplo, está la familia del lenguaje que no entronca aquí todavía. Otra, que está implícita en esa poesía, pero que no aparece como tema en el libro, es la familia de la muerte. Falta quizá la familia de la cultura, de la civilización. El alter-ego no está allí, está más el ego. Es un libro incompleto.

J.S.: Como antología que intenta cubrir toda tu obra está incompleta.

J.K.: Claro. Toda antología es incompleta.

J.S.: Quisiera revisar contigo el poema de «San Francisco de Asís», por ser fundamental en este libro. Me parece que va un poco en contra de la espiritualidad institucional; va en camino hacia una búsqueda de la maravilla del mundo en cuanto a su aspecto elemental. Hay esas dos caras en tu poesía. Por un lado, puedes buscar una espiritualidad en la Biblia, en el Viejo y el Nuevo Testamento; y, por el otro, ese ir en busca de las cosas que se escapan al dogma. En el poema leemos: «*Desde sus ojos, ama las cosas del mundo: las muchachas en los fondos del estanque, los peces maravillados sobre la superficie del milagro de los mares, la propia escena devota de la crucifixión*»: Y más adelante: «*Lo ama más —se sabe— que a la piel de onagro, que al impoluto gobelino de los unicornios o al Evangelio demasiado obligatorio./ Pobre Francisco: en soledad de siena venera los bicharracos por encima del azote de una escala*».

J.K.: Sí, está claro, y creo que lo has resumido muy bien. En este proceso hay un concepto (que descubro mucho más adelante) que te puedo resumir con las siguientes palabras: santo es aquel que vive en el presente. Pocos son capaces de vivir en el presente. El presente es la eternidad; el presente es, por ende, lo futuro y lo futuro es Dios. El que vive en lo presente vive en Dios, vive en estado de santidad, en estado de sosiego. Ahora, el poema lo que pretende es eso. San Francisco está ciego y desde su ceguera borgiana contempla el mundo. Lo contempla interiormente y su contemplación refleja al mundo. ¿Qué refleja? ¿Su interioridad? No. Refleja el mundo. El mundo y la interioridad son una sola cosa: superficie. Recuerda *Heart of Darkness* de Joseph Conrad. Recuerda cuando Marlow dice que la única forma en que se puede sobrevivir es estando en la superficie. Nunca aceptamos esta superficie. El hombre medieval no acepta la superficie; la superficie es señal de lo divino; espejo, reflejo de lo divino. El hombre romántico no acepta la superficie; busca la trascendencia. El judío siempre se proyecta hacia lo futuro. El cubano siempre se proyecta fuera de la isla; acabas no viendo la isla, no viendo a Dios, sin nada. Hay que aprender (y esto me lo digo a mí mismo, no es lección para nadie) a cantar lo que es. La función del poeta es tener metidas las narices en la realidad más inmediata; esa rosa se hace poema, ese búcaro se hace poema, la forma de esa pluma se hace poema, etc. Aquí, a mis ojos, hay un tintero: ese tintero parece la tumba de un faraón, ese tintero parece un gato egipcio, ese tintero parece un sarcófago, y allí está el poema. Pero yo tengo que mirar el tintero y rozar esa superficie con los ojos ciegos ante lo último, pero capaces de la vista ante lo presente. Lo que el poema está diciendo es: «Fuera con el dogma, fuera con la institución, fuera con los axiomas; entremos adentro, pero a ver lo de afuera, a ver el mundo». Es un poco Joseph Conrad y un poco la desolación de Wittgenstein, quien dice, frente a las cosas que no podemos conocer, mejor es callar. Ahora, si callo no soy poeta y para no callar sólo puedo intentar lo visible y esperar que lo visible sea reflejo de lo no visible, lo invisible, lo trascendente. Pero debo depender sólo de lo visible, no de otra cosa. Para mí es muy importante el poema, pero también la pluma y el papel con que hago el poema. Yo acaricio el papel como una especie de tótem y de fuerza imantadora que va a suscitar el poema. Igual que el pintor pasa un tiempo delante del lienzo antes de ponerse a pintar, yo paso unos momentos ante la hoja en blanco admirando esa nevada superficie amorosa que voy a profanar. Pero la profanación parte de ese estímulo, que es lo visible, y esa relación con lo visible santifica, purifica. Si tú te sientas con la espalda recta, sobre una silla, y observas tu cuerpo, descubrirás la tensión de tu cuerpo, notarás que sentado (tranquilamente) estás en un estado de tensión: tensión en el ombligo, en las rodillas, en las pantorrillas; las manos duras, los dedos agarrotados, la mente tensa. Si ahora centras tu ojo interior en el ano y distiendes el ano, automáticamente todo tu cuerpo se distiende, todo tu cuerpo se relaja. Luego me dijeron que en algunas prácticas yoga esto se había descubierto. Yo lo descubrí por mi propia cuenta. Este ejemplo quiere decir que el contacto más físico te permite ingresar en lo metafísico. Consciente de lo palpable, de lo corpóreo, puedes tal vez ingresar en lo incorpóreo. Lo que no puedes pretender es la ingravidez sin haber pisado tierra. Este poema recoge un intento de naturalización del cuerpo ante la realidad, un intento de purificación del cuerpo. No hablo del alma, no me atrevo a hablar de alma; es una palabra que nunca ha aparecido en mi poesía. (Fíjate que en mis poemas nunca aparecen palabras mayores; no se dice tiempo, alma, amor, muerte. Son palabras mayores, no hay que usarlas, casi hay que descartarlas. Hay que decir todo lo demás menos eso.) Captar el momento es hacer el poema: haiku, instantaneidad, rapidez, iluminación. El famoso poema de Basho: la rana salta al agua de la alberca y ese ruido que hace al chapotear contra el agua es un mundo que se abre, que se abre a la tinta, que se abre a la crítica. Fíjate cuán visible es el poema de Basho, cuán superficie, y no superficialidad, es ese haiku de tres versos.

J.S.: Te has planteado escribir un poema casi diario y esto es una recuperación del presente...

J.K.: Perdóname, más que una recuperación es un intento de estar en el presente...

J.S.: ...de registrar ese presente...

J.K.: Pero registrarlo desde la instantaneidad; en el sentido de que entre el registro y el presente haya el mínimo espacio posible. El poema no se propone registrar, sino que registra. El poema es casi tautológico, por eso es que el poema sucede. Se trata de acortar la distancia entre la realidad y texto poético al máximo y esto sólo se puede realizar desde una rapidez. Hay amigos que se asombran de mi rapidez poética; a mí no me asombra en lo más mínimo, no sólo porque ya es una praxis, o un entrenamiento, o parte de mi propia impaciencia (que es mi mayor enemigo), sino porque para mí toda la necesidad poética viene de eso. Los cubanos tocamos, nos comunicamos con las yemas de los dedos, somos gesticuladores. Para José Kozer, un movimiento más es hacer un poema y esa inmediatez que es presente, superficie, visibilidad, es conceptualmente lo que rige el acto poético.

J.S.: Eduardo Milán, en una de las reseñas que hizo sobre tus libros, dice que hay una necesidad de hacer una mitología de lo mínimo, de la historia (con minúscula) de las cosas cotidianas. Hay una mitología del zapatero, una mitología del sastre, que se basa en los datos que se supone no van a pasar a la Historia (con mayúscula).

J.K.: Será esto un poco la intrahistoria de Unamuno, primores de lo vulgar (decía Ortega y Gasset) sobre la obra de Azorín. Esa tradición del concepto de pueblo que hubo en la Generación del 98. Trato de ubicarme dentro de una tradición en lengua castellana. Sí, creo que hay eso. Un mitologizar lo cotidiano para que ingrese en la Historia, o al menos en la historia de la poesía. Tan importante es (en un sentido budista) la hormiga que no pisas como Buda. Buda es la hormiga. Hay una intención ya consciente y natural de mitologizar lo infra, lo mínimo, lo pulverizado.

J.S.: A pesar de que tu posición no es la de un guía o sacerdote espiritual, estás de algún modo volviendo a ser un sacerdote de nuevas creencias.

J.K.: Sí, pero guru de mi propia soledad.

J.S.: ¿Te gustaría decir algo más sobre *Bajo este cien*?

J.K.: Una observación. Siempre me ha llamado la atención que el centro de este libro, la parte relacionada con el amor, queda totalmente descartada. Esos 33 poemas, como que nadie los ha tocado; nadie los ha estudiado, como si no existieran. Me pregunto por qué interesan menos.

J.S.: Personalmente, la sección que me atrapó la primera vez que leí este libro fue la primera, es decir, la relacionada con la familia y con lo judío. La última es la espiritual y tiene poemas muy logrados.

J.K.: La primera parte del libro entronca con mi pasado poético, con los primeros libros; y los trípticos entroncan con los libros venideros, *La garza sin sombras. El carillón de los muertos. Carece de causa*. En ese sentido, la línea es recta.

J.S.: La sección del centro, que es la del amor, está también dividida en tres.

J.K.: Aglutinan tres momentos. El primero es la primera mujer, el segundo es la novia, y el tercero es Lupe. Quizá sea un proceso de saturación. Muchos de esos poemas son lineales, como la obra primera; interesan menos porque la obra primera ya está rebasada, mientras que los poemas de Guadalupe (o algunos de ellos, por lo menos) entroncan con cosas más cercanas a lo actual.

J.S.: Algunos de los poemas de la primera parte de esta segunda sección vienen de *De Chepén a La Habana*, ¿no?

J.K.: O tienen que ver con ese libro, claro.

J.S.: Y, para mi gusto, todavía no son tu voz. El libro que realmente te empieza a dar voz es *Este judío de números y letras*.

J.K.: Estoy muy de acuerdo contigo. Lo considero mi primer libro porque es el primer libro que no pago. ¡Como judío, tengo que considerar eso! ¡Los otros dieron pérdidas! Este no dio ganancias, pero ya no perdí.

J.S.: Realmente *Bajo este cien* es un gran libro, desde donde se le mire. A pesar de que has dicho no poseer la unidad del libro, me parece que éste (y *Carece de causa*) tiene una unidad bastante sólida.

J.K.: Yo te confieso una cosa. Confío en mi capacidad analítica, en mis instintos. No confío en mi inteligencia, en mi capacidad sintética; no confío en mi capacidad de ver lo amplio, sólo soy capaz de ver lo mínimo o lo minúsculo. Por eso es que siempre me encuentro muy inerme ante la construcción global, ante el panorama y me encuentro más seguro en la estrechez de lo pequeño. Ahora, estoy trabajando en mi casa, en la habitación más pequeña de la casa, porque es realmente donde me siento más cómodo. Primero, porque está en los altos de casa y necesito la luz, pero sobre todo, porque esta habitación es la de un hombre que ya entra en la vejez, está en el umbral de la vejez. La vejez es el momento de soltar prenda; el momento en que uno se despoja de posesiones, cosas, objetos, números, letras, y empieza a vivir en el límite y en la estrechez del límite. Aquello que dice la Biblia: «Entrarás en el reino de los cielos por la puerta estrecha», es algo que se entiende muy bien en la vejez. El último camino es muy estrecho y maravilloso. En ese sentido, lo pequeño, lo real, lo tangible, se vuelve el contacto con lo verdadero. Trabajar en una pequeña habitación es señal de que lo claustrofóbico, la tumba, el horror (eso que se dice al final de *Heart of Darkness*: The horror! The horror!) ya no aterra tanto. Uno se despoja del yo, del tú, del él, de los adjetivos y de los pronombres personales. Uno se queda sólo con los sustantivos. Entra en la celda monástica, en el sitio reducido y reduce sus necesidades. Ya no quiero tener dinero encima; ando en chancletas, me quito los zapatos; si tengo varios días libres en casa, no me afeito. Reduzco estas realidades, pero sigo escribiendo poesía. Es una contradicción, casi me parece que en este ritual hay un juego entre reducción y aumento; reduzco la realidad que me rodea, me preparo para la muerte pero, al mismo tiempo, lo hago para escribir más ¡Grave error!, ¿no, Jacobo?

LA GARZA SIN SOMBRAS (1985)

J.S.: En *La garza sin sombras* hay un poema que se titula «Tierras de promisión». Allí se lee al final: «*Muy pronto/ en cuanto el abra se alce y aparezca el monte aquel con el hombre fornido de las barbas lila que abrirá en arco los brazos al señalar la extensión: e irán a la estampida deseosos de sanear esas tierras/ y dragar/ los campos y hacer que el cordero resucite y beba (aguas) visibles y (aguas) invisibles adonde se erigirá/ la chatarra*». ¿Cuál es tu visión del tiempo actual y cuál es la perspectiva que tienes hacia el futuro? Parece desolador...

J.K.: No es tan desolador, porque ese eregir de la chatarra puede ser un símbolo simplemente del levantar un monumento que recuerde los tiempos desoladores que ya han pasado. Quizá este poema esté más cercano de la utopía positiva que de la utopía negativa. Me parece justo decir que todo texto poético tiene que partir de unos ciertos materiales que no reflejan necesariamente el pensamiento del poeta. Si yo necesito hacer un texto de la mayor negatividad, donde un sentimiento de cataclismo y desolación se proyecta, esto no implica que necesariamente yo me sienta así en ese momento, o en cierta etapa de mi vida, o menos aún para siempre. El escritor, y no sólo el poeta, utiliza cualesquiera materiales que necesite en un momento dado por encima de todo; lo hace con materiales de acarreo: gravilla, fango, estiércol, las peores porquerías que podamos imaginar, sin que eso refleje o diga nada del autor. Para mí el texto es un ser independiente y autónomo. El poeta hizo ese texto de acuerdo con una circunstancia, y ya luego él se separa. El no es el texto. Puedes hablar de artificio, falseamiento, hipocresía, astucia, pero lo que importa es que el texto existe como ente independiente.

Quizá este poema refleje la visión que suele tener todo el mundo en un momento dado de la historia, que suele ser negativa. Uno siempre está revalorando la imperfección de su momento histórico; uno siempre está atacando su momento histórico (para mejorarlo, por cierto), porque los seres humanos somos gruñones, inconformes. En nuestro momento, la chatarra es un problema real, ecológico; quizá mi piel, mis poros, han recogido este sentimiento de desastre ecológico inminente. La figura que ves al final (de esto tengo conciencia) es la figura de Moisés. Este hombre que se abre de piernas, que extiende los brazos y que marca un espacio geográfico alrededor suyo. Es un Moisés barbado, imaginado por mí, que desde su altura marca en silencio una pauta histórica y dice: ¡cuidado!, ¡peligro! Recuerda que Moisés es el negador. Moisés es el que nos trae la palabra negativa de Dios, la palabra que prohíbe, la palabra que dice diez veces ¡*no*! Es curioso que Dios no nos haya dado la contrapartida del diez veces ¡*no*! Nos da un decálogo negativo, pero no nos da un decálogo positivo. Por qué no nos dice diez veces ¡*sí*! En la religión católica tienes, por un lado, los siete pecados capitales, pero tienes las siete virtudes teologales. Tienes, por un lado, los siete dolores de María, pero tienes también los siete gozos de María. En la religión judía, por el contrario, tienes las diez negaciones (lo que *no* harás, lo que *no* debes hacer), pero no veo la contrapartida, los diez permisos, las diez luces verdes. Como que la religión te deja cojo, como si un hombro pesara más que el otro. Hay un desequilibrio. Pero esta figura de Moisés en el poema es equilibrada, pese a que el final del poema sea desolador y hable de la chatarra, hay sin embargo una figura abierta de piernas, de brazos extendidos, que está abarcando toda la realidad. Es un poema que me interesa mucho, un poema que amo y por eso se lo dediqué a Alvaro Mutis. Es un poema que va recorriendo el mundo y todo desemboca en esta figura mesiánica que, sí, nos confronta con la desolación, pero al mismo tiempo no es por completo pesimista.

J.S.: Como una observación a tu comentario sobre el decálogo, se podría pensar en la Cábala. Hay diez símbolos, los diez atributos divinos, en la figura de las *Sefirot*, que utilizan los místicos judíos. Ese podría ser el lado positivo que compensaría la balanza.

La garza sin sombras tiene cinco secciones. La primera tiene mucho de memoria, también de evocación del tiempo...

J.K.: Como «Album de familia» en *Bajo este cien*.

J.S.: Exacto. En la segunda sección está «Tierras de promisión» como poema central...

J.K.: Esa sección recordaría un poco la zona de los trípticos en *Bajo este cien*.

J.S.: Sí. Ahora bien, la tercera sección de este libro no aparece en *Bajo este cien*. Es una poesía más ligera, más divertimento. Después, hay una cuarta sección que sería la continuación de *Jarrón de las abreviaturas*, que toca los temas orientales. Y, finalmente, la quinta y última sección, de sólo cuatro poemas (uno de ellos el que da título al libro «*La garza sin sombras*»).

J.K.: De algún modo mis libros dan un paso hacia atrás y un paso hacia adelante. Están construidos de tal manera que van formando conjuntos de a dos. Es decir, son como dípticos e incluso he intentado publicar dos libros en uno. Por ejemplo, *Este judío de números y letras* es un panel que puede reunirse en díptico con *Y así tomaron posesión en las ciudades*. De algún modo, *Bajo este cien*, pese a ser antológico, puede reunirse con *La garza sin sombras*. Esos últimos libros, *El carillón de los muertos* y *Carece de causa*, también forman un díptico. Ahora, en este juego díptical hay un contrapunteo que me interesa subrayar: el segundo panel de este díptico añade una zona geográfica nueva y tú lo has visto muy bien. En *La garza sin sombras* se retoman los espacios de *Bajo este cien*, y se le añade el del divertimento.

J.S.: Me interesó mucho el poema final, «Margen», que gira en torno a una vaca. Es un poema de dicha; hay una sensación placentera en el mirar a la vaca, hay un placer casi místico. Sin embargo, el poema se llama «Margen».

J.K.: Para mí, el último poema de un libro es tal vez más importante que el primero. El primero es casi un poema cualquiera, la obertura, el que da pie al libro. El último es donde, espiritualmente, desemboca todo. El título «Margen» tiene dos valoraciones: por un lado sitúa al lector y al narrador de este poema al margen de la realidad. La realidad está ante, delante de él y él la está percibiendo. De esta manera, está un poco distanciado, un poco fuera, pero está a punto de entrar en esa realidad. Es decir, «Margen» es el umbral (Peter Hadke habla del umbral en sus novelas como lo más importante: atrás queda la penumbra, adelante está la incógnita). El umbral es lo desconocido, es la maravilla. Ahora bien, «margen» por un lado puede ser la orilla de un río, puede ser la vereda de un camino; es el punto donde uno se detiene para observar la realidad y ver qué pasa. Uno está a la expectativa, al margen de las cosas. El poeta es contemplador de la realidad. Por otro lado, «margen» implica espacio geográfico, espacio sentimental, espiritual; esta espaciosidad es fundamental para poder hacer el texto y para poder recoger la realidad en el texto. ¿Por qué la vaca? El editor de este libro me decía burlona y cariñosamente: «¡Qué ocurrencia! ¡Terminar un libro de poemas con la palabra vaca!» Y yo le contesté: «¿Y qué?, ¿por qué no?» Y él insistía: «¿Pero por qué una vaca?» Y yo le dije: «Porque yo las amo, porque representan una bovinidad, un estado emocional cercano a la paz del idiota». Yo quiero ser un poco bobo, un poco vacuno, un poco res («res» quiere decir «cosa», en latín), un poco cosa (no Kozer, sino cosa), y vivir la bovinidad como estado último de paz, como estado último de tranquilidad. La vaca inclina la cabeza y come; la vaca alza la cabeza y mira contemplativamente. No se mete con nadie y nadie se mete con ella. En un momento dado, muere y es utilizada. La vaca pasa de ser un hecho cotidiano a ser un animal sagrado; para mí, el animal sagrado por excelencia. La ofrenda a la divinidad no tiene que ser cordero, toro; creo que tiene que ser vaca. Hay algo más a un nivel anecdótico. Este poema es muy serio; allí volqué unas necesidades muy fuertes. El poeta alemán Waiblinger, en un poema memorable dedicado a Hölderlin, habla de la fuerte necesidad que movía a Hölderlin hacia la escritura y hacia la locura. Yo sentí la fuerte necesidad al escribir este poema; mi fuerte necesidad de expresar una espiritualidad. La expresé desde una seriedad lírica. Años después vino a Nueva York un poeta argentino, Emeterio Cerro, y conseguí que se le invitara al College donde enseño. El hizo una lectura de unos veinte poemas de distintos autores, bastante escenificada, teatralizada. Entre estos veinte poemas escogió «Margen». El empezó a leer de una manera que el público empezó a reír, y todos empezaron a reír, y se reían y se divertían muchísimo, como si este poema fuese muy jocoso. El propio Emeterio Cerro reía mucho y a mí me contagió esa risa y yo empecé a reír también. Al terminar la lectura, él se me acercó y me preguntó si yo estaba furioso por lo que hizo con mi poema y yo, muy asombrado, le dije que no. Me llamó la atención cómo este poema también se presta para lo que nunca pensé: la risa. Para mí, este poema representa la seriedad (incluso un poco solemne) de aquel que se presenta ante lo desconocido o ante Dios. Nunca pude imaginar que uno podía presentarse ante Dios riendo y riéndose a carcajadas. Para mí fue una experiencia muy bonita, porque me demostró que si un texto es abierto ese texto es inabarcable e inacabable.

J.S.: Además, hablando de dípticos, este poema puede ser el acompañamiento ideal de «San Francisco de Asís».

J.K.: Sin duda. Lo ves muy bien.

J.S.: ¿Qué significa *La garza sin sombras*?

J.K.: Un paréntesis: este libro es el más bellamente publicado de todos mis libros y eso hay que agradecérselo a Ramón Pinyol, de Llivres del Mall.

El título es oriental y tiene una intención espiritual consciente. La garza es una figura muy utilizada en la iconografía japonesa. Es el animal de vuelo grácil, pero que también se detiene y contempla. La garza se purifica, por eso va de lo anecdótico a este último poema simbólico. La garza se va purificando de toda su hojarasca, de todas sus excrecencias, es decir, de todo lo que le sucede en la vida. La garza vive y, en un momento dado, se va despojando de tanta vida que incluso puede despojarse de su propia sombra. Este es, no el hombre faústico que perdió la sombra (como en el divertido libro de Von Chamisso), no el hombre que le vende su alma al diablo y se queda sin sombra, sino la experiencia de aquel que vive intensamente la vida (y está a merced de la vida, día y noche) y que puede acoger la vida sin esa molesta y sombría penumbra del yo, del ego intolerable.

EL CARILLON DE LOS MUERTOS (1987)

J.S.: Si se puede hablar de díptico —*El carillón de los muertos* y *Carece de causa*—, también se puede pensar en un tríptico: *La garza sin sombras*, *El carillón de los muertos* y *Carece de causa*. El primer epígrafe de *El carillón de los muertos* dice: «*Tápate el rostro para que no veas el país*» *(Ezequiel 12:6)*. Este libro tiene 33 poemas...

J.K.: No lo había observado.

J.S.: Hay tres epígrafes. El tercero está tomado del *Apocalipsis (21: 20)*: «*el undécimo, de jacinto*».

J.K.: Sí, son los cimientos de la Jerusalén celeste.

EL HOLOCAUSTO

J.S.: Ya por los mismos epígrafes, este libro está caminando en ese mismo patio de «Tierras de promisión». Está, por ejemplo, ese poema que se titula «Holocausto»...

J.K.: ¿Sábes que es el único poema que he escrito que termina con una palabra que no termina?

J.S.: Termina: «*a todos quieb*».

J.K.: Esto es, «a todos quiebran». Pero la palabra se quiebra, la palabra se rompe: «*a todos quieb*». Aquí la palabra se disuelve, ya no da. No hay manera de decir esto, de decir lo que pasó. No hay manera histórica, no hay manera humana, no hay manera espiritual de recontar este horror. Este es el verdadero horror histórico. La palabra se inutiliza, es la palabra impotente.

J.S.: Me parece que todavía no hemos comprendido la dimensión histórica del Holocausto. El extermino es tan poderoso que todavía no se ha comprendido realmente.

J.K.: No, porque si realmente —en un sentido histórico— aceptásemos la culpa, tendríamos que aceptar la culpa de todos los holocaustos habidos y por haber. Históricamente, no se acepta el holocausto judío, porque es un modo de poder seguir por ese camino. Los holocaustos no han parado, continúan. ¡Cuántos holocaustos no ha habido después de la Segunda Guerra Mundial!¡Y tan horribles! Reconocer en toda su dimensión espantosa el holocausto es reconocer que el ser humano no puede volver a cometer el Crimen (con mayúscula) y esto históricamente no lo vamos a reconocer jamás, porque queremos la puerta del Crimen abierta para siempre. No queremos trancar esa puerta. Allí está una de las claves de por qué la dimensión profunda del holocausto no está ni bien enfocada ni confrontada en toda su realidad.

J.S.: En ese poema se lee: «*Dios es Dios y Adonai un asterisco: la yegua, la yegua se ha sentado a la boca del horno sólo se asoma de ojos, yegua borrica sin sueño*».

J.K.: Es una imagen muy extraña, muy surrealista. Es la imagen de aquello (esa yegua ya no es ni animal) que mira el horror. Dice tautológicamente «*Dios es Dios*», el hecho que no se puede decir con otras palabras; pero luego dice Adonai, que es una especie del mismo Dios, pero bajado a un punto de la alta esfera para poder entenderlo mejor, se convierte en un asterisco. Tú sabes que, en la religión judía, Adonai nunca se escribe porque el nombre de Dios no se debe decir en vano. En lugar de poner la palabra Dios o Adonai, se ponen unas comillas. Yo he convertido la comilla en asterisco, porque el asterisco para mí es un signo del horror. Es la marca cancerosa que aparece en la piel, es la constelación desconocida, es la araña que se ha detenido y te horroriza en medio de la noche. Ese asterisco es algo que se dice en un punto de la página y luego se baja al pie de la página para intentar explicar: es la relación entre lo alto y lo bajo. Lo que estoy trabajando en este poema es saber hasta qué punto la imagen horrible puede, desde lo pedestre, reflejar la altura del horror. O, si me permites una palabra inexistente, expresar la bajura del horror.

LA ESPIRITUALIDAD ABARCADORA

J.S.: En este libro comienzas a expresar una espiritualidad más intensa, que culmina en *Carece de causa*. Hay un desgarrar hondo, que se podría emblematizar a través del holocausto.

J.K.: Es un libro que tiende a cantar a lo espiritual, pero con una gran alegría. Creo que estos últimos libros, pese a todos los desastres que los marcan, son jubilosos, regocijados. Lo que hay es una conciencia de lo místico, una conciencia de que para llegar a un punto determinado hay que recorrer un camino y ese camino está hecho de etapas. Las tres etapas del misticismo: la purgativa, la iluminativa, la unitiva. No tengo la más mínima esperanza de alcanzar un *satori*, de llegar a la *unio* que cantaba San Juan. No tengo la más mínima esperanza, ni siquiera, de la *iluminatio*. Pero una cosa sí vengo trabajando en mi interioridad y es hasta qué punto puedo avanzar dentro de la *purgatio*. No abandono el mundo, pero purgo dentro del mundo. Purgo no es, aquí, flagelación; yo amo mi cuerpo y utilizo mi cuerpo: como, cago, singo, me desplomo, duermo, etc. Mi cuerpo está vivo; amo mi cuerpo: estoy en contra de cualquier tipo de flagelación, es peligrosa. Ahora bien, este cuerpo no puede amenazarte, a este cuerpo no puedes aferrarte porque lo vas a perder; entonces, hay que vivir la dialéctica del cuerpo. Estos poemas intentan ingresar en la dialéctica del cuerpo, retrotraerse al cuerpo en su totalidad y acercarse al cuerpo en su banalidad, y de este entrejuego (cuerpo que es y cuerpo que dejará de ser) se hace en parte esta poesía.

J.S.: Para ilustrar lo que estás diciendo, quisiera referirme a un poema que se llama «Ofertorio». Allí está la idea de que está presente el cuerpo y el espíritu a la vez, los dos combinados. Tu espiritualidad nunca se olvida del cuerpo. La parte final del poema dice: «*Doce trombas de ángeles (trombón) seis clarines seis cornetas doce trompas de caza: ¿suficientes? ¿Para (uno) uno a uno, tus muertos? El más endeble, ante dos pliegos de lumbre (blanca) hollada (ante) el libro abierto: con la zurda hago mis abluciones encima del papel con la derecha me limpio*». Son dos brazos: uno de ellos está, por así decirlo, en el cielo, y el otro está en la tierra.

J.K.: Es una imagen tomada, por cierto, de la *Canción de Roland*. Es una referencia muy curiosa que tiene que ver con el mundo árabe y que tiene que ver con un tipo de perversión que sucede en la *Canción de Roland*. En este verso que has leído, hay una gigantesca orquesta sinfónica que se pregunta si toda esa orquestación es suficiente para cantar un muerto. Es evidente que la respuesta es negativa: no hay orquesta para cantar la muerte, siempre hay insuficiencia. Es decir, vuelvo al tema de la *purgatio*: la vida es insuficiente, el cuerpo es insuficiente, todos los poemas son insuficientes, ¿qué voy a hacer? Pues, seguir escribiendo, sin suficiencia. Voy a seguir utilizando mi cuerpo, como base, que aunque no es suficiente es lo único que tengo. No tengo la orquesta completa para cantar a mis muertos, entonces, haré el poema limitado para cantar a la muerte. En este proceso se va limpiando mucha interioridad.

CARECE DE CAUSA (1988)

J.S.: Me parece que en *Carece de causa* has encontrado una voz todavía más rica. Es un libro con mucha hondura. En la cuarta sección, «Miserere», que está dedicada a la muerte de tu padre, hay poemas que se meten a explorar la pérdida, la muerte, de un modo muy intenso. Poca poesía hispanoamericana de nuestros días alcanza esa espiritualidad.

J.K.: El libro remata un largo proceso. Allí termina algo. Si va a haber continuidad en mi poesía, tengo que dar un paso al lado y empezar a labrar otros surcos. Ese proceso ya ha comenzado. Estos poemas son de hace cinco años y en cinco años se han escrito ¡un millar de poemas! Vienen, ahora, unos libros oasis y esto va a ir desembocando en otra poesía.

Es mi libro más substancial, más substancioso, más denso. Pero no quisiera desaprovechar la ocasión de decir que el libro tiene dos centros: la muerte de mi padre y la última parte, que es un intento de recuperación de la isla de Cuba. En la parte dedicada a la muerte del padre, yo bajé; ese fue mi descenso al infierno. Ese viaje rimbaudiano ya no es un viaje decimonónico, es un viaje siglo XX. Es un viaje por el sistema circulatorio, por los órganos del hombre que está muriendo y se desciende por lo microscópico hacia lo microscópico. Mi padre se deshace y yo voy a ver dónde está aquello que se deshace y voy viajando por su propio sistema circulatorio, viviendo su muerte. Hay un poema muy breve que escribí tiempo después. Mi madre me dijo que cuando papá murió tenía puesto un catéter en su parte pudenda para poder orinar y era la única molestia, el único tipo de dolor físico que sentía en su momento final. En el momento en que expira se lleva las manos a su órgano viril y muere con las manos puestas sobre su órgano viril. Esto yo lo veo como una crucifixión. Mi padre muere crucificado. Yo hice un poema un poco osado, pero al mismo tiempo muy doloroso, en que canto su pinga. Creo que en el poema utilizo esa terrible palabra de utilizar, que es la palabra pinga. Es la crucifixión de la pinga de mi padre al morir. [El poema no está recogido en *Carece de causa*.]

Además de esa exploración de la muerte, en el libro hay otro tema, que es la configuración de la isla perdida. Esa es la otra pérdida. Allí hay poemas también donde la palabra se queda corta, no alcanza. Te podría dar un ejemplo de un poema que me gusta muy mucho (como dicen ustedes, los mexicanos), «La expulsión». Hay un punto, que en mi relación ambiguamente dolorosa con la isla de Cuba llega a tal extremo en que yo, cantando a la isla que más amo, el lugar que más amo, me quedo tan sin palabras que simplemente, como niño que estudia geografía, digo: «*Cuba es una isla de mil doscientos kilómetros de largo del Cabo San Antonio a Punta Maisí la chova la parió por una vulva de treinta y dos kilómetros de ancho*». Es decir, hago simple descripción geográfica, con datos y medidas, de la isla de Cuba. Se vuelve tautológico el poema. Ya más no puedes decir. El amor infinito carece de palabras, «carece de causa».

LECTURAS

J.S.: Bueno, después de este rápido panorama que hemos hecho...

J.K.: ...de 48 horas de tortura...

J.S.: ...quisiera pasar a otro tema. Si uno tratara de fijar el mapa genealógico tuyo en cuanto a tus afinidades literarias, ¿podríamos comenzar con los clásicos, con la Biblia?

J.K.: En mi caso no. La Biblia es muy tardía y los griegos clásicos nunca han existido. Si lo quieres mirar clínica y genealógicamente, puedo decirte que pasadas las primeras lecturas de las que hablamos antes y luego de ese momento crucial en que descubro la voz de José Martí, mi primera gran relación con la literatura es con el simbolismo francés y es una relación doble: el texto y la biografía. Tanto me interesan *Le bateau ivre* de Rimbaud y *Les fleurs du mal* de Baudelaire, como las biografías de Enid Starkie (que leí en inglés) sobre estos dos poetas. Ya de ahí tengo que dar un salto, tal vez mortal, a figuras señeras como Dostoievsky. La revolución interior que sucede cuando descubro la obra de Dostoievsky. Y por contrapuntear, te diré que con los años la lectura de Tolstoi se me hace mucho más importante. La pasión desgarrada de Dostoievsky me interesa cada vez menos y me interesa mucho más la dificultad moral de Tolstoi. No acaba de convencerme de cómo resuelve (o mejor, no resuelve) su dificultad moral, pero me interesa mucho cómo la encara. Desde el punto de vista de mi propia poesía, hay momentos en que siento que el autor que me interesa modifica, hacer girar un poco el eje de mi propio trabajo y, por ejemplo, la lectura de Proust (que leí en su totalidad en español, y en las maravillosas traducciones de Pedro Salinas, Quiroga Plá y Consuelo Berges) hace que mi poesía se vuelva más modernista. Es decir, yo entronco con el modernismo hispanoamericano, vía Marcel Proust. Entonces, hay unos nombres que se vuelven significativos. Dostoievsky, Tolstoi, Turgueniev (a quien no descarto y parcialmente me sigue gustando mucho); luego está toda esa literatura francesa que incluye a monstruos como Flaubert o Stendhal, o al propio Zola, que no deja de gustarme, y luego esas figuras que parecen ser menores y desconocidas, pero que son maravillosas, como Marcel Schwob o el propio Boris Vian. Esa es una serie de lecturas, que pueden incluir los maravillosos diarios de André Gide. Está también el descubrimiento de los escritores norteamericanos: Stevens, William Carlos Williams, etc., pero en cierta medida y tal vez como un rechazo a donde estoy, he leído menos literatura norteamericana que literatura alemana. No he leído bien y casi nada a Philip Roth, pero sí a Joseph Roth; no he leído todo Saul Bellow o Mallamud, y sí en su totalidad a un Hemingway o a un Fitzgerald. No he leído demasiado Faulkner tampoco (que es tan importante en los novelistas latinoamericanos). Ahora bien, hay una lectura del Siglo de Oro español, de los medievales; hay una lectura dispersa, pero en cierta medida continua, del romanticismo inglés, francés, alemán . Hay una lectura de los orientales: Kawabata, mucho más que Mishima; Tanizaki, mucho más que Kawabata; Kenzaburo Oë, mucho menos que estos tres que acabo de mencionar. Te podría citar una serie de nombres, en su mayoría novelistas, que me han interesado mucho. Cuando leo el *Chuang-Tzu*, leo un libro revelatorio, para mí tan importante como la lectura pausada y a veces diaria de los dos testamentos bíblicos. Todo lo que tenga que ver con el zen budismo me atrae. Todo lo que tenga que ver con el judaísmo me atrae menos y es una cosa que no entiendo muy bien. Hay una especie de dialéctica del repudio y de la aceptación, que tiene mucho que ver con lo que soy. Repudio lo que soy, acepto lo que no soy. He aquí un judío, vapuleado en la Segunda Guerra Mundial simbólicamente por los nazis, cuyos últimos tres años están dedicados a leer (y a veces con cierto exclusivismo) a los autores alemanes contemporáneos: Thomas Bernhard, Ernest Junger o Peter Handke, son para mí escritores cruciales, con quienes he convivido a diario y a quienes considero verdaderos compañeros de viaje, hermanos, amigos con quienes he trabajado. Recuerdo que la muerte de Bernhard, en el año 89, me produjo un sentido de pérdida muy fuerte. Acababa de perder a un amigo, a un íntimo amigo con quien había estado por mucho tiempo conversando o, más bien, escuchando. Me canso de hablar y entonces quiero escuchar a alguien y Bernhard era una de las pocas voces que me gustaba escuchar. Los autores que más me emocionan son los grandes solitarios, pero no la soledad al estilo de Goethe, que es un poco pomposa, ni la soledad al estilo de Mann, que como la de Goethe es pomposa. Me gusta la soledad de la locura, la de un Robert Walser, la de una Novalis, la de un Hölderlin, o la de un Gerard de Nerval. Me gusta la soledad un poco de paraíso artificial de Baudelaire, o la soledad desgarrada de un Rimbaud, y me contagio de esa soledad. Lo que más me influye es encontrar el escritor que hace de su vida mi fantasía. Por ejemplo, yo tengo una fantasía perpetua: la fantasía monástica. Quiero vivir en un monasterio trapense de Kentucky o en un monasterio zen budista de la ciudad de Kyoto. Es una fantasía, nunca se hará realidad. Pero cuando encuentro un Peter Handke, que consigue aislarse en lo alto de la montaña, y seguir escribiendo y vivir de su literatura, pues vuelco esa fantasía en él y converso con él. El es aquel que hace realidad mi fantasía. Hay escritores que me conmueven mucho, en este sentido. Me conmueve mucho la vida de Hölderlin y, curiosamente, más que la lectura de su obra. Leo su obra en traducción y la traducción me parece un poco floja o tal vez no transmita la profundidad del alemán de Hölderlin. Hay escritores que manejan con un ojo muy abierto ciertos temas que a mí me conmueven; esos son los escritores a los que acudo en un momento dado. Ese escritor puede ser Broch o puede ser Musil, ese escritor también puede ser García Ponce, o puede ser ese río que es García Márquez.

J.S.: No hay limitación.

J.K.: No hay un centro, hay muchos centros. Habría que plantear o replantear el tema del centro; el centro y la piedra de que habla Angel Valente. Hay un error de percepción crítica cuando se dice que la literatura se ha descentrado. No, no es así. El centro se ha descentrado, no es la literatura. Hay muchos centros, pero todos son centrales. ¿Por qué tiene que haber un solo centro?

J.S.: Puede haber un poeta que te impresione por su soledad, pero también he visto que en alguno de tus libros citas a Jorge Guillén, un poeta que canta a la vida.

J.K.: Jorge Guillén sigue siendo un poeta infravalorado. Un poeta mucho más grande de lo que se reconoce. Es de los pocos poetas respetables, capaz del cántico, capaz del júbilo, capaz de cantar el mundo como dicha. Es tal vez la mayor dificultad del poeta: cantar la dicha, cantar el amor jubiloso, cantar el amor doméstico y cotidiano, no el romántico. El romanticismo ha muerto y nuestra función, en cierta medida, es encontrar

utilidad (tacto) nada es o aparece jamás en
el Universo, dos veces.

Dios, es uno (también): según nuestra historia (ésta que aquí
narramos) el desconsuelo del zapatero ante su
encuentro encontronazo o Revelación lo dejó
(con toda su jerga y con todo su silencio)
junto a la abertura, una vez más emboscado.

Inédito en libro

ESTE ES EL LIBRO DE LOS SALMOS
QUE HICIERON DANZAR A MI MADRE

Este es el libro de los salmos que hicieron danzar a mi madre,
éste es el libro de las horas que me dio mi madre,
éste es el libro recto de los preceptos.
Yo me presento colérico y arrollador ante este libro anguloso,
yo me presento como un rabino a bailar una polca soberana,
y me presento en el apogeo de la gloria a danzar ceremonioso un minué,
brazo con brazo clandestino de la muerte,
yo me presento paso de ganso a bailar fumando,
soy un rabino que se alzó la bata por las estepas rusas,
soy un rabino que un Zar enorme hace danzar ante los bastiones de la
muerte,
soy el abuelo Leizer que bailó ceñido ceremoniosamente al talle de la
abuela Sara,
yo soy una doncella que llega toda lúbrica a dilatar las fronteras de esta
danza,
yo soy una doncella dilatada por un súbito desconcierto de los tobillos,
 pero la muerte me impone un desarreglo,
y hay un búcaro que cae en los grandes estantes de mi cuarto,
y hay un paso lustroso de farándula que han dado en falso,
y son mis pies como un bramido grande de cuatro generaciones de
muertos.

de Este judío de números y letras

APEGO DE LO NOSOTROS

Para Guadalupe

Di,di tú, para qué tantos amaneceres.

Qué año es, era.

Te previne: podría aparecer una pera de agua en el
               albaricoquero cargado de frutos, hacerse

escarlata

la savia del rosal; sonreías. Y ahora reímos, rompemos
               a reír a carcajadas, blusón,

de lino, faja

sepia con un emblema geométrico, también te previne:
               y ves, un arpa en el peral del patio,
                     ¿arpa? Tres años

que no llueve

y debajo del albaricoquero hiede a humedad: a gusaneras
               fortísimas que devoran cuanto cae, devorarían
                          la propia lluvia

si cayera. Si

cayera, recordaríamos aquel tren de vida metódico que
               tanto nos gustaba: mojar
    las galletas

de anís en el café retinto (yo te enseñé a decir, café
               retinto y carretero; sonreías): mojar.
                          Qué seres
tranquilos. Y

toda tu admiración volcada en aquella frase que nos
            resumía: «es que sabemos administrarnos bien»
                                        No digas
que no

te previne, había tantas señales: el varaseto que apareció
            roto inexplicablemente el peldaño que faltó
de pronto

a la escalera de coger los frutos ¿del peral, del albaricoquero?
            Cómo: yo lo supe, yo lo supe. Mira,
dormías

aún y me quedé de pronto (tan temprano) en la arista en altas
            celosías en la revuelta de un arco hacia
arriba, quizás

aún dormitas: dos lustros, o dos décadas, ¿pasaron? Qué
hubo.

                                        Qué

del segundo

movimiento *andante sostenuto*, ¿recuerdas que por aquella
    época
            descubrimos los poemas del amado Sugawara No
                Michizane, amantísima? Amantísima,
                                        del arpa

desciendas, de

los instrumentos de cuerda desciendan tus dedos
    numerosísimos
            que me toquen al hombro, que me prevengan: la mesa,
                está servida. El plato de cerámica

granadina

con las galletas de anís y frente por frente los dos tazones
    de café tinto. Servida

la mesa

e imitábamos como si hubiera un mayordomo yo fui tu
            mayordomo y mayordoma («la mesa está
                servida, Señora»), ¿te acuerdas? Qué

miedo

le cogimos al plato cómo pudo resbalársete de la mano
                el plato el número siete la luz crecer de
                    la luna al entrar por el enrejado de la
                        ventana, irisar

bajo

la campana de cristal las flores del albaricoquero las
                flores del peral, flor de tul flor de cera
                    toda esta habitación esta mesa

servida.

de *La garza sin sombras*

DIVERTIMENTO (III)

Cuando llego, eso sí, mis hijas unos aplausitos papá es un
                                gran poeta y

al almuerzo mi mujer
una venia: espejito mágico espejito mágico dime
quién, malas noticias
que en Vilna
hay otro taumaturgo: no basta con que la literatura sea un
                soberano *bluff* ahora le ha dado a los espejos
por el embuste. Compongo: «El sol
prodiga una gastronomía de carpas y codornices, lecho y
                    riberas». Mijitas, oíd: la poesía exige

más que pompa
una obediencia, mucha solemnidad. Y los versos más verda-
           deros son los que poseen un mayor grado de inteli-
                gencia. Eso, interesa
y luego
para redondear (pero siempre como el que no quiere la cosa)
              su dosis de aliteración.
También, el mucho estudio: Hugo y Lamartine
avoid Novalis
always read in a foreign language
y entre los españoles, Núñez de Arce Kozer y Campoamor.
Bueno, ahora papá almuerza: dejadlo solo
como en un acto sagrado. A ver si hago un floreo con redes
              y pescadores: «El anzuelo
prenderá náyades y vaticinios». ¡Nada! ¡Que es que tengo
           una obra de aquí a mil años! Cuando
mis hijas estén mayores
tal vez comprendan mis teorías, mis abanicos
y la rusticidad. «Soy el poeta», como dijo aquel Kozer «en
          extremo rigor de muerte». Y solitario qué más me da
          que escasamente mi época, mis coterráneos
no sepan que habité
el templo de las musas, agrandé
la inveterada mezquindad de la luna cuatro semanas distraído
          en los tejados.

                de *La rueca de los semblantes*

LA EXPULSION

Dos últimas chovas, sobre el tendido eléctrico: volvió a
          llover, son pájaros.

Chovas, cuál de mis órganos quedó a la intemperie.

Todo qué pronto: el sur nos llama me puse de perfil entre
          dos soles petrificados en
          mitad del cielo, llama la
          isla: y yo, desciendo.

Chovas, impertérritas: ay de las preñadas que el útero de
          las chovas derrama pájaros.

La negra albúmina de las aguas lustra los techos de la
          ciudad: unas chovas de pizarra
          (alquitrán).

¿Jerusalén? Extraña ínsula, me apego; yo he de descender
          por las trompas más íntimas
          de las chovas de la ciudad a oscuras:
          y más allá de mis órganos
          tropezaré, con la intemperie.

Isla, fosilizada: en el traspatio dos sillones vacíos la
          quijada de burro (descartada)
          a la intemperie: uno mecía al otro
          uno mecía al otro (Caín).

Yo soy quien gira en ángulo recto hacia los minaretes por
          las cúpulas en rotación asciendo
          del subsuelo a las terrazas: Cuba
          es una isla de mil doscientos
          quilómetros de largo del Cabo
          San Antonio a Punta Maisí la
          chova la parió por una vulva

de treinta y dos quilómetros
de ancho.

de *Carece de causa*

ZEN

El arquero, un paso al frente, imitación de la grulla en la
    quietud anterior al graznido.
Abre su posición, la mano imita el arco.
Los ojos buscan la diana en sus pupilas.
Rocío
        (el arquero a punto de captar una imagen al alba).
Surca la flecha, pasa.
El arquero, inmóvil, la mirada fija en la arrogancia de su
        esterilidad.

de *Jarrón de las abreviaturas*

LA GUERRA EN LOS BOSQUES

Anoche
llovió y quedan esquirlas de la luna en
                los charcos. En un claro
de bosques

la luna nueva, estancada. Un disparo: el
                        caballo
a galope

por las esquirlas de la luna y el jinete
                a galope
que confunde

un destello y la luna nueva bajo el limo.

de *Jarrón de las abreviaturas*

Para Juan Pedro Castañeda

El filósofo Mo Tse enseña: refutarme es como tirar huevos a una roca.
Se pueden agotar todos los huevos pero la roca permanece incólume.
El filósofo Wo agota los huevos del mundo contra una roca
y la conquista.
Primero, al hacerla memorable.
Segundo, porque en lo adelante y dada su amarillez excesiva
quienes acuden a la roca
confunden la luna y los caballos.
Y tercero, aún más importante: un veredicto actúa sobre otro veredicto,
anula la obsesión de sus palabras.

de *Y así tomaron posesión de las ciudades*

HOLOCAUSTO

Toda ánima muerta se me revela en su nicho, vuela
a su cieno.

Sepúlveda, la animaleja.

Ella es una de tantas, cervatilla mamá faunas
mis tías el nombre propio de papá es
jaco yeguo friso aroma qué se sabe:
de mis cuatro tíos propagados de
mies en mies golpetacillos tac en
los metrónomos pobres mis tíos, un
agolparse de vivos zarabanda de
perros a la entrada.

Arbeit macht frei.

Sinvergüenzas degenerados hijosdeputa singados
maricones: quedó el segador,
segado (todo es hongo en la
mano de la vulpeja).

Carabineros, matronas incendiarias: alto el fuego.

Solo de voces todos a una el muerto; muerte (muerte)
        fressen fressen frisch yiddishe
        fleisch: maminkesh mainer a wu bis tu?

Tíos tías padre del padre.

A los niños los hindúes los lustraban un poquito al
        morir con aceites finos corzas
        aromáticas de alcanfor ponían
        a su lado pedacitos de sarga
        pañoleticas gordos caballitos
        de bronce en los que montaba
        a horcajadas vuelto de espaldas
                el niño que se moría.

Oh, Israel: tus pobres hijos.

Dios es Dios y Adonai un asterisco: la yegua, la
        yegua se ha sentado a la boca
        del horno sólo se asoma de ojos,
        yegua borrica sin sueño.

De qué hablas.

Colinas de oro de glándulas sebáceas las lámparas
        de aceite de cuero cabelludo,
        repujadas: las colinas de
        aceite las glándulas de oro.
                Aminadab.

Como de prójimos, somos.

Subidos a los vagones (muu) en el carro de Elías
        (Señor Señor) todos hijos del
        prójimo del antiquísimo prójimo
           omein.

Vuélvete, muerta.

Dueña, del ala: la dueña del ala se posó en nuestros

cojos más pobrecillos (nuestros
adúlteros más severos) los pobres
inocentes (cojuelos perseverantes
de trastienda) en la salsa del
Padre las melcochas del Hijo con
sus mujeres (provecho) del corazón
a todos quieb.

de *El carillón de los muertos*

REQUIEM DEL SASTRE

Este, deshila en la urdimbre los hilos que al bies fueran
supeditados para forjar la tela
(ahí) llaman al cortador para
que pase sus filos por el camino
que trazó la tiza (eso) recubre:
está fría la noche; ha venido.

Ah extiende la palma de la mano (ah) la mota de algodón,
tiene un vilano: a voleo,
las telas (cúbranse).

La mano (todos) a la cabeza (en) la coronilla la forma redonda
de los solideos, bendición (la tela):
el sastre deshilvana los hilos que
bajo Dios forjaran en los solideos;
y queda en pie la coronada carne
del cuero cabelludo (piel) lisa
(ah, está llena de mataduras, ahora)
de las bestias de tiro y carga, Su
obra: el paño cubre como gualdrapa
(flor de lis, fondo negro) las
bajas carnes de las cuatro bestias,
ataviadas.

Penachos, arzón curtido de las bestias: útiles (animales)
vestidos.

El sastre creó (cúpulas) de lisa comba (son) el anca de los
        caballos; punzón, perfecto: es un
        artífice nuestro inmarcesible
        sastre que protege con telaraña
        las higueras tiende cendal sobre
        el tabaco florecido de los campos
        (recompone) las carnes sobre el hueso
        redundante de sus muertos: que él
        entró al centro enfurecido de los
        racimos de abejorros que hilan e
        hilan (carnes); ciegos escolares de
        Dios, en sus celdas.

Por mí, vino: yo temí que fuera mi padre, una vez más; y me
        llevé la mano a la cabeza (desprevenido)
        con movimiento reflejo.

Este, es otro (de profesión, la misma): se llama sastre
        (arpa) (David) (barba crespa)
        (fuertes pantorrillas) (colmena
        dura, su corazón): nada tiene
        que ver con rápidas progenituras
        de pan comestible (otra) su miga; cómo, de
        dónde saco las palabras
        el sonido de mota de las palabras
        el filamento (maná) de las palabras para decir
        (ahora) este sastre está
        en el fondo húmedo de la trastienda
        de una calle que podemos llamar
        Villegas (Delancey) calle de
        Gorójovaia (está) en los lepidópteros
        fondos los húmedos fondos de la carne
        (animal, sagrado): salta (salta)
         hacia mí.

Me inclino, en germinación a recoger los cotiledones con
        que el sastre forjó las grecas
        (filigranas) geometrías que orlan,

su tela: me cubro.

La mano, a la cabeza: en la solapa izquierda una gramínea
         (florecerá, la pangola): aquí
         vendrán las bestias a pastar
         donde estuvo mi traje de hombre
         pobre (mis blancas telas): no me
         alcanzan para hablar de Dios los
         viejos candelabros de siete brazos
         las grecas de repetido azul sobre
         fondo (lino) blanco de una estola:
         alzo, este salterio para que me
         conozca.

Finalmente, no soy nadie: hijo, del sastre.

Murió, caballos alquilados tiraron de la carroza en que
         transportan su carroña perfecta
         con pantalón de rayas (blusón)
         negro de (artífice) sastre: guiado
         del fondo de una trastienda a su
         cónclave de tierra (desmoronada):
         llovió, en el norte en el sur toda
         la noche hizo frío la higuera se
         secó de golpe, en el traspatio:
         un abedul en primavera, se deshojó;
         una ceiba del sitio al que volveremos
         murió en mitad de los trópicos,
         escarchada.

No importa (no) interesa: las vainas del árbol, cayeron;
         los hilos de las telas se desmoronaron
         como polvo, de gis.

Nada: el constructor es otro. Mi padre es otro vástago
         suyo que ocupara la profesión
         de sastre (abejorro) cotidiano:
         urdió (y) urdió telas completas
         de miope vivo sentado con el pie

sobre un escabel el filo de su
pupila horadando la carne (alzando)
un hilo al cielo (pobre) abejorro:
a mí me vistió (países) vistió:
repartía (enfebrecido) al final,
sus hilos; (vástagos) truncos de
lino (campos) azules, de algodón:
hemos quedado (truncos) ambos muy
de la mano viendo nevar (aquí) fuera
(de la mano) mirando hilos al bies
la nieve en alto (tú, traje de casimir
que pareces un hidalgo pese a los
puños de vegetal deshecho del saco;
yo, pez que sube a mamar la fibra
que se desprendió de tus borras).

de *Carece de causa*

TIERRAS DE PROMISION

En aquellos cien, ciento quince quilómetros de
llanura no corren aguas subterráneas,
llueve más bien poco: no obstante,

aquí

jamás habrá un desierto y seguirán abundando esos
matojos de aspecto hirsuto del que
brotan en otoño unas espigas

lila

y cuyo nombre por más que se averigüe, todos
desconocen: y seguirán apareciendo
esas charcas que luego de la noche
a la mañana

se esfuman

y dejan como un vaho de espadañas y gorriones,

patos sin rumbo (ánades) silvestres:
quienes han visto

hablan

(si hablan) de una vegetación coral y de pólipos
lila de hasta un metro de altura a
los que viene a pastar el minotauro,
merodea

y no se atreve

la vaca: cosas de muy poca monta para los
pobladores de la única villa
quilómetros y quilómetros a
la redonda, todos

los hombres

son alguaciles y herreros: a la entrada (a ambos
lados) hay dos silos altísimos
(como esferas) y a ambos lados,

trojes: silos

y trojes siempre atestados de un grano incomestible
y de un forraje que ahí se pudre y
desmiente toda veracidad

de alimentación. Cosa

tampoco de mucha monta para los pobladores de la
villa que cuatro veces al año abren
la puerta de los graneros, transportan

las sacas

a aquel punto en que un río apareció hace años y
forjó un recodo en que apareció
hace años

un inmenso

lanchón con forma de tranvía que ahí está, encallado:
                    y todos se acercan como en procesión

a esa orilla

  y cargan con sus pesos el lanchón que entre todos
                        remolcan como aurigas adonde

el río

forjó un nuevo recodo desde sus rutas soterradas que
                aquí brotan para forjar una ensenada:
                            que se explaya

y riega

ahora tierras de sazón y amapolas (miríadas) la
                            iluminación sobre la cebada
y el azafrán

silvestre que riza aquella extensión como escarchada
                de gobelinos color esmeralda: a la que
                                            llegarán

muy pronto

en cuanto el abra se alce y aparezca el monte aquel
                con el hombre fornido de las barbas

lila

  que abrirá en arco los brazos al señalar la
                extensión: e irán a la estampida
                deseosos de sanear esas tierras

y dragar

los campos y hacer que el cordero resucite y
                beba (aguas) visibles y (aguas)
                        invisibles adonde se erigirá

la chatarra.

                            de *La garza sin sombras*

MARGEN

Son

unas comarcas de abra y bendición, cifras
                    frutales. El mirador, en el
                                ojo de una cerradura

que da

a la mañana en que vi pacer la vaca, mascó
                    y manaba mascó y manaba: el tren
                                se detuvo a mis espaldas

y había

leche en los ojos de quienes se asomaban a mirar
                    el río: la vaca, inmutable. Helos
                    mirar para el río, deseosos. Yo vi
                                la leche

en sus torrenteras

manar hacia el río, encenderlo: era marfil el eco
                    de aquella vaca silenciosa. Y está
debajo
del marfil la forma quieta de la madrépora. La
                    vaca, vino del mar: lo sé. Son ríos,
                    las vacas. Los trenes se detienen

y salen

hombres a caballo, vienen a rejonearlas: y ellas,
                    pacen. De sus ojos, la leche; de sus
                                heridas

la leche

cuando las atraviesan con una estaca de tilo
                    perfumado y se las llevan en andas:
                                bálsamo el ojo

caritativo

de las vacas. Por las mañanas, veo que abren los
                    manteles como aquella mañana y los vasos

son cifras, cifra

la leche: y todos, masticamos. Sólo la vaca pace,
            sigue embebida en todo aquel forraje
                        entrecruzado por hilos

de amapola. Y

nos acicalamos un poco, hablan los niños y
                regurgitan un pequeño ovillo de leche:
                                    somos

por fin

aquella vaca que se me acercó, deja que aún me
                        voltee, vaca. Vaca, hacia ti

esta mañana

en que nosotros cuatro somos cuatro escolares
                lavándonos el sueño de la cara en aquel
                            río que vi, todos

nos bajamos

a mascar de ti nos embebimos vaca de ti en tu leche
            en aquella comarca de abra y bendición
                    en que empujo esta puerta,
                            sacia

la vaca.

de La garza sin sombras

SAN FRANCISCO DE ASIS

... porque está a punto la mies.
(San Marcos 4:29)

Da de comer, desde su propia inclinación, a toda clase de aves
        sigilosas, no hace mucho despavoridas.
Las reclama: acuden.
Recibe él mismo un alimento santo, inaceptable por los siglos
        venideros, en exceso ejemplar.
Dios le niega la vista, contraria a la meditación.
Desde sus ojos, ama las cosas del mundo: las muchachas en los
        fondos del estanque, los peces maravillados sobre la
        superficie del milagro de los mares, la propia
        escena devota de la crucifixión.
Y como un riachuelo ama la incorrupta concatenación de las flores
        en la fértil horizontalidad de la bienaventuranza.
Los lagartos reflejan al asno en la aparente divinidad de los rostros.
Si no: cómo habría de vivir un animal la congoja de su bestia
        adormecida.
Ama Francisco en su propio fundamento el sencillo engranaje sin
        destino de la noria.
Y lo ama más —se sabe— que a la piel de onagro, que al impoluto
        gobelino de los unicornios o al Evangelio
        demasiado obligatorio.
Pobre Francisco: en soledad de siena venera los bicharracos por
        encima del azote de una escala.

de *Bajo este cien*

OBRAS DE JOSE KOZER

Padres y otras profesiones, Eds. Villamiseria, Nueva York, 1972.

De Chepén a La Habana (en colaboración con Isaac Goldemberg), Bayú Menorah, Nueva York, 1973.

Este judío de números y letras, Nuestro Arte, Tenerife, 1975.

Y así tomaron posesión en las ciudades, Ambito Literario, Barcelona, 1978.

Y así tomaron posesión en las ciudades, 2a. ed., Universidad Nacional Autónoma de México, México, 1979.

La rueca de los semblantes, Provincia, León, España, 1980.

Jarrón de las abreviaturas, Premiá Editora, México, 1980.

Antología breve, Luna Cabeza Caliente, Santo Domingo, República Dominicana, 1981.

Bajo este cien, Fondo de Cultura Económica, México, 1983.

La garza sin sombras, Llivres del Mall, Barcelona, 1985.

El carillón de los muertos, Ultimo Reino, Buenos Aires, 1987.

Carece de causa, Ultimo Reino, Buenos Aires, 1988.

De donde oscilan los seres en sus proporciones, H.A. Editor, La Laguna, Tenerife, Islas Canarias, 1990.

Prójimos/Intimates, (edición bilingüe español-inglés. Traducción de Ammiel Alcalay), Carrer Ausiás, Barcelona, 1990.

INDICE

Este libro se terminó de imprimir en
junio de 1996,
en las prensas de
Italgráfica, S.A.
en la ciudad de
Caracas, Venezuela.